KB071669

저성장시대
서울의 도시정책을
말하다

이 도서의 국립중앙도서관 출판예정도서목록(CIP)은 서지정보유통지원시스템 홈페이지(http://seoji.nl.go.kr)와 국가
자료공동목록시스템(http://www.nl.go.kr/kolisnet)에서 이용하실 수 있습니다.
CIP제어번호: CIP2016030404(양장), CIP2016030406(학생판)

New Paradigm for Seoul's Urban Policy
in the Low Growth Era

저성장시대
서울의 도시정책을
말하다

서울연구원 엮음

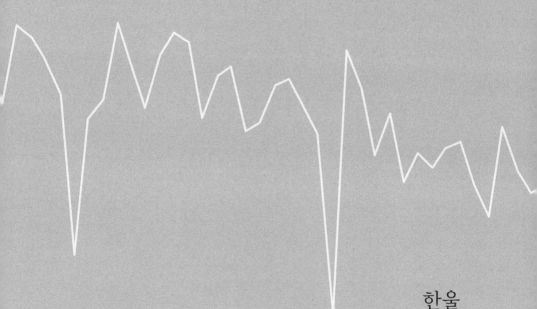

한울
아카데미

저성장시대의 도래

1997년 IMF 외환위기와 2008년 글로벌 금융위기를 거치면서 우리나라는 저성장 국면에 접어들었다. 1970~1980년대 두 자리 숫자를 기록하던 경제성장률은 2~3%대로 떨어졌고, 2040년이 되면 1%에도 못 미칠 전망이다. 인구전망 또한 상당히 어둡다. 우리나라의 경제성장을 견인하면서 계속 늘어날 것만 같았던 생산가능인구(15~64세)는 2017년부터 감소세로 돌아서고, 2026년이 되면 65세 이상 인구가 전체 인구의 20% 이상을 차지하는 초고령사회에 진입할 전망이다. 저성장과 고령화가 동시에, 유례없이 빠른 속도로 진행되고 있는 것이다.

저성장이란 경제적 측면에서 실질경제성장률이 잠재성장률에 미치지 못하는 상황을 말한다. 하지만 단순히 경제적 성장의 둔화만을 의미하는 것은 아니다. 빠른 속도로 진행되는 저출산·고령화가 우리 사회 전반의 활력과 성장 동력을 떨어뜨리고 있으며, 사회안전망이 제대로 갖추어지지 않은 상황에서 맞이하는 저성장은 소득의 양극화와 사회적 갈등을 심화시킬 우려가 있다.

우리나라의 도시정책은 1970년대 이래 지금까지 줄곧 고도성장 시스템에 맞게 유지되어왔다. 도시 외곽에서의 대규모 신도시 개발과 개발이익에 근거한 재개발사업, 주택과 공공 인프라의 양적인 공급정책은 고도성장을 뒷받침하는 원동력이자, 고도성장기이기에 가능했던 방식이었다.

하지만 저성장기에는 과거 고도성장기에 가능했던 토지·주택의 양적인 공급 확대와 재개발사업, 공공에 의한 인프라 관리방식이 제대로 작동하지 않게 된다. 이미 개발이익에 근거해서 추진되던 뉴타운·재개발사업은 출구 전략을 모색하고 있으며, 1970~1980년대에 공급된 노후 공공 인프라를 공공의 재정만으로 유지·관리하는 데는 한계가 있다. 더욱이 저출산·고령화 등 인구구조 변화로 인한 복지수요의 증가는 도시 재정을 악화시킬 것이며, 사회적·공간적 양극화는 앞으로도 더욱 심해질 전망이다.

이렇듯 최근 우리 사회 전반에서 감지되고 있는 저성장의 징후와 양상은 도시정책 패러다임의 근본적인 전환을 요구하고 있다. 문제는 우리가 당면한 현실과 암울한 미래가 일시적인 것이 아니라 구조적이면서 빠르게 진행되고 있으며, 과거 고도성장기의 메커니즘으로는 대응이 불가능하다는 점이다. 필자들의 문제 인식은 여기서부터 시작한다.

이 책은 지난 1년여 동안 서울연구원 도시공간연구실의 중견 연구자들과 외부 전문가들이 공동으로 진행한 연구의 결과물이다. 2011년 한국공간환경학회가 출간한 『저성장 시대의 도시정책』(한울)에서 한 걸음 더 나아가, 이제는 현실이 된 저성장의 징후와 양상을 살펴보고, 우리보다 먼저 저성장을 경험한 외국의 대응책을 타산지석으로 삼아 무엇을 어떻게 준비해야 하는지 제시하고자 한다. 수차례의 전문가 특강과 필진들 간의 워크숍, 검토회의와 윤독회, 시민 설문조사 등을 통해 저성장에 대한 인식의 폭과 스펙트럼을 넓혀가면서 부문별 정책 이슈와 대응 방향을 마련했다.

이 책은 총 4부 11장으로 구성되어 있다. 먼저 제1부에서는 저성장의 개념과 징후를 살펴보고, 서울의 도시정책 과제가 무엇인지 논의했다. 경제, 주택·부동산, 인구, 재정 등 우리 사회 전반에 나타나는 저성장의 징후와 양상을 검토한 후 한국적 저성장의 특징과 도시정책의 과제를 제시했다. 제2부에서는 우리보다 먼저 저성상을 경험한 외국 대도시의 사례를 검토했다. 산업구조 재편과 통일 과정에서 저성장을 경험한 영국(런던)과 독일(베를린), 1990년대 버블 붕괴 이후 저성장을 경험하고 있는 일본(도쿄)이 저성장에 대응하기 위해 어떤 전략과 정책을 구사했는지 살펴보았다.

다음으로 제3부는 주택, 재개발, 공공 인프라, 공간구조 등 4개 부문에 걸쳐 저성장기의 도시정책 방향을 제시했다. 계속되어온 규제 완화와 대규모 개발 등 개발수요에 근거한 고도성장기 도시정책은 더 이상 작동하지 않는다는 점에 주목하면서 저성장기 부문별 이슈와 변화 전망을 논의하고 정책 방향을 제시했다. 끝으로, 제4부에서는 새로운 현실이 된 저성장을 '위기이자 기회'로 인식할 것을 제안했다. 고도성장기의 상처를 치유하고 사람 중심의 도시를 만들기 위해 전환해야 할 도시관리의 패러다임과 저성장을 넘어서기 위해 준비해야 할 것들을 제안했다.

저성장시대 도시정책 패러다임의 전환

우리에게 주어진 핵심 과제는 고도성장기에 맞춰진 기존의 도시정책 기조와 시스템을 저성장기에 맞게 어떻게 전환 혹은 연착륙시킬 것인가 하는 점이다. 저성장시대의 도시정책은 규제 완화와 개발이익 등 고도성장기에 가능했던 개발 메커니즘과는 근본적으로 다른 기제하에서 작동할 것이다. 고도성장기에 맞춰진 기존 도시정책을 저성장기에 맞게 연착륙시키기 위해서는 다음과 같은 도시정책의 패러다임 전환이 필요하다.

첫째, 신규 개발을 통한 양적인 공급 확대보다 기성시가지의 환경 개선과 관리를 통한 질적 수준 향상이 요구된다. 신도시 개발을 통한 도시의 외연적 확산과 개발이 어려워질 것이므로, 기성시가지 재생을 위한 다양한 수법과 지원방안이 모색되어야 한다.

둘째, 저성장기 도시정책은 수요자 특성에 맞게 이루어져야 한다. 수요자인 시민의 관점에서 도시문제를 파악하고, 시민 개개인의 생활을 중시하면서 과밀 해소와 혼잡 완화, 직주근접 등을 통해 시민들이 생활하기 편리한 활력 넘치는 도시를 지향해야 한다.

셋째, 사회안전망이 충분하지 못한 우리 사회에서 저성장은 사회적·공간적 양극화와 격차를 심화시킬 우려가 있다. 더구나 도시개발 과정에서 토지소유자의 절대적 권한이 보장되고 개발이익이 사유화되는 사회적 구조하에서는 더욱 그러하다. 저성장시대에는 저소득층, 장애인, 세입자, 외국인 노동자 등 사회적으로 차별받는 약자를 배려하는 포용적 도시정책이 필요하다.

넷째, 우리나라는 고도성장 과정에서 유례없이 빠른 도시화를 경험했고, 이 과정에서 경제적 가치 중심의 도시개발과 외형적인 성장을 중시했다. 저성장기 도시정책은 이에 대한 반성을 토대로, 사람 중심의 도시 가치를 찾기 위한 노력에서 출발해야 한다. 시민들의 일상생활과 사람 중심의 일상적 가치를 중시해야 할 것이다.

지금 우리는 저성장을 극복하고 대응하기 위해 고도성장기에 맞추어져 있는 도시 사회 전반의 시스템과 정책을 연착륙시켜야 하는 시점에 서 있다. 이 책이 저성장시대를 대비하는 우리의 자세와 도시정책 패러다임의 전환을 고민하는 계기가 되기 바란다.

2016년 12월
저자들을 대신하여 양재섭 씀

차 례

제 1 부

저성장시대, 서울의 도시정책 과제는?

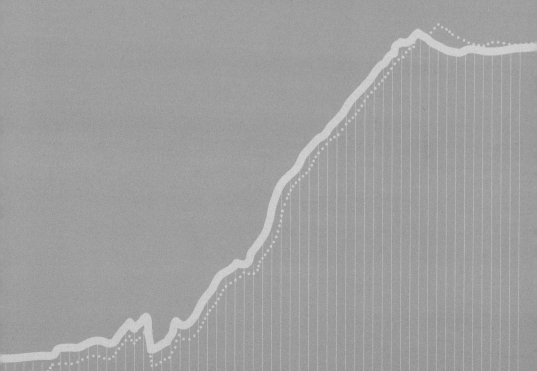

New Paradigm for
Seoul's Urban Policy
in the Low Growth Era

제1장 저성장이란 무엇인가?

·
·
·

양재섭 (서울연구원 도시공간연구실장)
김예성 (국회입법조사처 입법조사관)
성수연 (서울연구원 연구원)

1 ┃ 왜 저성장인가?

"과거 개발연대 때의 고성장 시기는 이제 우리에게 다신 오지 않을 것이다."

2015년 초 매일경제가 주최한 토론회에서 최경환 전 경제부총리는 "우리는 고성장에 대한 환상을 깨야 한다"고 주장했다(≪매일경제≫, 2015.2.22). '초이노믹스'라는 신조어를 만들면서 박근혜 정부의 경제정책을 이끌어왔던 경제 수장의 이 같은 발언은 의미하는 바가 크다.

우리나라는 1997년 외환위기와 2008년 글로벌 금융위기라는 두 차례의 경제위기를 겪으면서 본격적인 저성장기에 진입했다. 1970년대 10.5%를 기록했던 우리나라의 경제성장률은 1990년대 초 8~9%대를 유지했으나 1997년 외환위기의 충격으로 5%대로 주저앉았고, 2008년 금융위기 이후 최근에는 2~3%대에 머물고 있다. 2015년 경제성장률은 2.6%였으며, 당초 2.8%로 예상했던 2016년 경제성장률도 계속 하향 조정되고 있다(한국은행, 2016: 18).

하지만 앞으로의 전망은 더 비관적이다. 2012년 국회예산정책처에 따르면, 한국의 경제성장률은 2040~2055년 1%대, 2055년 이후 1% 미만으로 하락할 것으로 전망되고 있다(국회예산정책처, 2012: 23). 국제기구의 전망도 다르지 않다. 2014년 OECD는 우리나라의 잠재성장률이 2012~2017년 3.4%에서 2031~2050년 1%로 하락할 것이라고 전망했다(OECD, 2014: 224).

경제성장률 하락과 더불어 저출산·고령화 역시 빠른 속도로 진행 중이다. 2015년 한국의 합계출산율은 1.24명으로 OECD 국가 중 가장 낮다. 15~64세 이하의 생산가능인구 비중은 2016년 72.9%(3,704만 명)를 정점으로 감소하기 시작해 2040년에는 56.5%(2,887만 명)로 줄어들 전망이다. 2017년부터는 노인 인구 비중이 유소년 인구 비중을 상회하는 '인구역전' 현상이 나타날 것으로 예측된다(이삼식, 2013: 49).

경제성장 둔화와 저출산·고령화의 진행은 우리 사회에 부정적인 신호를 보내고 있다. 고령인구의 비중이 늘어나면서 GDP 중 사회복지 지출 비중은 2013년 9.8%에서 2060년 29%까지 높아질 전망이다(보건복지부, 2014.1.28). 우리나라의 노인 빈곤율은 48.5%로 OECD 국가 중 가장 높으며(OECD, 2016: 57), 저소득 고령인구가 특정 지역에 집중하면서 공간적 양극화와 소외 현상에 대한 우려도 높아지고 있다. 이러한 인구구조의 변화는 공공 인프라 수요에도 영향을 미쳐, 학교와 보육시설에 대한 수요는 감소하는 반면, 의료시설과 고령자 주택, 노인 복지시설 등에 대한 수요는 증가할 것으로 전망된다.

경기 둔화는 건설투자와 주택시장에 직접적인 영향을 미친다. 경기가 둔화됨에 따라 건설투자가 위축되고 기대수익이 낮아지고 있으며, 사업성이 없는 재개발구역은 주민 요청에 의한 해제가 이어지고 있다. 저금리로 인해 주택가격은 정체·하락하는 반면 전세가격은 폭등하고 있으며, 전세 위주였던 주택임대시장은 월세 위주로 재편되고 있다.

이처럼 우리 주변 곳곳에서 이상 징후들이 나타나지만, 이것이 저성장의 모습인지 우리는 알지 못한다. 그러나 분명한 것은 저성장은 앞으로 다가올 예정된 현실(new normal)이며, 고도성장기로 다시 돌아갈 수 없다는 사실이

그림 1-1   저성장에 따른 미래 전망

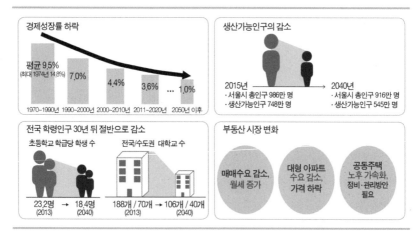

자료: OECD data, https://data.oecd.org/; 통계청, 장래인구추계(2014); 조영태(2014).

다. 그렇다면 저성장이란 과연 무엇일까? 지금부터 저성장에 대해 얘기해보
려고 한다.

2 ｜ 저성장이란 무엇인가?

저성장의 개념

저성장은 주로 경제 상황을 설명할 때 사용되지만, 경제성장률이 몇 퍼센
트 이하일 때 저성장이라고 판단하는지에 대한 명확한 정의는 없다. 일반적
으로 저성장은 경제의 성장세가 과거 추세나 잠재력에 비해 상대적으로 낮
아진 상황을 말한다(강두용, 2009). 경제가 성숙 단계에 도달함에 따라 성장
의 체증이 떨어지면서 나타나는 현상으로, 실질경제성장률이 잠재경제성장
률보다 낮아지는 상황을 말한다. 이러한 측면에서 저성장은 경제성장률의 추

세적인 하락 현상이 지속되는 경제 상태를 말하며, 투입 대비 산출, 즉 총요소 생산성(Total Factor Productivity: TFP)이 감소하는 성장 시스템의 비효율성을 의미하기도 한다(김선기 외, 2012: 26).

저성장은 우리가 흔히 이야기하는 경기순환상의 침체 혹은 불황과 다른 개념이다. 경기침체는 생산활동이 일시적으로 위축되는 것으로, 고용과 소득 감소로 인해 투자·소비가 둔화되는 것을 말한다. 이러한 경기침체는 단기적 현상이므로, 금리 인하, 규제 완화, 양적 완화 등 정부의 노력을 통해 회복될 수 있다.

하지만 최근의 저성장 기조는 경기침체와 같은 일시적인 현상으로 보기에는 상당히 구조적이다. 이런 점에서 전 하버드 대학 교수 로런스 서머스(Lawrence H. Summers)의 장기침체론(Secular Stagnation Thesis)이 힘을 얻고 있다.[1] 장기침체란 실질성장률이 잠재성장률을 밑도는 가운데 총수요가 억제되거나 잠재성장률이 정체되어 있는 상황을 말한다. '장기(secular)'란 인구 고령화 등에 따른 노동 증가율의 감소, 혁신 축소, 자본투자의 감소 등 공급 요인에 의해 성장 잠재력이 축소되는 것을 의미하며, '침체(stagnation)'란 재정 지출 축소 등 수요 요인에 의해 성장 회복이 지연되거나 성장이 정체되는 것을 말한다(김선태, 2015: 1).

2003~2007년 전 세계 경제성장률은 연평균 3.7%였으나 글로벌 금융위기 이후 2009~2014년에는 연평균 2.9%로 낮아졌으며, 독일을 제외한 대다수 국가의 성장률이 하락했다. 서머스 교수는 이러한 현상이 단순한 잠재성장률 하락이나 경기순환상의 경기부진 때문이 아니라, 만성적인 수요 감소가 그 원인이라고 지적했다. 또한 여러 요인들이 복합적으로 영향을 미치는 구

---

[1] 로런스 서머스가 2013년 11월 IMF 포럼과 2014년 2월 미국경영경제학회(NABE) 기조연설을 통해 장기침체론을 주장하면서 관심이 높아지고 있다.

조적인 문제라고 설명했다.

비슷한 맥락에서 조명래 교수는 저성장이 단순히 수치상의 경제성장률 저하를 의미하는 것은 아니라고 지적했다. 저성장은 기존의 성장 동력이 빠르게 소진됨과 동시에 선진사회로의 도약을 위한 새로운 성장 동력을 창출하지 못한 상황에서, 경제를 포함한 사회 전반의 활동이 상대적으로 둔화되는 현상이라고 정의했다(조명래·김수현·강현수 외, 2011: 13).

저성장은 경제성장률 하락, 국가 재정 부담, 사회 활동의 둔화 등과 맞물리면서 구조적인 악순환을 초래할 가능성이 크다. 성장 동력의 상실은 일자리 감소를 유발하고 실업률을 높이며, 개인의 소득과 소비를 감소시킨다. 공공의 세수 감소, 사회복지재정의 지출 증가에도 영향을 미친다. 특히 사회적 안전망이 제대로 갖추어지지 않은 우리 사회에서의 저성장은 단지 성장률 몇 퍼센트의 문제가 아니라, 복지, 고용, 부동산 등 사회 전반에 심각한 영향을 미치면서 사회적 갈등의 단초를 제공할 것이다.

저성장의 제 관점들

저성장을 바라보는 관점은 다양한데, 크게 성장단계론적 관점, 제도론적 관점, 인구론적 관점, 정치경제론적 관점 등으로 나누어볼 수 있다.

먼저 성장단계론적 관점에서 저성장은 경제발전에 따른 자연스러운 성장률 둔화를 의미한다. 우리나라는 1980년대 평균 10%의 높은 경제성장을 이루었지만, 2000년에 들어서면서 평균 경제성장률이 5% 미만으로 하락했다. 한 국가의 경제가 발전할수록 성장의 폭이 감소하는 것은 매우 자연스러운 현상이다. 로스토(Walt W. Rostow)는 후진국에서 선진국으로 발전하는 과정을 전통사회 단계, 도약준비 단계, 도약 단계, 성숙 단계, 고도대중소비 단계의 5단계로 구분했다. 이 이론에 따르면, 저성장은 고도성장 이후 경제 규모가

그림 1-2

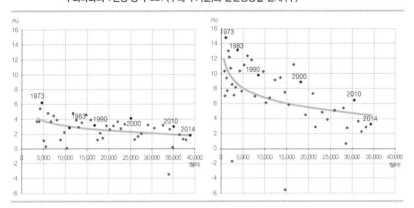

OECD 회원국의 1인당 명목 GDP(구매력 기준)와 실질성장률 관계 (좌),
우리나라의 1인당 명목 GDP(구매력 기준)와 실질성장률 관계 (우)

자료: OECD, https://data.oecd.org/

커짐에 따라 다음 단계로 넘어갈 때 성장의 체증이 떨어지는 현상을 말한다
(Rostow, 1960).

실제로 경제발전에 따라 자연스럽게 잠재성장 역량이 감소하기 때문에
소득수준이 높은 국가일수록 실질성장률이 낮아지는 경향을 보인다. 〈그림
1-2〉와 같이, OECD 회원국의 구매력 기준 1인당 명목 GDP[2]는 1990년
16,724달러에서 2014년 38,867달러로 증가했지만, 실질성장률은 3.2%에서
1.8%로 하락했다. 우리나라의 상황도 다르지 않다. 우리나라의 구매력 기준
1인당 명목 GDP는 1990년 8,447달러에서 2014년 34,355달러로 증가했지
만, 실질성장률은 9.8%에서 3.3%로 하락했다.

일반적으로 다른 조건이 동일할 때 경제발전 수준이나 1인당 GDP 수준
이 낮은 나라일수록 성장률이 높고, 소득수준이 높아질수록 성장률이 하락하
는 경향을 보인다(박원암 외, 2012: 2). 이런 점에서 저성장은 경제발전에 따른

---

2   (1) 1인당 명목 GDP = {Σ(당해 연도 생산량 × 당해 연도 PPP 환율 기준가격)} ÷ 총인구수
    (2) PPP 환율은 국가 간 물가 차이를 고려하여 특정 통화가 모든 국가에서 동일한 구매력을 가지도
       록 환산한 환율이다.

자연스러운 현상으로 볼 수도 있다.

두 번째는 제도론적 관점이다. 제도론적 관점에서는 저성장을 기존 제도가 그대로 유지되려는 관성을 갖고 있기 때문에 나타나는 현상으로 해석한다. 기존 제도가 환경 변화에 대응해서 빠르게 개선되거나 적응하지 못해 경제성장을 둔화시킨다는 것이다. 지속적이고 장기적인 성장은 자본과 노동의 투입만으로 이루어지지 않으며, 인적 자본의 축적이나 제도 개선을 동반한다. 경제성장에는 반드시 사회적·경제적 변화가 수반되며, 정치, 행정, 사법뿐 아니라 교육, 교통, 통신, 금융 등 각 부문별 제도 개선이 필요하다. 이때 상대적으로 제도 수준이 높은 국가일수록 가격 조정 등 사회적·경제적 충격을 극복할 수 있는 방안을 마련하기 쉬울 것이다.

일본의 경우, 버블 붕괴 이후 재정적자가 누적되는 상황에서도 건설 관련 재정 지출을 감축하지 못했고, 이는 공공 인프라 이용·관리의 비효율성을 증대시켰다(정성태·신민영, 2015: 5). 이렇듯 정책이 사회변화에 발 빠르게 대응하지 못하면 구조적 문제점이 드러날 수밖에 없으며, 이 과정에서 사회 전반에 걸친 성장은 둔화되거나 지체된다.

세 번째는 인구론적 관점에서의 저성장이다. 이것은 저출산·고령화가 미치는 영향을 사회적·경제적 측면에서 분석하는 관점이다. 유년기와 노년기 인구는 생산보다 소비를 많이 하고, 성인기에는 소비보다 생산을 많이 한다. 생애주기에서 나타나는 소비와 생산의 차이를 '생애주기 적자(life-cycle deficit)'라고 하는데, 유년기와 노년기에는 이 값이 커진다(계봉오, 2015: 59 재인용). 고령화가 진행될수록 노년기 생애주기 적자는 커지게 되며, 더 많은 사회자본을 노인층 소비에 할당해야 한다. 저출산·고령화는 생산성의 악화, 고령인구 부양 부담의 증가, 고령인구의 경제적 불평등 심화, 공적 연금 개혁 등을 야기하여 성장 둔화 요인으로 작용하며, 사회 전반적으로 저성장이라는 결과를 초래한다.

마지막으로 정치경제론적 관점에서는 저성장을 자본의 과잉 축적 때문에 나타나는 현상으로 본다. 경제위기는 단순한 수요·공급의 불일치 또는 경기 순환 과정에서의 불황이 아니라, 자본주의 경제의 자본축적 과정에서 나타난 과잉 축적의 위기라는 것이다. 도시는 자본축적 과정을 통해 형성되며, 건조 환경을 통해 유휴자본을 흡수하기 때문에 경제위기는 곧 도시의 위기로 이어진다. 부동산 시장이 실제 개발이나 실물 생산과 연결되면 경제가 회복될 수 있지만, 금융자본과 부동산 자본이 결합하면 부동산 시장은 과열되거나 붕괴될 가능성이 있다. 부동산 시장의 붕괴는 금융위기와 도시경제 위기로 연결되며, 이것은 곧 저성장이라는 결과로 나타난다(최병두, 2015).

저성장의 모습은 다양하게 나타난다. 경제성장률이 떨어지는 것뿐만 아니라 인구·사회 전반에 걸친 활동이 둔화된다. 저성장의 양상에 따라 저성장을 바라보는 관점 역시 다양할 수밖에 없으며, 어느 하나의 관점만이 옳다고 판단하기도 어렵다.

저성장에 적절히 대응하기 위해서는 우선적으로 우리나라와 서울의 저성장 모습을 제대로 이해해야 한다. 저성장의 단면만을 보지 말고, 인구·사회·정치·경제를 아우르는 균형 있는 시각에서 저성장을 바라볼 필요가 있다.

3 | 우리나라는 저성장기에 접어들었는가?

저성장 진단을 위한 두 가지 요소

현재 우리나라의 경제 상황에 대한 전문가들의 의견은 분분하다. 2015년 초 전국경제인연합회가 민간·국책 연구소, 학계, 금융기관, 공공기관, 민간 기업의 경제 전문가 34명을 대상으로 실시한 '현 경제상황에 대한 전문가 인식조사'에 따르면, 전문가의 64.7%(22명)는 지금의 경제 상황을 위기로 진단했다(전국경제인연합회, 2015.3.6). 하지만 전문가 집단 사이에서도 시각차가 있는 것으로 나타났다. 최근 3%대 경제성장에 대해 절반이 넘는 52.9%는 부정적으로 평가한 반면, 불안 요소가 있지만 긍정적이라고 평가한 답변도 41.2%에 달했다.

그렇다면 우리나라는 과연 저성장기에 접어들었을까? 2008년 글로벌 금융위기 이후 우리나라의 경제성장률은 2~3%대까지 가파르게 하락하고 있으며, 잠재성장률 또한 하락할 것으로 전망된다. 세계에서 가장 빠르게 고령화가 진행되고 있으며, 출산율도 매우 낮아서 2030년경부터는 인구가 감소할 것으로 예측된다. 여기서는 저성장에 가장 큰 영향을 미치는 경제와 인구 부문의 핵심 지표를 검토하여 우리나라의 저성장 진입 여부를 진단해보고자 한다.

경제적 측면에서의 저성장 진단

저성장이란 경제적 측면에서 '실질경제성장률이 잠재성장률에 미치지 못하는 상황'을 말한다. 우리나라의 경제성장 추이를 살펴보면, 1960~1970년대 성장 초기 단계를 거쳐 1980~1990년대 고도성장기를 경험했고, 2000년대 성숙 단계로 진입하면서 추격형 성장 단계가 서서히 종료되고 있는 것으로 판단된다.

1991년 10%대였던 우리나라의 GDP 성장률은 외환위기를 거치면서 5%대로 하락했고, 글로벌 금융위기 이후 3%대에 진입했다. 2015년 경제성장률은 2.6%였으며, 2016년 경제성장률 전망도 그리 밝지는 않다. 3%대 성장을 자신하던 정부도 경제성장률을 3.1%로 하향 조정했으며, 한국은행, KDI 등 국내 기관과 IMF, OECD 등 국제기구들도 3%대의 성장률을 유지할 것이라

표 1-1　2016년 우리나라 경제성장률 전망

공공기관		민간 연구원		국제기구	
정부	3.1%	현대경제연구원	2.5%	IMF	2.7%
한국은행	2.8%	LG경제연구원	2.4%	OECD	3.1%
KDI	2.6%	한국경제연구원	2.6%		

자료: 기획재정부(2015); 한국은행(2016); 한국개발연구원(2016); 현대경제연구원(2016); LG경제연구원(2016); 한국경제연구원(2015); IMF(2016.4); OECD(2015).

고 전망했다. 그러나 2016년 4월 IMF가 우리나라의 경제성장률을 3.2%에서 2.7%로 하향 조정한 것을 시작으로 한국은행, 현대경제연구원, LG경제연구원 등 각 기관들도 2%대로 성장률을 하향 조정했다.

우리나라의 경제성장률 하락에는 세계 경기 위축, 수출시장 정체 등 외부적 요인 외에도 인구 고령화, 산업구조 변화 등 구조적 요인이 영향을 미치고 있기 때문에, 이러한 하락세는 고착화될 가능성이 크다. 실제로 KDI는 2031~2035년 우리나라의 실질경제성장률이 1.4%까지 하락할 것으로 내다보고 있다(조동철 외, 2014).

세계 경제성장률 및 잠재경제성장률과 비교하면 우리나라가 처한 상황은 더욱 명확해진다. 우리나라의 경제성장률은 2011년 이후 세계 경제성장률과 잠재경제성장률을 밑돌고 있다. 실질경제성장률이 잠재경제성장률보다 낮다는 것은 우리나라 경제가 최대한 생산할 수 있는 수준 이하에서 생산활동을 하고 있다는 것을 의미한다.

실제 국내총생산(GDP)과 잠재 국내총생산의 차이를 나타내는 GDP갭률[3]은 2012년 이후 마이너스(−) 값을 유지하고 있으며, 2014년에는 -1.5%선까지 하락했다(한국은행, 2016). GDP갭률이 플러스(+)이면 실질 경제활동이 잠재성장률을 웃도는 호황기로 물가상승을 자극할 수 있다. 반대로 GDP갭

3　GDP갭률 = (실질 GDP − 잠재 GDP) / 잠재 GDP × 100

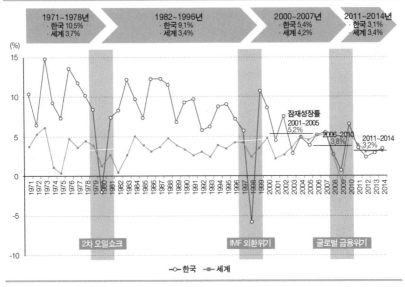

그림 1-3   우리나라와 세계 경제성장률 추이(1971~2014)

자료: OECD; 한국은행; 전국경제인연합회(2015: 1) 재구성.

률이 마이너스(−)이면 물가상승의 우려는 낮지만 경기가 잠재성장률에 못

미치는 부진한 상황을 의미한다.

저성장을 성장 가능성의 최대치에 도달하지 못해 실질경제성장률이 잠재

경제성장률보다 낮아지는 상황이라고 정의한다면, 경제적 측면에서 우리나

라는 이미 2012년을 전후로 저성장에 진입했다고 할 수 있다.

인구적 측면에서의 저성장 진단

인구적 측면에서의 저성장은 '저출산·고령화로 인구구조가 늙어가면서

나타나는 성장 둔화 현상'이다. 통계청에 따르면[4] 2015년 우리나라의 총인구

---

4   2015년 이후 인구는 2014년 통계청이 추계한 시도별 장래인구추계자료를 활용했다.

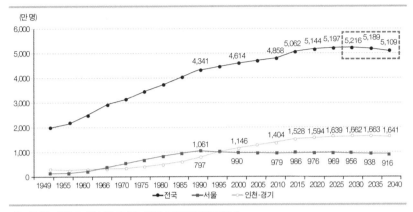

그림 1-4 전국, 서울, 인천·경기 총인구수 변화 전망(1949~2040)

자료: 통계청, 인구총조사(각 연도); 통계청, 시도별 장래인구추계자료(2014).

는 5,062만 명으로, 2030년 5,216만 명을 정점으로 감소세로 돌아서 2040년
에는 5,109만 명으로 줄어들 전망이다. 서울시 인구도 2015년 986만 명으로
예측되어 1990년 1,061만 명 이후 지속적으로 감소하고 있고, 2040년 916만
명까지 감소할 것으로 전망된다.

　우리나라의 저성장은 총량적인 인구 감소보다 인구구조의 변화에서 더
심각하게 나타난다. 다음의 〈그림 1-5〉는 2016년과 2040년의 전국 인구 피라
미드이다. 2016년에 비해 2040년에는 유소년 인구와 생산가능인구가 대폭
감소하고, 고령인구는 크게 증가한 것을 확인할 수 있다. 지속적인 저출산으
로 15세 미만 유소년 인구는 2016년 690만 명(13.6%)에서 2040년 572만 명
(11.2%)으로 감소할 전망이다. 15~64세 생산가능인구는 2016년 3,704만 명
(72.9%)을 정점으로 감소해 2040년에는 2,887만 명(56.5%)으로 줄어들게 된
다. 반면에 65세 이상 고령인구는 2016년 686만 명(13.5%)에서 2040년 1,650
만 명(32.3%)으로 크게 증가할 전망이다(통계청, 2014). 한 국가의 고령화를
판단하는 지표인 '중위연령'으로 살펴봐도 늙어가는 한국의 모습은 그대로 나
타난다. 1950년 19세에 불과했던 중위연령은 2015년 40.8세, 2040년 52.6세

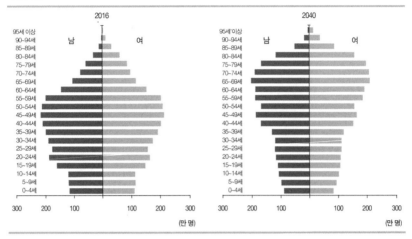

그림 1-5 ｜ 전국 인구 피라미드 변화 전망(2016~2040)

자료: 통계청, 시도별 장래인구추계자료(2014).

로 높아질 전망이다(통계청, 2016).

여기서 우리가 주목할 사실은 고령화의 속도이다. 미국 통계국이 발표한 「늙어가는 세계: 2015(An Aging World: 2015)」에 따르면, 2050년 우리나라의 고령화율은 35.9%로 일본(40.1%)에 이어 세계에서 두 번째로 높아질 전망이다. 2014년 일본의 고령화율은 26.6%로 세계에서 가장 높았던 반면, 우리나라는 13%로 상위 25위 밖에 있었던 것을 감안하면 우리나라의 고령화 속도는 유례없이 빠르다(United States Census Bureau, 2016). 이러한 추세라면 우리나라의 고령화율은 7%에서 20%를 넘어서는 데 26년밖에 걸리지 않을 것으로 예측된다(통계청, 2014). 고령화율 1위인 일본은 37년, 프랑스는 무려 157년이 소요된 점을 감안하면 우리나라는 세계에서 가장 빠르게 늙어가고 있다.

고령인구의 증가와 생산가능인구 및 유소년 인구의 감소는 생애주기 적자를 확대시키고, 인구 감소를 가속화시킨다. 또한 공공재정의 상당 부분을 고령인구를 지원하는 데 쓸 수밖에 없기 때문에 사회 전반의 성장이 둔화될

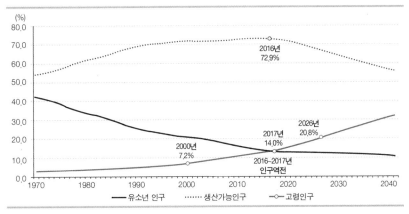

그림 1-6 한국 인구구조 변화 추이 및 전망(1970~2040)

자료: 통계청, 장래인구추계자료(2014).

수 있다.

이러한 관점에서 2017년은 매우 중요한 시점이다. 우리나라 생산가능인구는 2016년 정점 이후 감소할 것으로 전망되어, 2017년부터는 이른바 '인구절벽'이 시작될 것으로 보인다. 또한 고령화율도 14%를 넘어서면서 고령화사회에서 고령사회로의 진입이 예상된다.

생산가능인구 감소는 단순히 인구가 줄어드는 것 이상의 의미를 갖는다. 노동력의 공급이 줄어들고 핵심 소비계층이 감소하는 것을 의미한다. 구매력이 높은 노동인구가 줄어들면서 소비와 투자가 감소하고, 내수시장의 위축으로 우리나라의 잠재성장률은 더욱 낮아질 것으로 전망된다. 이렇게 볼 때 우리 사회는 인구적 측면에서도 저성장기에 진입했음을 알 수 있다.

4 ㅣ 시민들은 저성장을 어떻게 생각하나?

그렇다면 서울 시민들은 현재 상황을 어떻게 인식할까? 2016년 3월, 서울

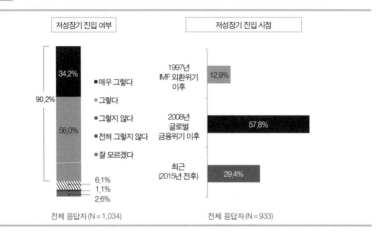

그림 1-7   저성장기 진입에 대한 서울 시민의 인식 설문 결과

연구원은 저성장에 대한 서울 시민의 인식을 알아보기 위해 서울에 거주하는 만 20세 이상 성인 남녀 1,034명을 대상으로 온라인 설문조사를 실시했다.[5]

먼저, 현재 우리 사회가 저성장기에 진입했는지를 묻는 질문에 응답자의 90.2%가 저성장기에 진입했다고 응답했다. 저성장기에 들어섰다고 생각하는지에 대해 응답자의 56.0%는 '그렇다', 34.2%는 '매우 그렇다'고 응답했다. '그렇지 않다'(6.1%)와 '매우 그렇지 않다'(1.1%)라고 응답한 비율은 7.2%에 불과했다. 이는 서울 시민들이 저성장을 먼 나라의 얘기가 아니라 우리의 현실로 체감하고 있음을 의미한다.

저성장으로 진입한 시점을 묻는 질문에는 '2008년 글로벌 금융위기 이후'라는 응답이 57.8%로 가장 많았다. 그다음으로 '2015년 전후'라고 응답한 비율이 29.4%, '1997년 IMF 외환위기 이후'라고 응답한 비율이 12.9%로 나타났다. 저성장기로 진입한 시기에 대해서는 연령별로 차이를 보였다. 20~30대는

---

5   서울시에 거주하는 만 20세 이상 성인 남녀를 대상으로 구조화된 설문지를 이용하여 온라인 조사를 실시한 결과이다(서울연구원, 2016).

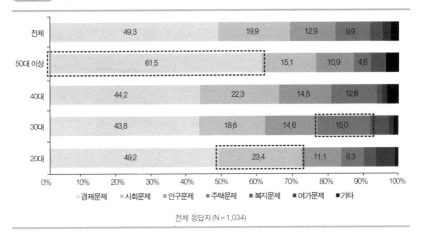

그림 1-8 우리 사회가 직면한 가장 심각한 문제

전체	49.3	19.9	12.9	9.9
50대 이상	61.5	15.1	10.9	4.6
40대	44.2	22.3	14.5	12.6
30대	43.8	18.6	14.6	15.0
20대	49.2	23.4	11.1	6.3

0% 10% 20% 30% 40% 50% 60% 70% 80% 90% 100%

경제문제 ■사회문제 ■인구문제 ■주택문제 ■복지문제 ■여가문제 ■기타

전체 응답자(N = 1,034)

'2015년 전후'라고 응답한 경우가 많은 반면, 40대 이상의 응답자는 '2008년 글로벌 금융위기 이후' 저성장기에 진입했다고 인식하는 경우가 많았다.

최근 2~3년간 개인의 경제 사정에 대해서는 46.6%가 나빠졌다고 응답한 반면, 좋아졌다고 응답한 비율은 13.0%에 그쳤다. 가구 소득이 낮을수록, 연령대가 높을수록 경제 상황이 악화되었다고 응답한 비율이 높았다. 경기 변동이 저소득층과 고령층 등 사회적 취약계층에 미치는 영향이 크기 때문에, 경기침체에 상대적으로 민감하게 반응하는 것으로 보인다.

시민들은 장래 경기 전망도 어두운 편이라고 응답했다. 응답자의 60.5%는 10년 후 우리나라 경제성장률이 현재보다 다소 낮아질 것이라고 전망했다. 현재 수준을 유지할 것이라고 응답한 비율은 30.3%였고, 다소 높아질 것이라는 응답은 8.5%에 불과했다. 현재의 경제 상황뿐 아니라 장래 전망에 대해서도 우려의 목소리가 높고, 경기 회복에 대한 기대수준이 낮은 것을 알 수 있다.

그렇다면 서울 시민들은 현시점에서 우리 사회가 직면한 가장 심각한 문제를 무엇이라고 생각할까? 서울 시민의 49.3%는 우리 사회의 가장 심각한 문제로 '저성장과 청년 실업 등 경제문제'를 지목했다. 다음으로 소득격차·

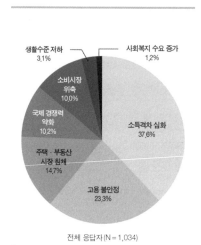

그림 1-9   10년 후 서울의 사회적·경제적 문제

생활수준 저하 3.1%
사회복지 수요 증가 1.2%
소비시장 위축 10.0%
국제 경쟁력 약화 10.2%
주택·부동산 시장 침체 14.7%
소득격차 심화 37.6%
고용 불안정 23.3%

전체 응답자(N=1,034)

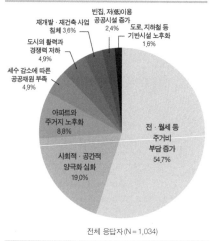

그림 1-10   10년 후 서울의 도시문제

재개발·재건축 사업 침체 3.6%
빈집, 저(低)이용 공공시설 증가 2.4%
도로, 지하철 등 기반시설 노후화 1.6%
도시의 활력과 경쟁력 저하 4.9%
세수 감소에 따른 공공재원 부족 4.9%
아파트와 주거지 노후화 8.8%
사회적·공간적 양극화 심화 19.0%
전·월세 등 주거비 부담 증가 54.7%

전체 응답자(N=1,034)

세대 갈등 등 사회문제(19.9%), 저출산·고령화 등 인구문제(12.9%), 전세난·저렴주택 등 주택문제(9.9%) 등을 걱정하고 있었다. 심각한 사회문제에 대한 인식은 연령별로 차이를 보이는데, 이는 생애주기별 특성과 관련된다. 사회 초년생인 20대는 사회문제, 결혼을 앞둔 30대는 주택문제, 그리고 은퇴를 앞둔 50대 이상은 경제문제를 심각하게 인식하는 것으로 나타났다. 또한 가구소득이 월평균 300만 원 미만인 응답자는 사회·주택·복지 문제를, 전·월세 임대 거주자는 주택문제를 상대적으로 심각한 문제로 인식하고 있었다.

한편 시민들이 생각하는 저성장기 서울의 문제는 무엇일까? 시민들은 저성장기 서울이 직면하게 될 사회적·경제적 문제로 소득격차 심화(37.6%), 고용 불안정(23.3%), 주택·부동산 시장 침체(14.7%) 등을 꼽았다. 또한 저성장기 서울이 직면할 도시문제로는 전·월세 등 주거비 부담 증가(54.7%), 사회적·공간적 양극화 심화(19.0%), 아파트와 주거지 노후화(8.8%) 등을 지목했다. 이렇게 볼 때 서울 시민들이 우려하는 저성장기 서울의 문제는 '소득격차 심화와 고용 불안정으로 인한 양극화 문제', 그리고 '주택·부동산 시장의 침

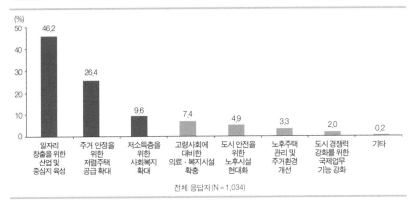

그림 1-11　저성장기 서울이 중점적으로 대응해야 할 도시정책 과제

(%)

46.2	일자리 창출을 위한 산업 및 중심지 육성
26.4	주거 안정을 위한 저렴주택 공급 확대
9.6	저소득층을 위한 사회복지 확대
7.4	고령사회에 대비한 의료·복지시설 확충
4.9	도시 안전을 위한 노후시설 현대화
3.3	노후주택 관리 및 주거환경 개선
2.0	도시 경쟁력 강화를 위한 국제업무 기능 강화
0.2	기타

전체 응답자(N = 1,034)

체와 전·월세 등 주거비 문제'라고 요약할 수 있다.

특히 서울 시민 3명 중 1명은 소득격차가 심화되는 문제를 10년 후 서울이 해결해야 할 가장 중요한 과제로 꼽았다. 고용 불안정과 주거비 부담 증가는 소득격차를 심화시키고, 소득격차는 사회적·공간적 양극화를 유발하기 때문에 고용과 주거 안정을 위한 정책이 우선시될 필요가 있다.

그렇다면 저성장기 문제에 대응하기 위한 서울시의 도시정책 과제는 무엇일까? 시민들은 저성장기 서울시가 중점적으로 대응해야 할 도시정책 과제로 첫째, 일자리 창출을 위한 산업 및 중심지 육성(46.2%)을 꼽았으며, 둘째, 주거 안정을 위한 저렴주택 공급 확대(26.4%), 셋째, 저소득층을 위한 사회복지 확대(9.6%) 순으로 응답했다. 시민들은 일자리 창출, 저렴주택 공급, 사회복지 확대 등 양극화 문제 해소를 저성장기에 서울시가 중점적으로 대응해야 할 정책 과제로 인식하고 있다.

지금까지 저성장이 무엇이며, 우리가 왜 저성장에 대해 논의해야 하는지 살펴보았다. 시민들은 2008년 이후 우리 사회가 저성장기에 진입했다고 생각하고 있으며, 경제적·인구적 측면의 여러 지표들도 우리가 이미 저성장기에 진입했음을 보여주고 있다.

2014년 서점가를 들썩이게 했던 토마 피케티(Thomas Piketty)는 20세기 후반의 성장을 '비정상적이고 예외적인 것'이라고 말한다(피케티, 2014). 고속성장의 상징인 중국에서조차 '신창타이(新常態)'[6]를 이야기하고 있다. 중국의 지속가능한 성장을 위해서는 경제구조를 새로운 여건에 맞게 개편해야 하며, 고속성장이 아닌 중고속 성장을 받아들여야 한다는 의미이다.

1970년대 이후 40여 년간 고도성장에 익숙해온 우리에게 저성장은 낯선 상황이다. 현재 우리에게 필요한 것은 고도성장의 그늘에서 벗어나 빠르게 진행되는 저성장을 이해하고, 저성장에 적응하기 위한 대응책을 마련하는 것이다. 이를 위해서는 저성장의 징후와 양상을 파악하고, 우리보다 먼저 저성장을 경험한 외국 대도시의 경험과 교훈을 발판으로 저성장기 새로운 도시정책의 방향을 마련할 필요가 있다.

---

6 '신창타이(新常態)'는 시진핑(習近平) 주석이 2014년 5월 허난(河南) 성에서 "중국 경제가 개혁·개방 이후 30여 년간의 고도성장기를 끝내고 새로운 시대로 이행하고 있다"라고 말하면서 처음 사용한 용어이다.

제2장 한국의 저성장 징후와 양상

•
•
•

양재섭 (서울연구원 도시공간연구실장)
김예성 (국회입법조사처 입법조사관)
성수연 (서울연구원 연구원)

1 | 경제성장의 둔화

한국은행 '국민소득' 자료에 따르면, 1991년 10%대였던 우리나라의 국내총생산(GDP) 성장률은 2010년 이후 3%대까지 떨어졌다. 3%대의 성장률은 OECD 국가와 비교할 때 낮은 수치는 아니지만, 최근 들어 빠른 속도로 하락하고 있으며 잠재성장률 역시 하락하고 있다. OECD는 2014~2030년 우리나라의 잠재성장률을 2.9%로 전망한 반면, 2031~2060년에는 1.6%로 전망했다(OECD, 2014).

국내 경제연구소의 전망치도 크게 다르지 않다. 한국개발연구원은 2100년까지 한국의 물적 자본, 취업자 수, 총요소생산성 등 생산요소별 장기 전망을 통해 잠재성장률을 전망했는데, 2011~2020년 3.6%에서 2050년 이후 1.0% 수준까지 낮아질 것으로 전망했다(신석하·황수경·이준상·김성태, 2013).[1] 이에

---

1 2050년 1% 내외의 잠재성장률은 통계청 장래인구추계(2010~2060)의 중위 시나리오를 토대로 예측한 결과이다. 또한 2051~2060년 잠재성장률은 1%, 2091~2100년에는 0.8% 수준으로 예측하고 있다.

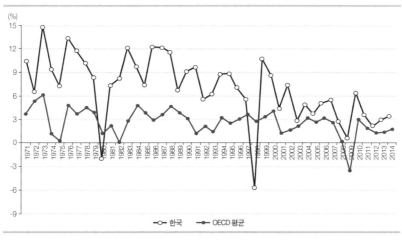

그림 2-1 GDP 성장률: 한국과 OECD 국가 비교

(%)

━○━ 한국   ━●━ OECD 평균

자료: OECD, GDP long-term forecast data(2015).

앞서 국회예산정책처는 2020년대 2.0%, 2030년대 1.2%, 2040년대에는 0.8%
까지 떨어질 것으로 예측한 바 있다(장인성, 2010).

2016년 단기 예측치 또한 저성장을 벗어나기 어렵다는 전망이 우세하다.
2016년 5월 한국개발연구원은 2016년 경제성장률이 2.6%에 머물 것이라고
전망했다. 이는 정부 전망치인 3.1%보다 크게 낮은 것으로, 우리 경제가 침
체 상태를 벗어나기 힘들 것이라는 판단이다.

서울의 지역내총생산액(GRDP)은 늘어나고 있지만, 성장세는 완만해지고
있다. 1985년 73조 원이었던 서울의 GRDP는 지속적으로 증가하여 2014년
314조 원 규모까지 성장했다. 1인당 GRDP도 2003년 1,943만 원에서 2013년
3,226만 원까지 증가했다. 그러나 1985~1989년까지 평균 10.9%였던 서울의
GRDP 성장률은 1990년대 6.1%, 2000년 이후 3.1%까지 떨어졌다. 국내총생
산액 중 서울이 차지하는 비중 또한 1993년 29%에서 2014년 22%로 7%p 감
소했으며, 이러한 경향은 앞으로도 계속될 전망이다.

그림 2-2 서울 GRDP 및 국내총생산액 대비 서울 비중(1985~2014)

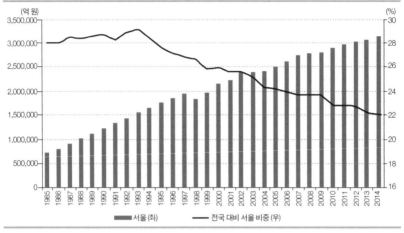

자료: 통계청, 지역소득(각 연도).

2 | 생산가능인구의 감소와 고령화

총인구와 생산가능인구의 감소

우리나라에서 가장 눈에 띄는 저성장 징후 중 하나는 인구 변화이다. 인구 총조사에 따르면, 2010년 우리나라의 총인구는 4,800만 명으로 고도성장기를 거치면서 계속 증가해왔다. 1970~1990년까지 연평균 1.7%, 1990~2010년 까지는 연평균 0.6%씩 증가했지만, 2030년 5,216만 명을 정점으로 감소세에 접어들 것으로 예측하고 있다(통계청, 2014).

한편 서울 인구는 2010년 979만 명으로, 이미 1990년 1,061만 명을 기점으로 감소하기 시작했다. 이에 반해 2010년 인천·경기 인구는 1,404만 명으로 1995년 996만 명 이후 서울 인구를 추월했으며, 앞으로 20년간 증가세를 유지할 것으로 전망된다.

그림 2-3   서울과 수도권 인구 추이(1949~2040)

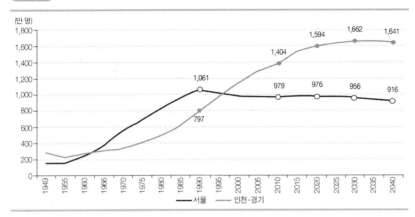

자료: 통계청, 인구총조사(각 연도); 통계청, 시도별 장래인구추계자료(2014).

그림 2-4   전국과 서울의 인구 증감률(5년 단위, 1949~2040)

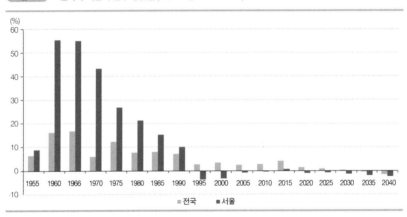

자료: 통계청, 인구총조사(각 연도); 통계청, 시도별 장래인구추계자료(2014).

    고도성장기 서울의 인구는 전국에 비해 2배 이상 빠른 속도로 증가하여 1970~1990년까지 연평균 3.4%씩 증가했다. 1980년 전국 인구는 1975년에 비해 273만 명이 늘어났는데, 그중 절반이 넘는 147만 명이 서울에서 증가했다. 이후 서울의 인구는 1990년부터 2010년까지는 매년 -0.4%씩 감소하는 추세를 보이고 있다. 통계청 추계자료에 따르면, 서울의 인구는 앞으로도 계

그림 2-5	서울시 자치구별 인구 증감률 전망(2013~2030)

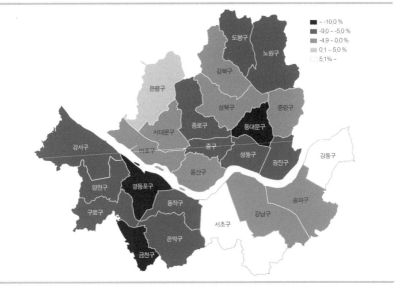

```
■ ~ -10.0 %
■ -9.0 ~ -5.0 %
■ -4.9 ~ 0.0 %
□ 0.1 ~ 5.0 %
□ 5.1% ~
```

자료: 서울시. 자치구별 장래인구추계자료(2016).

속 감소하여 2040년이 되면 916만 명까지 줄어들 전망이다.

인구 증감은 서울 내에서 지역별로도 차이를 보인다. 서울시 자치구별 장래인구추계(2016)에 따르면, 2013년에 비해 2030년 인구가 증가하는 지역은 강동구(+15.8%), 서초구(+13.1%), 은평구(+4.0%) 등 3개 구에 그칠 것으로 전망된다. 이에 반해 2013년 대비 2030년 인구가 5% 이상 크게 감소하는 지역은 동북권과 서남권에 집중될 것으로 예측된다. 특히 금천구(-15.0%), 동대문구(-13.0%), 영등포구(-11.0%)를 중심으로 심각한 인구 감소가 우려되고 있다.

그렇다면 생산가능인구의 변화는 어떠할까? 전국의 생산가능인구는 2016년 3,704만 명(72.9%)을 정점으로 감소세에 접어들어 2040 2,887만 명(56.5%)까지 줄어들 전망이다. 서울의 생산가능인구는 2010년 735만 명으로, 전국보다 먼저 감소하기 시작했다. 1970년 이후 1995년까지 연평균 3.2%씩 증가했

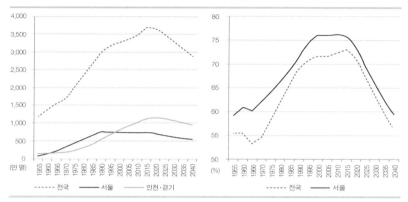

그림 2-6   전국, 서울, 수도권 생산가능인구 수(1949~2040) (좌),
서울과 수도권 생산가능인구 비중(1949~2040) (우)

자료: 통계청, 인구총조사(각 연도); 통계청, 시도별 장래인구추계자료(2014).

지만, 1995년 762만 명 이후 연평균 -0.2%씩 감소세를 보이고 있다. 2040년
이 되면 545만 명까지 줄어들 것으로 전망된다.

전 연령에서 생산가능인구가 차지하는 비중 역시 고도성장기를 거치면서
빠르게 증가해왔다. 그러나 앞으로는 지금까지 한 번도 경험해보지 못한 정
반대의 양상이 예상된다. 2010년 현재 서울의 생산가능인구 비중은 76%로
정점에 있지만, 이후부터 감소하여 2040년이 되면 60%까지 떨어질 것으로
예측된다.

다음의 〈그림 2-7〉과 같이 서울 내 자치구별로도 생산가능인구가 감소할
것으로 전망되지만, 감소폭은 지역별로 차이가 있다. 서초구(-0.9%), 강동구
(-1.9%)는 상대적으로 감소폭이 적을 것으로 예상되지만, 금천구(-29.6%), 동대
문구(-26.8%), 영등포구(-25.4%)는 현재의 생산가능인구 4명 중 1명 이상이 줄
어드는 변화를 경험할 것으로 보인다.

생산과 소비의 핵심이 되는 생산가능인구의 감소는 사회적·경제적 측면에
서 큰 위기라 할 수 있다. 미국의 경제 예측 전문가 해리 덴트(Harry S. Dent)는
생애주기상 소비의 정점에 있는 45~49세 인구가 감소하기 시작하는 2018년

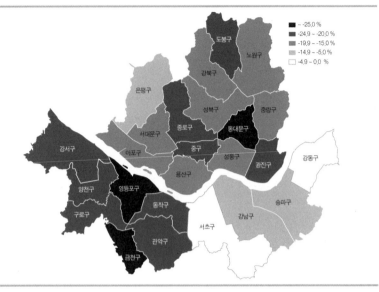

| 그림 2-7 | 서울시 자치구별 생산가능인구 증감률 전망(2013~2030) |

자료: 서울시, 자치구별 장래인구추계자료(2016).

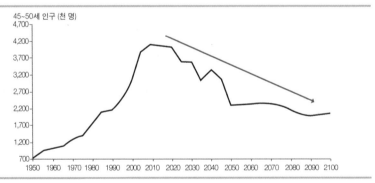

| 그림 2-8 | 1950~2100년 한국의 소비 흐름 |

자료: 덴트(2015: 61).

을 우리나라의 '인구 절벽' 시점이라고 언급한 바 있다(덴트, 2015: 60~61). 이런 측면에서 35~54세의 핵심 주택수요층이 감소하는 것도 눈여겨볼 필요가 있다. 수도권의 핵심 주택수요층은 2010년 430만 가구(52%)에서 2035년 340만 가구(31%)로 급격히 감소할 것으로 전망된다(진미윤·최지웅, 2013: 30~31). 특히 2013년 우리나라의 평균 가구자산 중 67.8%를 부동산이 차지하고 있다는 점을 감안할 때[2] 주택수요의 감소는 주택시장의 큰 변화를 예고한다.

빠른 고령화와 낮은 출산율

인구구조 측면에서 2017년은 우리나라가 고령사회에 진입하는 시기이다. 총인구 추계는 2015년 5,062만 명에서 2030년 5,216만 명을 정점으로 감소하는 반면, 고령인구는 2015년 662만 명(13%)에서 2030년 1,269만 명(24%)으로 증가할 전망이다(통계청, 2014). 2000년 고령화사회(65세 이상 인구 비중 7%)를 지나 2017년 고령사회(14%), 2026년에는 초고령사회(20%)에 진입하게 되는 것이다.

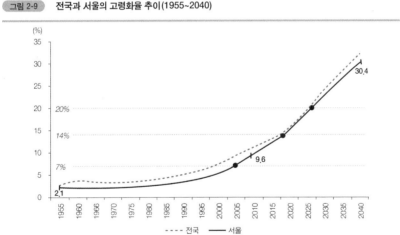

그림 2-9 **전국과 서울의 고령화율 추이(1955~2040)**

자료: 통계청, 인구총조사(각 연도); 통계청, 시도별 장래인구추계자료(2014).

---

2 통계청 가계금융조사에 따르면, 2013년 우리나라 가계자산은 실물자산이 73.3%, 부동산이 67.8%를 차지한다.

서울시 자치구별 고령화율(2013)

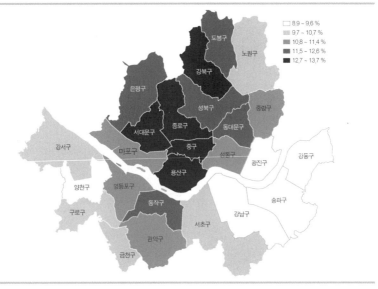

자료: 서울시, 자치구별 장래인구추계자료(2016).

서울시 자치구별 고령화율 전망(2030)

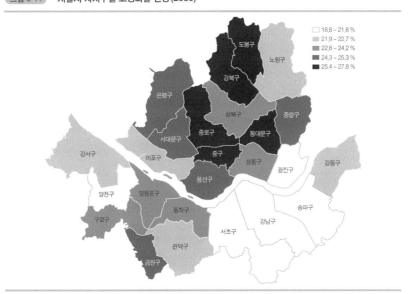

자료: 서울시, 자치구별 장래인구추계자료(2016).

서울의 경우도 다르지 않다. 총인구는 이미 1990년 1,061만 명 이후 감소세에 접어들었고, 2040년 916만 명까지 줄어들 전망이다. 반면 고령인구는 2015년 119만 명에서 2030년 222만 명까지 계속 증가하여 2032년 이후부터는 65세 이상 인구가 20~30대 인구보다 많아질 것으로 예측된다.

2013년 현재 서울의 모든 자치구는 고령인구 비중이 7~14%인 '고령화사회'를 경험하고 있는데, 2030년이 되면 강남구(18.8%)를 제외한 모든 자치구의 고령인구 비율이 20% 이상인 '초고령사회'에 진입할 것으로 예상된다. 2013년 39.0세였던 서울의 중위연령 또한 2030년 47.3세로 높아질 전망이다. 지역별로는 강남구의 중위연령이 2013년 37.4세에서 2030년 44.0세로 높아지는 반면, 중구는 2013년 41.3세에서 2030년 51.5세로 높아져 '젊은 강남, 늙은 강북'으로 대변되는 인구구조의 강남·강북 간 격차가 커질 것으로 전망된다.

우리나라와 서울에서 빠른 속도로 진행되는 고령화의 원인은 무엇일까? 1955년부터 1963년까지 우리나라에서는 총 695만 명이 태어났다. 이때 태어난 인구를 '베이비붐 세대'라고 일컫는데, 베이비붐 세대는 2010년 전국 인구의 14.5%를 차지한다. 서울도 다르지 않다. 2013년 서울 인구(1,014만 명)의 14.4%를 차지하는 베이비붐 세대의 생애주기에 주목할 필요가 있다. 베이비붐 세대는 2010년 이후 본격적인 은퇴 시점을 맞이하게 된다. 2011년 가계금융조사에 따르면, 베이비붐 세대의 평균 자산은 약 4억 원 정도로 전체 가구 평균(3억 원)에 비해 많지만, 이는 부동산 자산의 비중이 높기 때문이며 금융자산은 전체 가구와 비슷한 수준이다.[3] 사회적 안전망이 충분하지 못한 상황에서 은퇴 이후 가처분소득이 감소한다면 주택 규모를 축소(다운사이징)하는

---

3 전체 가구는 금융자산 0.7억 원, 부동산 2.2억 원인 반면, 베이비붐 세대는 금융자산 0.6억 원, 부동산 3.2억 원을 보유하고 있다. 전체 가구에 비해 베이비붐 세대는 부동산을 1억 원 정도 더 보유하고 있는 것으로 나타났다(박해식·임진, 2013: 15).

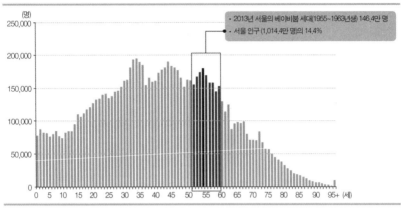

자료: 서울통계, 주민등록인구(내국인)자료(2013).

그림 2-12 서울의 베이비붐 세대 분포 현황(2013)

• 2013년 서울의 베이비붐 세대(1955~1963년생) 146.4만 명
• 서울 인구 (1,014.4만 명)의 14.4%

등 주택·부동산 시장에도 영향을 미칠 가능성이 있다.

급속한 고령화는 평균수명 증가와 낮아지는 출산율에도 기인한다. 특히 우리나라의 저출산 문제는 세계에서도 손꼽힌다. 1960년 우리나라의 합계출산율[4]은 6.0명이었지만, 지속적으로 감소해 2001년부터 15년째 합계출산율 1.3 미만인 초저출산 국가에 속해 있다. 2013년 합계출산율은 전국 1.19명, 서울은 0.97명에 불과하다. 자치구별로는 구로구(1.16), 성동구(1.08), 노원구(1.06) 등의 출산율이 서울시 평균보다 높고, 강남구(0.84), 관악구(0.83), 종로구(0.73) 등은 서울시 평균에도 미치지 못하고 있다.

서울시는 2030년 출산율이 0.98~1.39까지 높아질 것이라고 추계했지만(서울시, 2016: 13), 양적으로는 가임여성 수가 감소하고 있어 출생아 수는 매년 줄어들 것으로 전망된다. 2030년에는 강동구(+1.7%)를 제외한 24개 자치구의 출생아 수가 2013년에 비해 감소할 것으로 전망되며, 특히 동대문구(-20.0%), 금천구(-18.8%)를 중심으로 큰 폭의 감소가 예상된다. 인구의 현상

4　15~49세 가임여성을 기준으로, 여성 1명이 평생 동안 낳을 수 있는 평균 자녀 수를 말한다.

그림 2-13   서울시 자치구별 출산율 현황(2013)

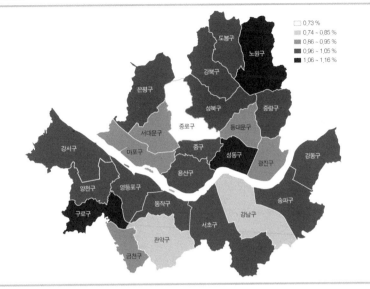

자료: 서울시, 자치구별 장래인구추계자료(2016).

그림 2-14   서울시 자치구별 출생아 수 증감률(2013)

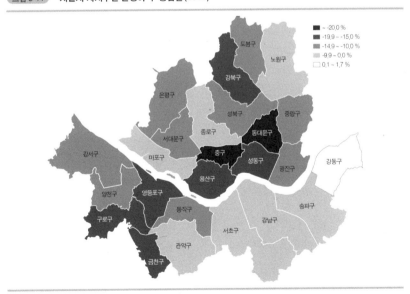

자료: 서울시, 자치구별 장래인구추계자료(2016).

유지를 가능하게 하는 대체출산율이 2.1명이라는 점을 감안하면, 서울의 인구 감소는 앞으로도 계속될 전망이다.

3 | 공공재원 부족과 가계부채의 심화

저성장은 국가 재정에도 영향을 미쳐 총생산액이 증가함에도 불구하고 재정 절벽이 우려된다. 실제로 우리나라는 경제가 성장하고 있지만, 2008년 이후 재정은 적자 상태를 면치 못하고 있다. 2010년 우리나라의 GDP 대비 중앙정부 부채 비율은 31.9%로 2000년 16.7%에 비해 약 2배 증가했다. 향후 부동산을 통한 재산세 등 세수의 절대액은 감소할 것으로 예상되며, 고령화로 인해 사회복지 분야의 지출이 늘어나면서 재정 부담은 더욱 심화될 것으로 보인다. 2009년 IMF는 우리나라의 글로벌 금융위기 극복 비용이 GDP의 20% 규모였던 것에 비해, 향후 고령화 대응을 위해 필요한 연금 및 건강보험 비용은 GDP의 683%에 달할 것으로 예고한 바 있다(IMF, 2009: 44).

사회복지 비용의 지출 증가와 관련한 일본의 경험은 우리에게 시사하는 바가 크다. 일본은 1인당 GDP가 2.5만 달러였던 1990년대 초 GDP 대비 공공복지 지출 비중이 11.3%였으며, 2010년 이후 23%를 넘어섰다. 우리나라는 2012년 9.6%로 1995년 3.2%에 비해 3배 이상 높아졌다. 우리보다 앞서 저성장과 고령화를 겪고 있는 일본의 경험에 비추어볼 때 사회복지 비용의 지출 비중은 빠르게 증가할 것으로 예상된다.

한편 2014년 우리나라의 국가 채무는 533조 원으로 GDP의 35.9%를 기록했으며, 2016년에는 645조 원을 넘어 사상 처음으로 GDP의 40%를 상회할 것으로 예측된다. 앞으로 생산가능인구가 빠르게 감소하면 상환 능력은 점점 더 낮아지고, 국가 채무는 급격히 늘어날 전망이다. 1인당 국가 채무는 2012년

그림 2-15 한일 GDP 대비 공공복지 지출 비중 비교

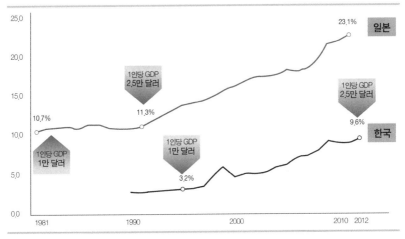

자료: 한상완·김동열(2015: 5) 재구성.

그림 2-16   GDP 대비 국가 채무 비율(좌) 및 1인당 국가 채무 추이 전망(우)

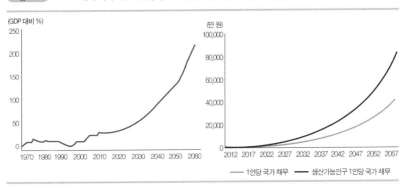

자료: 국회예산정책처(2012: 46).

900만 원에서 2060년 7,000만 원(2012년 가치)으로 증가하고, 생산가능인구 1인당 국가 채무는 2012년 1,200만 원에서 2060년 1억 4,000만 원(2012년 가치)까지 증가할 것으로 예상된다(국회예산정책처, 2012: 45~46).

　가계부채 또한 계속 증가하고 있다. 우리나라의 GDP 대비 가계부채 비율은 81.1%로 주요 18개 신흥국 중 가장 높다. 2015년 9월 현재 가계부채는

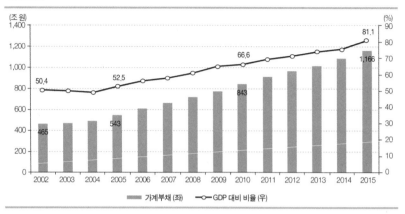

그림 2-17   한국의 가계부채 추이(2002~2015)

자료: 한국은행 경제통계시스템, http://ecos,bok,or,kr/(2015년의 경우 3/4분기 말 기준); 임태준(2015: 4) 재구성.

1,166조 원으로 전년 대비 10.4%가 상승했다. 우리나라 가구의 평균 부채는 6,181만 원으로 대부분이 금융부채(4,321만 원)이며, 전체 가구 중 금융부채를 보유하고 있는 가구는 57.5%에 이른다(한국은행 2015년 3/4분기 가계신용자료). 10가구 중 6가구는 크고 작은 빚에 시달리는 것으로 나타나, 가계부채가 우리 경제의 위험한 뇌관이 될 수 있다는 위기의식이 점차 고조되고 있다.

4 | 개발수요 감소와 주택시장의 재편

건설투자 및 개발수요 감소

부동산 시장에서 감지되는 저성장의 징후는 건설투자 비중의 감소이다. 1970년대 이후 고도성장기를 지나면서 우리나라의 토목, 건축 등 건설시장에 대한 투자는 급격한 성장세를 보였다. 건설시장에 대한 투자금액은 1970년 13조 원에서 1997년 193조 원으로 15배 성장했고, GDP 대비 비중도 27%까

그림 2-18 국내 건설 수주 변화(1970~2014)

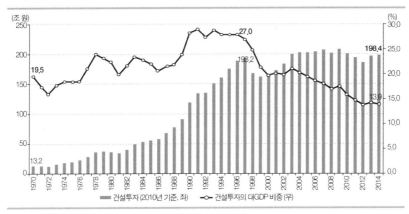

자료: 한국은행 경제통계시스템, http://ecos.bok.or.kr/ (2010년 불변금액 기준).

지 상승했다. 그러나 IMF 외환위기 이후 급격한 경기침체를 겪으면서 다수
의 개발사업이 중단되었고, 과거 경제성장을 견인했던 다수의 건설사들이
부도 사태를 겪었다. 당시 3개월 만에 상위 100개 건설사 중 8개 업체[5]가 부
도 처리되기도 했다.

이후 국내 건설시장은 다소 둔화된 양상을 보인다. 2014년 건설시장에 대
한 투자금액은 198조 원으로 정체되어 있으며, GDP 대비 건설투자 비중은
14%까지 떨어졌다. 또한 2015년 시공능력평가 기준 상위 100개 건설사 중
14개 기업이 워크아웃 또는 법정관리 중[6]인 것으로 나타나 고도성장기와는
다른 양상을 보이고 있다.

과거 건설시장의 확대는 2000년대 초반까지 지속되었던 주택의 양적 공급

---

5   IMF 외환위기 직후 3개월간 100대 건설사 중 한라, 대산, 서광, 청구, 보성, 나산, 국제, 극동건설 등
    8개 기업이 부도 처리되었다. 전체 업체 중 933개 업체가 쓰러지면서, 건설업계 부도는 전년도 대
    비 4배나 늘어났다(≪연합뉴스≫, 1998.3.2).
6   워크아웃 중인 기업은 삼호·고려개발과 진흥기업·신동아건설·동문건설 등이다. 법정관리는 동부
    건설·경남기업·삼부토건·극동건설·STX건설·울트라건설·동아건설산업·티이씨건설·남양건설
    등의 기업에서 진행되고 있다(≪뉴데일리경제≫, 2016.5.5).

그림 2-19 주택재개발사업 추진 현황(1974~2013)

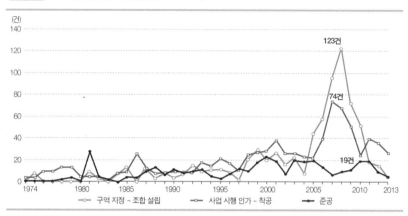

자료: 1974~1997년: 서울시(2004: 54); 1998~2013년: 서울시(2015: 196) 재구성.

확대와 신도시 개발에 힘입은 바가 크다. 1990년대에는 인천·경기에 180만 호, 서울에 90만 호가 공급되어 매년 약 27만 호의 주택 공급이 집중적으로 이루어졌다(국토교통부, 주택건설실적통계, 각 연도). 서울에서는 주로 재개발 사업을 통해 주택과 기반시설을 공급해왔는데, 특히 2000년대 초 뉴타운사업이 시작되면서 광역적 정비사업이 본격적으로 확산되었다. 2008년에는 뉴타운사업에 대한 기대감이 극에 달하면서 재개발구역이 최초 지정된 1973년을 제외하고 가장 많은 123개 구역이 재개발구역으로 지정되었다.

그러나 최근 주택가격이 정체되면서 대다수 정비사업은 사업성 확보가 어려워지고 있으며, 지난 40여 년간 서울의 변화를 주도하던 재개발사업에도 변화가 감지되고 있다. 2015년 서울시는 사업 추진이 원활하지 않던 325개 구역의 실태를 조사하여 이 중 245개 구역을 재개발구역에서 해제했다(서울시, 2015.4.22). 또한 정비사업이 원활하게 추진되지 않는 지역에 대해서는 일몰제를 적용하거나, 정비구역을 직권으로 해제할 수 있도록 관련 법을 개정하는 등 지금까지와는 다른 양상을 보이고 있다.

주택시장의 재편

저성장기에 접어들면서 주택시장은 투자수요보다는 실수요 위주로 재편될 전망이다. 1990년대부터 2000년대까지 지속적으로 상승했던 서울의 주택매매가격은 2008년 글로벌 금융위기를 기점으로 하락하거나 정체되어 있다. 저성장·저금리 기조가 지속되면서 더 이상 주택이 투자재로서 기능하지 못하기 때문이다. 2013년 3월의 주택가격을 100.0으로 환산했을 때 서울의 주택가격지수는 2005년 1월 72.6에서 2008년 9월 103.7까지 급상승했으나, 2008년 금융위기 이후 가격은 정체 또는 하락해 2015년 6월 기준 101.9 수준에 머무르고 있다. 금융위기 이후 주택시장이 정상화되었음에도 매매가격이 상승하지 않는 것은 투기를 동반하지 않는 실수요자 위주로 시장이 재편되고 있음을 의미한다(이상영, 2015: 3).

국내 가계자산은 상당 부분이 부동산으로 구성되어 있어 주택가격 하락에 민감한 구조를 가지고 있다. 우리나라 가계의 부동산 자산 비중은 67.8%로 다른 국가[7]에 비해 매우 높은 수준을 보이고 있어(손은경, 2013: 11), 향후 주택가격이 하락할 경우 금융시장과 가계에 큰 영향을 미칠 것으로 예상된다.

반면 전세가격은 2000년대 중반 이후 지속적인 상승세를 유지하고 있다. 2005년 1월 65.3이었던 서울의 전세가격지수는 2015년 6월 114.8까지 상승했다. 최근에는 전세가격의 지속적인 상승에도 불구하고 주택가격은 크게 오르지 않아, 고도성장기 때의 주택시장과는 다른 모습을 보이고 있다. 서울시 아파트 매매가격 대비 전세가격 비율(전세가율)은 2013년 이후 28개월 연속 상승하여 2015년 10월 현재 72.3%에 달한다.

---

7 국가별 가계자산 중 부동산 비중은 미국 31.5%, 일본 40.9%, 영국 50.1%, 한국 67.8%이다(한국 2013년 기준, 타 국가 2012년 기준). ≪연합뉴스≫, 2014.4.7.

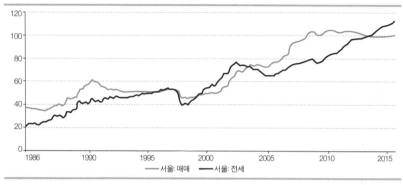

그림 2-20 서울시 주택 매매·전세가격지수(1986~2015)

─── 서울: 매매 ━━━ 서울: 전세

자료: KB부동산, 주택가격동향자료.

지속적인 저금리 기조는 매매시장뿐만 아니라 임대시장에도 영향을 미쳐 전세의 월세 전환을 재촉하고 있다. 서울의 주택점유 형태 중 전세 비율은 2008년 39%에서 2012년 33%로 감소한 반면, 월세 비율은 16%에서 26%로 증가했다. 월세 위주로 주택시장이 변화함에 따라 서민의 주거 안정을 위한 정책 대응이 요구된다.

5 | 사회적·공간적 양극화 심화

소득 불평등의 심화

고도성장기 이후 우리나라의 국민총소득(GNI)은 계속 증가해왔다. 그럼에 도 가계에서 체감하는 소득은 왜 늘어나지 않는 것일까? 〈그림 2-21〉을 보면 1970년대 80%에 육박했던 국민총소득 중 가계소득의 비중은 2010년 이후 62%까지 떨어졌다. 경제성장이 임금 증가로 이어지지 않으면서 사회적 양 극화와 불평등이 심화되고 있는 것이다(장하성, 2015). 성장의 열매가 줄어드

국민총소득 중 가계소득 비중 변화(1975~2012)

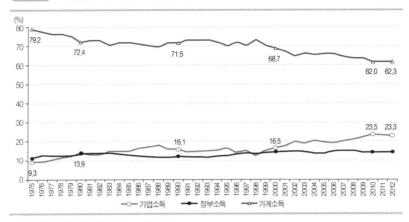

자료: 한국은행 경제통계시스템, http://ecos.bok.ur.kr/

우리나라 5분위 배율과 지니계수 변화(1990~2014)

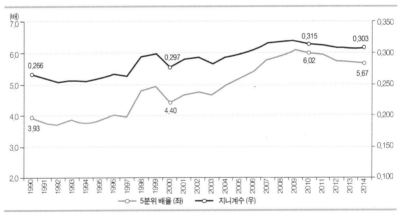

주: 도시 2인 이상 가구, 시장소득 기준.
자료: 통계청, 가계동향조사.

는 저성장기에 접어들면서 사회적 양극화 문제는 더욱 악화될 우려가 있다.

실제 소득과 고용이 불평등해지고 양극화 문제가 심화되면서 빈곤층은 늘어나고 중산층은 감소하고 있다. 통계청의 가계동향조사에 따르면, 상위 20%의 소득이 하위 20%의 몇 배 규모인지 나타내는 5분위 배율[8]은 1990년

그림 2-23 우리나라 중산층 가구 비중과 빈곤율 추이(2006~2014)

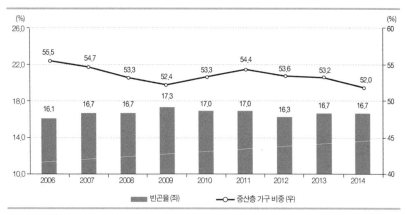

3.93배에서 2014년 5.67배까지 높아졌다. 소득의 불평등 정도를 나타내는 지니계수[9] 역시 1990년 0.266에서 2010년 0.315까지 높아졌다. 2014년 현재 0.308로 다소 완화되었지만, 저성장이 본격화될수록 소득의 사회적 불평등 정도는 더욱 심화될 것으로 보인다.

경제 규모는 성장하고 있지만, 중산층은 감소하고 빈곤율은 개선되지 않고 있다. 2015년 빈곤통계에 따르면 중위소득 50~150%에 해당하는 중산층 가구 비중은 2006년 55.5%에서 2014년 52.0%로 3.5%p 감소한 것으로 나타났다. 이에 반해 상대적 빈곤율[10]은 2014년 16.7%로 2006년에 비해 0.6%p 증가했다. 빈곤율은 나아지지 않고 있으며, 노인 가구, 1인 가구의 빈곤율은 더 높아진 것으로 나타났다.[11] 이렇듯 저성장기 소득격차 문제와 저소득 가

---

8 5분위 배율은 '소득 상위 20% 점유율 / 하위 20% 점유율' 기준으로 산정한다.

9 이탈리아 통계·사회학자인 지니(Corrado Gini)가 만든 불평등 정도를 지표화한 값으로, 0~1의 값을 가지며, 1에 가까울수록 불평등 정도가 심하다는 것을 의미한다.

10 상대적 빈곤율이란 중위소득의 50% 이하에 해당하는 가구 비율을 의미한다.

11 2014년 노인 가구의 상대적 빈곤율은 62.1%로 전년 대비 2.1%p 상승했으며, 1인 가구의 상대적 빈곤율은 55.4%로 전년 대비 1.7%p 상승했다(한국보건사회연구원, 2015).

구의 주거 불안 문제는 더욱 심화될 것으로 전망된다. 상대적으로 고용 및 근로소득 여건에 민감한 저소득층은 다양한 자산을 보유하고 있는 고소득층에 비해 경기변동에 취약하기 때문이다.

저소득 가구의 공간적 고착화

저성장 과정에서 심화되는 소득격차는 특정 계층의 거주지 선택에 영향을 미친다. 특히 노인층이 직면하고 있는 사회적 양극화 문제가 점차 심화되고 있다. OECD 보고서[12]에 따르면, 2012년 한국의 65세 이상 노인 빈곤율은 48.5%로 전체 빈곤율 14.6%에 비해 상당히 높은 수준을 보이고 있다. 이는 일본(32.8%), 미국(21.0%), 영국(13.4%), 프랑스(3.8%) 등 OECD 주요 국가에 비해 최소 1.5배~최대 13배 이상 높은 수치이다.

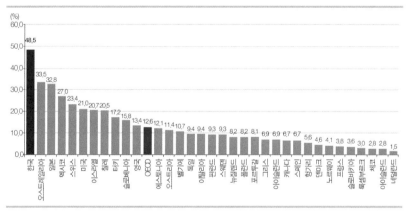

그림 2-24　OECD 회원국 65세 이상 노인 빈곤율

주: 2012년 또는 가장 최근 자료 기준, 중위소득의 50% 이하 비율 기준.
자료: OECD(2016: 57).

12　OECD에서 발표하는 노인 빈곤율은 중위소득 50% 이하 비율을 의미하는 상대적 빈곤율의 개념이며, 국가별로 2012년 또는 가장 최근 연도 자료를 제시하고 있다. 한국의 노인 빈곤율은 2012년 기준 자료이다(OECD, 2016: 57).

그림 2-25 **서울시 저소득 노인 독신가구 비중(2014)**

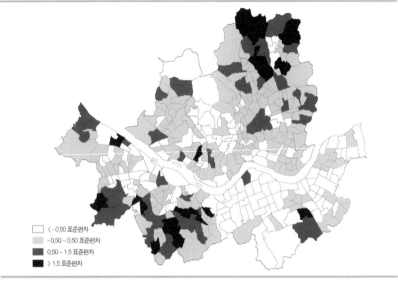

주: 65세 이상 독신가구 중 기초생활수급자 및 차상위계층 기준.
자료: 서울통계, http://stat.seoul.go.kr/

그림 2-26 **서울시 등록 외국인 비중(2014)**

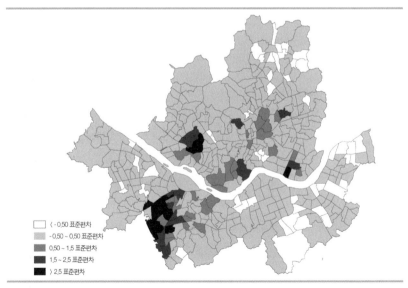

자료: 서울통계, http://stat.seoul.go.kr/

서울의 저소득 노인 독신가구는 2004년 2.9만 명에서 2014년 8.0만 명으로 약 2.8배 증가했다. 2014년 저소득 노인 독신가구는 관악구(13.9%), 도봉구(8.8%), 노원구(6.8%), 구로구(6.4%) 등 동북권과 서남권에 많이 거주하는 것으로 나타났다.

　외국인 거주지의 밀집 경향은 더욱 뚜렷하게 나타난다. 서울시 등록 외국인은 2004년 11.5만 명에서 2014년 26.6만 명으로 증가했다. 2014년 서울시 등록 외국인의 비중은 영등포구(14.7%), 구로구(11.8%), 금천구(7.3%), 관악구(7.0%) 순으로 나타났으며, 이들 상위 4개 자치구의 비중은 2004년 26%에서 2014년 41%로 증가했다. 저성장기에는 압축성장 과정에서 발생한 사회적 양극화와 이로 인해 심화되는 공간적 격차를 어떻게 완화시킬 것인가가 사회적 문제로 대두될 것이다.

6 | 우리나라 저성장의 특징

　최근 우리나라는 저성장기에 접어들면서 고도성장기 10%에 육박하던 경제성장률이 2~3%대까지 낮아졌으며, 10년 후에는 고령인구가 전체 인구의 20%를 넘는 초고령사회에 진입할 전망이다. 사회적으로는 고도성장기 도시개발 과정에 내재되어 있던 개발이익의 사유화, 저소득층 등 사회적 약자의 배제, 공간적 격차 등 다양한 문제점이 드러나면서 이에 대한 도시정책적 대응을 요구하고 있다.

　저성장은 신흥국을 제외한 대다수 국가가 경험하는 보편적 현상이며 세계적인 추세이다. 그러나 우리나라만이 가지고 있는 고도성장기 정책 기조와 제도적 관성, 사회경제적 여건이 상당히 남아 있기 때문에 다음과 같은 차별적인 특징을 보인다.

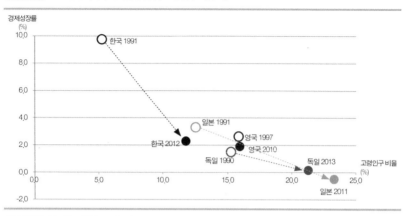

그림 2-27   한국과 외국의 경제성장률 및 고령인구 비율 비교

자료: OECD data, https://data.oecd.org/

첫째, 우리나라는 저성장에 따른 변화가 사회 전반에 걸쳐 나타나고 있으며, 이 같은 저성장의 징후가 상당히 구조적인 양상을 띠고 있다. 단순히 잠재성장률 전망치가 낮아진다거나 일시적으로 경기가 부진한 현상이 아니라 인구 감소, 저출산·고령화, 소득 감소, 가계부채 증가 등 다양한 요인들이 복합적으로 작용하여 사회 전반의 활력을 둔화시키고 있는 것이다.

사회적·경제적으로는 세수 감소와 복지수요 증가에 따른 공공재정 부족, 투자 및 소비 둔화, 성장 동력 감소 등의 문제가 나타나고 있다. 도시공간 측면에서도 건설투자와 개발수요가 감소하면서 주거지 간 격차가 심화될 것으로 예상된다. 사회적·경제적 문제와 공간적 문제가 서로 영향을 주고받으면서 악순환하고 있는 것이다. 따라서 저성장 징후에 대한 표면적 해석에 집중하기보다는 구조적 메커니즘에 대한 이해를 바탕으로 접근할 필요가 있다.

둘째, 우리나라의 저성장은 세계에서 유례를 찾을 수 없을 정도로 빠른 속도로 진행되고 있으며, 경제성장률 하락과 고령화가 동시에 나타나고 있다. 〈그림 2-27〉에서 보듯이, 우리나라와 영국, 일본, 독일[13]의 경제성장률과 고령화 추이를 비교해보면[14] 우리나라는 다른 국가들에 비해 경제성장률 하락

그림 2-28 고령화사회에서 고령사회로 진입하는 주요 국가의 소요 기간

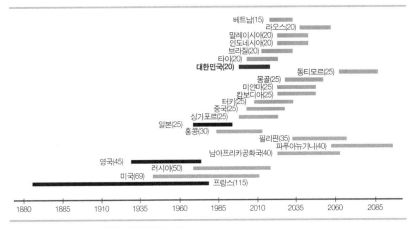

주: 고령화사회와 고령사회의 기준은 유엔의 정의를 따른다.
자료: World Bank Group(2015: 49) 재구성.

과 고령화가 동시에, 그리고 급격하게 진행되는 것을 알 수 있다.

특히 저출산·고령화 문제는 대부분의 선진국에서 경험하는 보편적인 사회구조적 변화이지만, 우리나라는 너무 빠른 속도로 진행되고 있다. 세계은 행에 따르면 한국의 고령화는 세계에서 두 번째로 빠른 수준이며, 출산율은 세계 최저 수준인 것으로 나타났다. 고령화사회에서 고령사회로 진입하는 데 프랑스 115년, 영국 45년, 일본 25년이 소요되었지만, 한국은 20년이 걸 릴 것으로 예측되고 있다(World Bank Group, 2015).[15]

셋째, 고도성장기의 민간 자본과 부동산을 활용한 경기부양 방식에 한계 가 나타나고 있다. 고도성장기에는 늘어나는 주택수요에 대응해 공급자 중 심의 정책이 주를 이루었으며, 계속적인 지가 상승에 대한 기대가 있었기 때

---

13 독일의 경제성장률은 독일 통일에 따른 자료의 한계로 인해 1992년 자료를 활용했다.

14 각 나라의 비교 연도는 경제성장률 10%대와 3%였던 시기를 기준으로 추출했다.

15 World Bank Group의 자료는 UN(2013)과 Kinsella and He(2009) 자료를 활용한 것으로, 통계청에 서 2014년 추계한 국내 자료와는 다소 차이가 있다.

문에 민간 자본을 투입한 대규모 개발사업이 가능했다. 정비사업의 정체, 주택가격의 정체 및 안정, 인프라의 관리 수요 증가 등 최근 우리 사회의 저성장 징후는 고도성장기를 뒷받침했던 공공정책 기조가 시장의 여건 변화와 불부합(mismatch)하면서 나타나는 현상으로 해석할 수 있다. 정책(policy)과 시장(market)의 불부합은 투자 감소, 공공재정 감소, 소득 및 수요 감소 등 다양한 문제를 야기할 수 있으므로, 저성장기 여건 변화에 대응할 수 있도록 기존 제도와 정책을 보완하는 연착륙 방안이 필요하다.

마지막으로, 서울시 전반에 걸친 개발수요 감소와 사회적 격차 문제로 인해 지역 간 격차가 점차 심화되고 있다. 저성장기에 접어들면서 지역별 쇠퇴와 정비는 더욱 차별적인 경향을 보일 것이다. 일부 사업성이 있는 지역을 제외하고 대부분의 지역에서는 재개발사업 추진이 어려워질 것이다. 대규모로 지정된 재개발사업의 추진을 기다리면서 오랜 기간 방치되어온 단독주택지의 노후화 문제가 우려된다. 해당 지역에 거주하는 중산층 이하 계층의 근로소득 감소, 계층 간·세대 간의 갈등 심화 등 사회적 문제는 공간적 격차 문제를 더욱 심화시킬 것이다. 저소득층, 외국인 이주노동자, 고령인구 등 사회적 취약계층의 주거 불안정, 거주지 노후화 문제에 대응할 필요가 있다.

제3장 저성장기 서울의 도시 이슈와 정책 과제

양재섭 (서울연구원 도시공간연구실장)
김예성 (국회입법조사처 입법조사관)
성수연 (서울연구원 연구원)

1 ⏐ 고도성장에서 저성장으로

　저성장은 경제, 인구, 사회활동, 국가 재정뿐만 아니라 토지·주택시장과 도시공간정책에도 심각한 영향을 미친다. 1960년대 이래 우리나라의 도시정책은 줄곧 고도성장 시스템에 맞게 유지되어왔다. 도시 외곽에서의 대규모 신도시 개발과 노후주거지에 대한 재개발사업, 주택 및 도시 인프라의 양적인 공급 확대는 고도성장을 뒷받침하는 정책이자, 고도성장기이기에 가능했던 방식이었다.

　하지만 저성장기에는 고도성장기에 가능했던 토지·주택의 양적인 공급 확대와 개발이익에 근거한 재개발사업, 공공에 의한 인프라 확충과 관리가 제대로 작동하지 않게 된다. 최근 들어 개발이익에 근거해서 추진되던 뉴타운사업이 사업성 악화로 더 이상 추진되지 못하고 재개발구역에서 해제되는 초유의 상황이 발생하고 있으며, 학교·공원 등 공공 인프라를 공공의 재정만으로 확충·관리하는 데 한계에 봉착하고 있다. 저성장·고령화에 따른 복지 수요의 증가와 이로 인한 도시 재정의 악화, 사회적·공간적 양극화 심화는

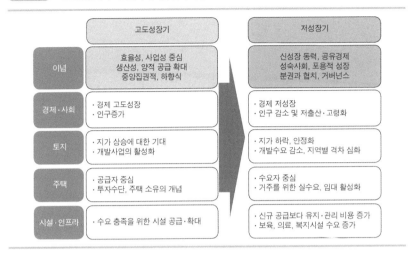

| 그림 3-1 | 고도성장기와 저성장기의 지향점과 특성 |

	고도성장기	저성장기
이념	효율성, 사업성 중심 생산성, 양적 공급 확대 중앙집권적, 하향식	신성장 동력, 공유경제 성숙사회, 포용적 성장 분권과 협치, 거버넌스
경제·사회	· 경제 고도성장 · 인구증가	· 경제 저성장 · 인구 감소 및 저출산·고령화
토지	· 지가 상승에 대한 기대 · 개발사업의 활성화	· 지가 하락, 안정화 · 개발수요 감소, 지역별 격차 심화
주택	· 공급자 중심 · 투자수단, 주택 소유의 개념	· 수요자 중심 · 거주를 위한 실수요, 임대 활성화
시설·인프라	· 수요 충족을 위한 시설 공급·확대	· 신규 공급보다 유지·관리 비용 증가 · 보육, 의료, 복지시설 수요 증가

도시정책 패러다임의 근본적인 전환을 요구하고 있다.

저성장기에는 고도성장기 도시개발 과정에서 소홀히 했던 포용적 성장, 분권, 대도시권 차원의 협치 등에 관심을 가질 필요가 있다. 성장이 둔화되고 인구 감소와 고령화가 심화되면서 도시공간에서도 많은 변화가 예상되기 때문이다. 고도성장기에는 지가가 계속해서 높아졌지만 개발수요가 감소하면서 더 이상의 가파른 지가 상승은 어려울 것이다. 이에 따라 대규모 개발사업이나 주택·부동산 시장에 대한 투자수요가 줄어들고 주택시장도 실수요자 중심으로 전환될 것이다. 특히 주택수요가 점차 다양해지면서 기존 공급자 위주의 공급 방식은 수요자 중심으로 전환될 것이다.

따라서 양적인 신규 공급보다는 기존 주택이나 시설을 체계적으로 유지·관리하여 질적인 수준을 높일 필요가 있다. 도시공간적으로도 외연적 확산에 비중을 두기보다는 기성시가지 재생을 위한 수법들을 적용하고, 사회적 합의에 기초한 도시정책을 추진할 필요가 있다. 저성장시대의 여건 변화에 대응하는 전략이 필요한 시점이다.

저성장기로 전환하는 현시점에서의 정책 과제는 고도성장기에 맞춰진 기존의 도시정책 기조와 시스템을 저성장기에 맞게 어떻게 전환하거나 연착륙시킬 것인가 하는 점이다. 저성장시대의 도시정책은 규제 완화와 개발이익 등 고도성장기에 가능했던 개발 메커니즘과는 근본적으로 다른 기제하에서 작동할 것이다. 여기서는 고도성장기 도시정책의 특징과 한계, 저성장의 메커니즘과 도시 이슈를 살펴보고, 저성장기 도시정책의 패러다임 전환을 위한 과제를 제시하고자 한다.

2 ┃ 고도성장기 도시정책의 특징과 한계

1970~1980년대 고도성장기 도시정책

1970년대 이후 반세기 동안 우리나라는 세계에서 유례가 없을 정도로 빠른 성장을 이루었다. 1970~1980년대 평균 경제성장률이 9.6%에 달했으며, 1973년에는 무려 14.8%에 이를 정도로 급격하게 성장했다. 당시 우리나라는 경제발전과 산업화에 따른 폭발적인 도시화 과정을 거쳤고, 서울은 그중에서도 가장 빠른 도시화와 산업화 과정을 경험했다. 통계청 인구주택총조사 자료에 따르면, 1970년 543만 명이던 서울의 인구는 1990년 1,061만 명으로 2배 가까이 증가했는데, 이를 연평균으로 환산하면 매년 26만 명(3.4%)씩 증가한 셈이다.

1970년대 이후 서울의 급격한 인구 증가는 주택난과 기반시설 부족 문제를 야기했으며, 무허가 불량주택도 급증했다. 서울시 내 무허가 불량주택은 1961년 8만 4,440호에서 1970년 18만 7,500호로 증가했고, 판자촌에 거주하는 인구는 1966년 127만 명으로 전체의 약 1/3에 이를 정도였다(이원보, 2005).

정부는 '불량주택 개량촉진에 관한 임시조치법'(1973), '도시재개발법'(1976) 등을 제정하여 노후·불량주택 문제에 대응했다.

이 시기에는 주택의 절대량이 부족했기 때문에 단기간 내 불량 주거지를 개선함과 동시에 많은 양의 신규주택을 빠르게 공급해야 했다. 1971년 정부는 '주택건설촉진법'을 제정하여 민간에 의한 대규모 공동주택 공급이 가능하도록 뒷받침했다. 또한 건설사가 사업 초기 주택건설자금을 원활히 확보하고 금융비용 등을 절감하여 주택을 공급할 수 있도록 '선분양제도'를 도입했다.

1980년대에 들어서는 한국토지개발공사와 대규모 건설업체가 주체가 되어 일단의 주택단지를 공급하는 대규모 아파트 단지 개발이 본격화되었다. 1986년 아시안게임과 1988년 올림픽을 유치하면서 대대적인 노후시가지 정비사업이 이루어졌다. 1970년대 도심부에 지정된 대다수의 도심재개발구역이 보험, 금융회사 등 대기업 본사 사옥으로 탈바꿈한 것도 이 시기였다. 주택재개발을 통한 아파트의 지속적인 공급과 도심재개발을 통한 오피스 물량 공급은 저유가·저금리·저달러 등 3저(低) 현상과 맞물리면서 부동산 가격 폭등을 유발했다(손경환 외, 2006).

노후주거지를 재개발하는 '합동재개발방식'은 1980년대 고도성장기를 대표하는 도시정비 방식으로 자리 잡았다. 당초 1970년대 말에는 '위탁방식에 의한 재개발'을 통해 판자촌을 정비했으나, 주민들과의 갈등, 정부 주도의 공영개발이 어려워지자 '민영화' 전략으로 선회했다. 토지를 제공하는 소유주(조합)와 사업비 일체를 부담하는 민간 건설회사의 이해가 맞물리면서 합동재개발방식이 본격적으로 추진되었다.

1983년 시작된 합동재개발은 최근까지도 보편적으로 활용되는 재개발 방식이기도 하다. 합동재개발을 통해 건설업체는 사업성을 확보하고, 공공은 재정 부담을 줄이면서 최소한의 행정력으로 도시를 재정비할 수 있었다. 또한

그림 3-2 **1970년대 이후 도시정책의 변화**

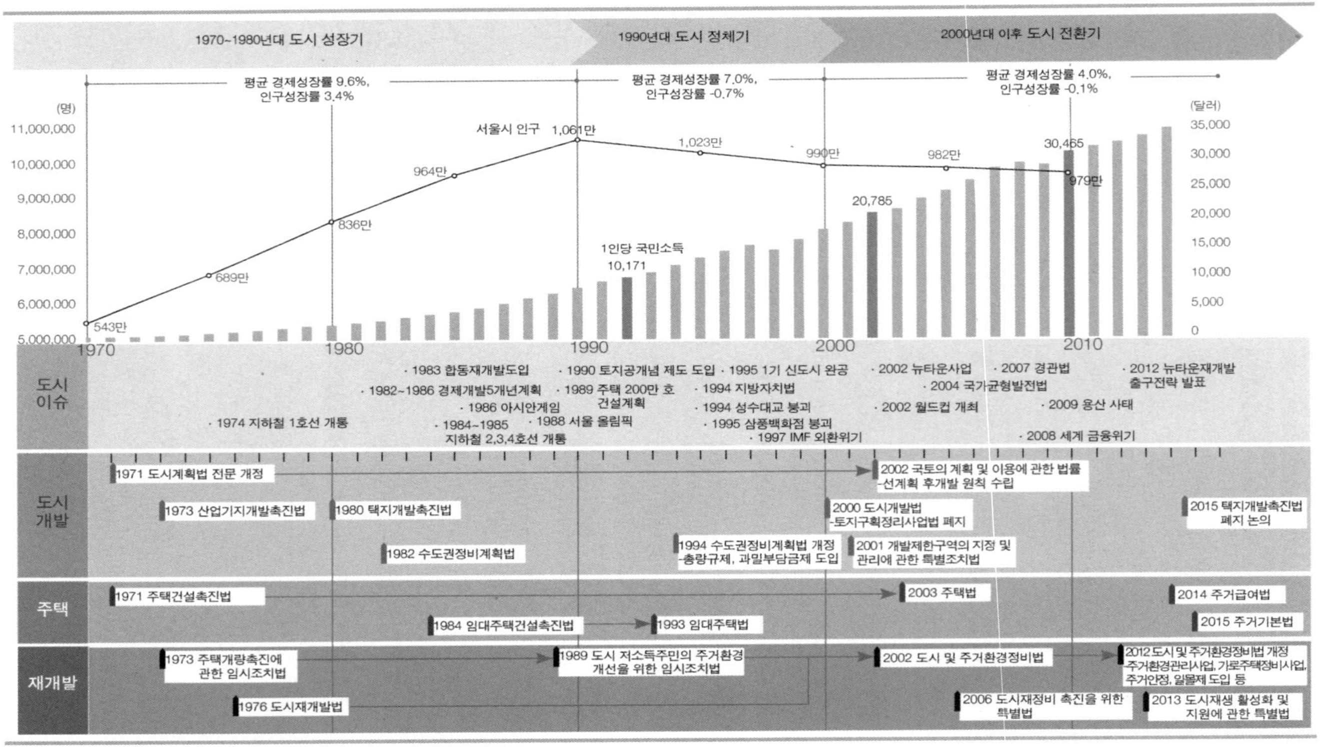

1970~1980년대 도시 성장기
1990년대 도시 정체기
2000년대 이후 도시 전환기
평균 경제성장률 9.6%, 인구성장률 3.4%
평균 경제성장률 7.0%, 인구성장률 -0.7%
평균 경제성장률 4.0%, 인구성장률 -0.1%
(명)
11,000,000
10,000,000
9,000,000
8,000,000
7,000,000
6,000,000
5,000,000
(달러)
35,000
30,000
25,000
20,000
15,000
10,000
5,000
0
서울시 인구
543만
689만
836만
964만
1,061만
1,023만
990만
982만
979만
1인당 국민소득
10,171
20,785
30,465
1970
1980
1990
2000
2010
도시 이슈
· 1974 지하철 1호선 개통
· 1983 합동재개발도입
· 1982~1986 경제개발5개년계획
· 1986 아시안게임
· 1984~1985 지하철 2,3,4호선 개통
· 1988 서울 올림픽
· 1990 토지공개념 제도 도입
· 1989 주택 200만 호 건설계획
· 1995 1기 신도시 완공
· 1994 지방자치법
· 1994 성수대교 붕괴
· 1995 삼풍백화점 붕괴
· 1997 IMF 외환위기
· 2002 뉴타운사업
· 2004 국가균형발전법
· 2002 월드컵 개최
· 2007 경관법
· 2009 용산 사태
· 2008 세계 금융위기
· 2012 뉴타운재개발 출구전략 발표
도시 개발
1971 도시계획법 전문 개정
1973 산업기지개발촉진법
1980 택지개발촉진법
1982 수도권정비계획법
1994 수도권정비계획법 개정 -총량규제, 과밀부담금제 도입
2000 도시개발법 -토지구획정리사업법 폐지
2001 개발제한구역의 지정 및 관리에 관한 특별조치법
2002 국토의 계획 및 이용에 관한 법률 -선계획 후개발 원칙 수립
2015 택지개발촉진법 폐지 논의
주택
1971 주택건설촉진법
1984 임대주택건설촉진법
1993 임대주택법
2003 주택법
2014 주거급여법
2015 주거기본법
재개발
1973 주택개량촉진에 관한 임시조치법
1976 도시재개발법
1989 도시 저소득주민의 주거환경 개선을 위한 임시조치법
2002 도시 및 주거환경정비법
2006 도시재정비 촉진을 위한 특별법
2012 도시 및 주거환경정비법 개정 주거환경관리사업, 가로주택정비사업, 주거안정, 일몰제 도입 등
2013 도시재생 활성화 및 지원에 관한 특별법

자료: 통계청, 인구총조사(각 연도); OECD data, https://data.oecd.org/

낙후된 지역의 경기를 활성화하고, 세수를 높이는 긍정적인 효과도 있었다 (김태섭·강민욱, 2013: 7~8). 그러나 공공의 직접적인 개입이 줄어들면서 재개발시장은 점차 개발이익을 극대화하려는 건설자본의 논리로 대체되기 시작했다. 정비사업의 공익성은 점차 축소되고, 시장논리는 강해졌다. 기존에는 무허가 불량주택지를 정비하는 과정에서 무단 점유된 토지를 둘러싼 공공·주민의 갈등이었다면, 합동재개발에서는 개발이익의 분배를 둘러싼 토지 등 소유자·세입자·건설자본 간의 갈등으로 갈등의 주체와 구조가 변화하기 시작했다.

1990년대 과도기 도시정책

1988년 서울 올림픽 이후 저금리와 올림픽 효과라는 호재가 맞물리면서 내 집 마련 수요와 투기 수요가 급증했다. 당시 주택 공급량은 적정 수요인 40만 호의 절반 수준에 불과했고(≪이투데이≫, 2016.2.17), 이에 따라 1990년 말 지가는 전년 동월 대비 31%, 주택매매가격은 24% 증가했다. 1989년 정부는 서울의 과밀 문제와 강남을 중심으로 한 주택가격 급등에 대응하기 위해 '주택건설 200만 호 건설계획'을 발표했다. 이에 따라 1980년대 말부터 서울 외곽지역에 신도시 개발이 시작되면서 대규모의 주택 공급이 본격화되었다. 1989~1996년에 준공된 1기 신도시는 총 5개 지역, 계획인구 117만 명 규모로, 서울의 외연적 확산과 팽창을 가속화시켰다.

이로 인해 1990년 1,061만 명이던 서울의 인구는 2000년 990만 명으로 감소했다. 1950년 한국전쟁 이래 지속적으로 증가해온 서울 인구가 처음 감소세로 돌아선 것이다. 이 시기 평균 경제성장률은 7.0%로 이전에 비해 낮아졌고, 1997년에는 IMF 외환위기라는 초유의 경제위기를 경험하기도 했다.

1990년대는 1970~1980년대 '고도성장기'와는 다른 양상을 보이는 '과도

그림 3-3 전국과 서울의 지가변동률 추이(1987~2015) (좌),
주택매매가격지수와 변동률 추이(1986~2015) (우)

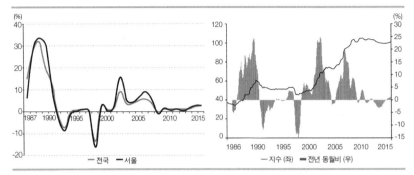

자료: 한국감정원 부동산통계정보시스템, http://www.r-one.co.kr (좌); KB부동산, 월간 주택가격동향조사 자료(2015.4) (우).

기'라 할 수 있다. 경제적 변화와 이에 따른 사회적 충격 속에서 지나온 고도
성장기를 되돌아보게 되었으며, 도시계획 측면에서도 새로운 변화가 나타났
다. 도시공간은 단독주택지가 다가구·다세대 주택지로 바뀌거나 아파트 단
지화되면서 수직적으로 더욱 확장했다(서울시정개발연구원, 2002: 218). 또한
새로운 기반시설이 지속적으로 공급되면서 공간구조도 변화해갔다. 지하철
2기 건설이 마무리되면서 역세권을 중심으로 거점이 형성되었고, 1995년 자
동차 100만 시대에 진입하는 등 차량 이용과 도로 건설이 급증했다.

사회적으로는 급속한 고도성장의 후유증이 나타났다. 1994년 성수대교
붕괴와 1995년 삼풍백화점 붕괴 사고는 20세기 후반 숨 가쁜 성장의 허와 실
을 되새기게 했다. 몇 차례의 대형 참사를 겪으면서 개발시대의 산물이었던
안전불감증을 반성하고, 시설물의 안전 유지·관리 체계를 재정비하기 시작
했다.

1997년 IMF 금융위기 이후 서울은 구조조정에 따른 갑작스러운 실업 증
가, 가계부채 급증과 생활고 심화, 노숙자 증가 등 새로운 도시문제에 봉착
했다. 1997년 11월 58만 5,000명이었던 실업자는 외환위기 직후인 1999년
2월 181만 2,000명으로 크게 증가했다. 같은 기간 실업률은 2%대에서 8.8%

까지 높아졌다.[1] 인구 10만 명당 자살자 수는 1997년 15.6명에서 1998년 21.7 명으로 급증하기도 했다.

한편 1990년대는 서울이 여러 가지 면에서 새롭게 출발하는 시기였다(김광중, 2002: 18~19). 1994년 새롭게 부활한 지방자치제도의 도입은 지금까지 중앙정부에 의해 하향식으로 수행되던 서울의 도시행정과 계획에 주민참여라는 새로운 정치적 과정을 요구하면서, 서울의 목소리를 내는 계기가 되었다. 또한 1980년대 후반부터 시작된 서울 외곽의 신도시 개발을 통해 괄목할 만한 교외화와 광역화를 경험했다. 이러한 빠른 광역화는 서울이 주변과 단절된 도시가 아니라 2,000만 명을 포용하는 광역적 대도시권의 중심 도시임을 말해주는 것이었다.

2000년대 전환기 도시정책

2000년대 들어 우리나라의 평균 경제성장률은 4.0%로 더 낮아졌고, 2010년 서울의 인구는 979만 명까지 감소했다. 이 시기에는 도시개발과 주택 공급을 위한 관련 법제도의 정비가 중점적으로 이루어졌다. 2002년 '국토의 계획 및 이용에 관한 법률'이 제정되면서 비(非)도시지역의 난개발 방지를 위한 '선계획 후개발' 원칙이 마련되었다. 노후한 기성시가지 정비를 위해 개별적으로 활용되던 주택재개발·재건축, 도심재개발 사업 등은 '도시 및 주거환경정비법'으로 통합되었다. 주택건설을 촉진하기 위해 1971년 제정된 '주택건설촉진법'은 2003년 '주택법'으로 대체되었다. 1990년대 이전 법·제도는 도시의 양적 팽창을 지원했으나, 2000년 이후에는 '계획적 공급을 통한 도시환

---

[1] 노동연구원, 「2009년 고용전망 보고서」. 통계청에 따르면 1999년 7월 청년 실업률은 11.5%를 넘었다.

표 3-1 2006~2010년 소형 저가주택 멸실·공급 추이

	2006	2007	2008	2009	2010	합계
멸실	13,525호	24,973호	18,098호	31,061호	48,689호	136,346호
공급	9,707호	12,145호	11,669호	11,074호	22,539호	67,134호

자료: 서울시 내부자료; 서울시(2015: 7).

경의 질적 개선'을 목표로 법·제도가 변화했다.

2000년대 초 서울시는 IMF 외환위기 이후 침체된 경기를 부동산 규제 완화로 빠르게 부양하고자 했고, 2002년 뉴타운사업이 추진되었다. 뉴타운사업은 구획정리, 택지개발, 도심재개발, 주택재개발·재건축 등으로 이어지는 서울의 도시개발과 정비사업의 야심 찬 결정판이라고 할 수 있다. 당초 뉴타운사업은 강남북의 균형발전을 위해 낙후지역의 주거환경을 개선하고 기반시설을 광역적으로 재정비한다는 취지로 도입되었으나, 결과적으로는 서울을 비롯한 전국을 부동산 투기장으로 만들었다.

뉴타운사업구역을 과다하게 지정하면서 서울에 남아 있는 대다수 저층 주거지가 정비구역화되었고 부작용이 잇따랐다(서울시, 2015a: 3~4). 정비사업의 예측가능성을 높이고자 했던 '정비예정구역'은 과도한 구역 지정으로 이어져 부동산 가격 상승과 투기심리 자극, 건축행위 제한에 따른 사유재산권 침해 등의 문제를 낳았다. 또한 노후도 요건 등을 완화하여 정비구역을 대규모로 지정하고, 용적률 완화를 전제로 과밀하게 계획했으며, 빠른 속도로 사업을 추진했다. 이러한 과정은 노후 다세대·다가구주택 소유자들의 아파트에 대한 욕구와 건설사의 자본논리가 맞아떨어졌기에 가능했다. 뉴타운사업 추진 과정에서 서민들의 노후주거지는 빠른 속도로 멸실되어(서울시, 2015a: 7), 2006~2010년간 멸실된 주택 수는 13.6만 호로 같은 기간 공급된 주택 수의 2배를 넘었다.

그러나 2008년 글로벌 금융위기를 맞으면서 뉴타운사업은 충분한 사업성

을 확보하기가 어려워졌다. 대단위 전면철거방식에 따른 원주민의 낮은 재정 착률, 세입자 주거 불안정 등이 사회적 문제로 인식되기 시작하면서 정비사 업은 새로운 국면에 접어들었다. 2010년 이후, 지난 40여 년간 시행해온 재 개발사업에 두 가지 주목할 만한 변화가 있었다. '2012년 뉴타운 출구전략' 발표와 '재개발구역 해제를 위한 법 개정'이 그것이다. 서울시는 재개발구역 중 325개 구역에 대한 실태조사를 실시하여 주민 뜻에 따라 245개 구역을 재 개발구역에서 해제했으며(서울시, 2015.4.22), 최근까지도 해제구역은 늘어나 고 있다.

해제된 구역은 사업 추진 여건에 따라 후속 방향을 결정하고 있다. 주민이 원하는 경우 소규모 대안적 정비사업을 추진할 수 있도록 했다. 또한 정비사 업이 원활하게 추진되지 않는 정비(예정)구역에 대해서는 일몰제를 적용하거 나 정비구역을 해제할 수 있도록 관련 법을 개정했다.

한편 2014년 이후 수도권에서는 '택지개발촉진법'(이하 택촉법) 폐지에 대 한 논의가 뜨거웠다. 1981년 정부는 서울 인구가 급증하면서 야기된 주택난 에 대응하여 택지를 새롭게 조성·공급하기 위해 택촉법을 제정했다. 2013년 까지 공급된 전국의 공공택지는 977km²(광교 신도시 83개 크기의 면적)로, 이 중 73%에 달하는 약 700km²의 택지가 이 법에 의해 공급되었다(《매일경제》, 2015.12.9).

그러나 더 이상 주택의 양적 보급이 시급하지 않은 상황에서 외곽지역에 대규모 공공택지를 공급하기 위한 택촉법의 필요성은 사라졌다. 또한 기존 신개발, 대규모, 공급자 위주였던 개발사업의 패러다임이 기성시가지, 중·소 규모, 수요자 맞춤형으로 변하면서 폐지의 목소리가 높아졌다. 결국 정부는 2014년 9·1 부동산 대책을 발표하면서 택촉법을 폐지하고, 2017년까지 대규 모 택지지구의 공급을 중단하겠다고 선언했다.[2] 택촉법의 폐지 선언은 더 이 상 도시의 확장이나 대규모 신도시 개발이 필요하지 않으며, 기성시가지의 유지·관리와 재생의 필요성을 인식했다는 점에서 의미가 있다.

최근 들어 주택 부문에서는 주택의 양적 공급을 넘어 주거수준을 향상시키기 위해 노력하고 있다. 2014년 '주거급여법'을 제정하여 기초생활수급자에게만 지원되던 주거급여를 중위소득의 43%까지 확대했다. 2015년에는 '주거기본법'을 제정하고 주거권, 주거복지 전달 체계에 관한 규정을 신설하는 등 생애주기별 맞춤형 주거복지를 실현할 수 있는 제도적 근거를 마련했다.

고도성장기 도시정책의 특징과 한계

경제가 급속도로 성장하고 주택과 인프라가 부족하던 시절, 빠른 속도의 대규모 개발은 불가피한 선택이었다. 산업화와 도시화 과정에서 절대적으로 부족했던 가용토지와 주택을 확보하기 위한 공급 확대 정책은 경제성장을 뒷받침하는 밑거름이 되었다. 하지만 여전히 도시공간의 외연적 확산은 계속되고 있으며, 양적 공급을 지원하는 고도성장기 정책 기조를 유지하고 있다. 지금까지의 논의를 정리해보면, 고도성장기 도시정책은 다음과 같은 특징과 한계를 가지고 있다.

첫째, 고도성장기에는 양적 성장이 정책의 최우선 목표였기 때문에, 도시정책의 목표는 철저하게 시장원리에 근거했다. 공공은 경제성장을 촉진하기 위해 관련 법·제도를 제정하고, 규제 완화를 통해 대규모 개발사업을 추진했다. 개발이익을 극대화하는 데 치중하여 저소득층에 대한 배려, 과정과 절차 등은 무시한 채 잘 팔리는 상품을 만들어내기 위해 노력했다.

정비사업 시행 후 다세대·다가구 등 대다수의 서민 주택이 사라졌고, 주

---

2 2015년 12월 '택지개발촉진법' 폐지 법안이 국회를 통과하지는 못했지만, 국토부는 정책 뉴스를 통해 '택촉법이 폐지될 수 있도록 지속적으로 노력할 것'이라는 입장을 밝혔다.

민들은 점차 외곽으로 이주했다. 또한 개발이익을 전제로 재개발사업이 추진되었기 때문에, 정작 주거환경 개선이 필요한 노후주택 밀집지역은 사업성이 떨어진다는 이유로 적절한 개선이 이루어지지 못했다. 고도성장기 부동산 정책은 무주택 서민에게 주택을 공급하는 복지정책이라기보다는 경기를 부양하는 경제정책의 역할이 강했다.

둘째, 도시 재개발과 시가지 확산이 서울 내·외부에서 진행되었다. 서울의 주택문제를 해결하기 위한 도시 재개발과 신도시 개발은 도심 내에서의 시가지 확산과 서울의 외연적 확산을 유발했다. 주택 공급만이 부동산 시장을 안정시킬 수 있는 유일한 수단이라 믿었기 때문에, 택지개발이 서울 주변 곳곳에서 일어났다. 서울에서 30~40km 정도 떨어진 지점에 신도시를 건설함으로써 서울은 점차 광역화되었고, 공간적으로 확산되기 시작했다.

셋째, 고도성장기 공급 위주의 정책 기조와 외곽으로 확산하려는 공간적 관성이 여전히 작동하고 있다. 저성장기 주택가격은 안정세로 접어들었고 개발이익이 줄어들면서 주택을 짓기만 하면 팔리던 과거와는 달라졌다. 그럼에도 불구하고 정부는 여전히 대규모 건설사업을 통한 경기부양 방식을 시도하고 있으며, 부동산 대출 규제를 완화하고 조세를 감면하는 등 부동산 활성화 정책을 추진하고 있다. 수도권 일부 지역에서 미분양이 나타나고 있음에도 외곽으로 뻗어가려는 공간적 관성도 여전히 작동해 서울의 공간적 확산은 아직 진행 중이다.

한편 저성장기에 진입하면서 도시공간을 둘러싼 정책 환경은 변화하고 있다. 주택가격은 안정된 반면, 서울의 전세가격은 매매가의 75%를 넘어섰으며,[3] 월세 비중은 급증하고 있다. 재개발사업을 통한 개발이익을 기대하기

---

[3] 2016년 5월 KB부동산 주택가격동향조사 자료에 따르면, 서울의 전세가율은 75.0%로 전년 동월 68.8%에 비해 크게 높아졌다.

표 3-2	고도성장기 서울의 여건 변화와 도시정책 특징		
	1970~1980년대	1990~1999년	2000년 이후
지가변동률	· 1987~1989년 평균 +22.6% (1989년 33.5%)	· 1990~1999년 평균 +1.7% (1998년 -16.3%)	· 2000~2015년 평균 +3.6%
주택가격 변화 (전년 동월 대비)	· 1989년 12월 기준 16.6%	· 1999년 12월 기준 5.6%	· 2014년 12월 기준 0.8%
재개발 추진 구역 지정	· 1973년 146건 최초 지정 · 1974~1989년 65건 (연평균 8건)	· 1990~1999년 92건 (연평균 9건)	· 2000~2013년 320건 (연평균 23건)
준공	· 1974~1989년 78건 (연평균 7건)	· 1990~1999년 94건 (연평균 9건)	· 2000~2013년 200건 (연평균 14건)
도시정책의 주요 특징	· 주택과 인프라의 양적 공급 확대 · 서울 과밀에 대응한 신도시 건설 · 국토 불균형 성장과 수도권 과밀에 대한 문제 인식	· 성장보다는 균형발전 · 지역격차 해소에 초점 · 지방정부의 역할과 참여 중요	· 지속가능한 개발에 대한 관심 · 도시문제를 사회문제로 인식 · 외연적 확산, 신규 개발보다는 기존 재고 관리에 초점

는 어려운 실정이며, 구역 해제를 요구하는 주민들의 목소리는 점점 커지고 있다. 1970~1980년대 고도성장기에 한꺼번에 공급한 도시기반시설은 노후화 문제가 제기되고 있으며, 개발 가용지가 부족해지면서 토지이용방식의 전환이 요구되고 있다.

도시정책 역시 전환기를 맞이하고 있다. 2008년 금융위기 이후 사업성이 떨어지면서 과다(過多), 과대(過大), 과밀(過密), 과속(過速)으로 추진되던 뉴타운·재개발사업은 어려움을 겪기 시작했다. 사람의 부재, 공공의 역할 부재, 주민과의 협의 부재 등 3무(無)에 대한 반성의 목소리가 높아졌다. 세입자, 사회적 약자를 배려한 도시정책에 대한 관심이 높아지면서 도시문제가 사회문제로 인식되고 있으며, 전면철거방식 대신 지속가능한 개발에 대한 논의가 시작되었다.

최근의 뉴타운 출구전략, 택촉법 폐지 논의, 주거급여법 및 주거기본법 제정 등은 고도성장기와는 다른 방향성을 가지며, 기존에는 볼 수 없었던 새로운 변화임이 분명하다. 하지만 고도성장기에 도시를 관리해오던 정책적·제도적 관성은 여전히 남아 있다. 고도성장기에 만들어진 도시정책과 제도의 한계를 파악하여 저성장기에 적합하도록 연착륙시킬 필요가 있다.

3 ㅣ 저성장의 메커니즘과 주요 이슈

우리나라의 저성장은 경제, 인구, 사회 등 도시 전반에 걸친 활력의 둔화로 나타난다. 문제는 이러한 경향이 일시적인 현상이 아니라 장기적인 경향성을 갖는다는 점이다. 저성장은 경제적 측면에 국한된 문제가 아니므로, 경제성장의 둔화와 저출산·고령화 등을 함께 고려하여 검토할 필요가 있다.

저성장은 도시공간과 시장 수요에 어떤 영향을 미칠까? 다음의 〈그림 3-4〉에서 보듯이, 경제성장 둔화에 따른 고용 불안과 소득 감소는 사회적 격차를 심화시킨다. 소득 감소로 구매력이 저하되고 개발수요가 감소하면 재개발 등 정비사업이 정체되거나 추진할 수 없는 지역이 나타난다. 이 경우 정비사업이 정체되는 지역과 물리적인 환경 개선이 이루어지는 지역 간에 공간적 격차가 심화되고, 양극화된 기성시가지를 관리하는 문제가 도시관리의 주요 이슈로 등장하게 된다.

저성장에 따른 개발수요 감소는 도시 인프라와 재고주택 관리에도 영향을 미친다. 개발수요 감소는 내구연한이 경과한 도시 인프라의 개·보수를 지연시키고, 각종 도시 인프라와 주택의 노후화를 조장한다. 특히 서울은 1970~1980년대 고도성장기에 공급된 도시 인프라와 주택의 정비 시점이 한꺼번에 도래함에 따라 기존의 도시 인프라와 주택재고를 어떻게 유지·관리할 것인가가 이슈가 된다.

그림 3-4   저성장기 도시 메커니즘과 주요 이슈

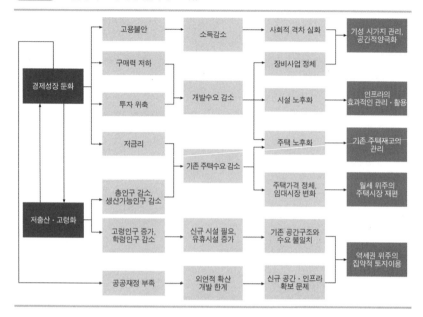

한편 저출산·고령화는 주택시장의 수요 변화에 영향을 미친다. 구매력이 있는 주택 수요층이 감소하고 저금리 기조가 지속되면서 주택임대시장이 월세 위주로 재편되고 있다. 인구구조가 변화함에 따라 생활 서비스 시설의 수요도 변화하고 있다. 학령인구가 줄어들면서 유휴 학교시설은 늘어나는 반면, 의료·복지 등 고령자를 위한 생활 서비스 시설은 부족해지는 불부합(mis-match) 문제가 발생하고 있다.

생산가능인구의 감소와 고령화는 경제성장 둔화에 영향을 미치고 복지수요 증가와 맞물리면서 공공재정에 부담으로 작용한다. 개발재정의 부족으로 대규모 외연적인 개발이 어려워지는 반면, 기존 도시공간과 인프라를 활용한 역세권 위주의 집약적 토지이용 요구는 늘어나게 된다.

이와 같이 저성장기 경제와 인구 변화는 각종 개발사업 및 부동산 시장의 침체, 사회적·공간적 양극화, 토지이용 등에 영향을 미친다. 여기서는 저성

장기에 예상되는 주요 도시 이슈를 주택, 재개발, 공공 인프라, 공간구조 등 네 가지 측면에서 살펴보고자 한다.

이슈 1: 재개발의 추동력 상실과 노후주거지 관리 문제

저성장기에 접어들면서 가장 먼저 대두되는 이슈는 개발수요의 감소이다. 개발수요가 감소하면서 재개발·재건축 등 기성시가지 정비사업도 추동력을 잃고 있다. 서울은 지난 40여 년간 노후 기성시가지를 재개발하여 대규모 아파트 단지를 공급하고 기반시설을 확보해왔다.

2013년 말 현재, 서울시 내 주택재개발구역으로 지정된 곳은 모두 605개소, 면적은 3,278만ha에 달한다. 2000년대 초 뉴타운사업 추진으로 재개발구역 지정이 급격하게 증가했으나, 2010년 이후 추동력을 잃고 출구전략을 모색하고 있다. 사업성 악화로 인해 재개발 추진이 어렵게 되자, 2014년 말 서울시는 주민들의 요청을 받아 245개 재개발구역을 해제했다. 일부 해제구역에서는 주거환경관리사업 등 대안적인 정비수법이 적용되거나 근린재생형 도시재생사업이 추진되고 있지만, 추동력을 상실한 채 멈춰선 정비사업을 연착륙시키기에는 한계가 있다.

저성장기에는 서울시 주거지의 약 1/3, 111km²를 차지하는 노후 저층 주거지에 대한 관리 문제가 중요해질 것이다. 지금까지 이들 지역은 재개발 등 정비사업에 대한 기대로 관리되지 않은 채 방치되어왔다. 이곳에는 4층 이하 주택 중 20년 이상 경과한 주택이 72%에 이르며, 30년 이상 경과한 주택도 35%에 이른다(서울시, 2015.4.22).

1983년 합동재개발이 도입된 이래 40여 년간 개발이익에 근거하여 추진해왔던 재개발 메커니즘을 저성장기에 맞게 어떻게 전환하고, 노후한 저층 주거지의 주거환경을 어떻게 개선하면서 관리할 것인가가 이슈이다.

| 그림 3-5 | 서울시 주택재개발사업 구역 지정 현황 |

| 그림 3-6 | 서울의 정비(예정)구역 해제 |

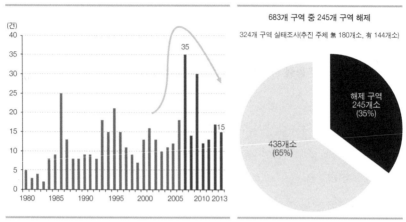

자료: 서울시 주거재생과, 도시정비사업 추진실적 자료(2013.12); 서울시
(2015b: 89) 재정리.

자료: 서울시(2015.4.22).

이슈 2: 기존 재고주택의 관리와 임대(월세)시장 확대 문제

저성장기에는 기존 재고주택에 대한 체계적인 관리가 필요하며, 확대되는 임대시장, 특히 월세시장에 대응할 필요가 있다. 점진적이고 지속적인 인구 감소는 주택시장의 소비 둔화를 가져올 것이다. 핵심 주택수요 계층이라 할 수 있는 서울의 35~54세 인구는 2010년 321만 명에서 2040년 234만 명으로 감소할 것으로 전망된다. 2015년 이후 베이비붐 세대의 은퇴가 본격화되면서 신규주택 수요는 더욱 가파르게 줄어들 것이다. 저성장기에는 필요한 신규주택을 공급하는 것 외에도 기존 재고주택을 어떻게 개선·관리할 것인가가 중요한 이슈이다.

한편 저금리 기조가 계속되면서 주택의 점유형태도 전세에서 월세 위주로 개편되고 있다. 1990년대까지만 하더라도 우리나라의 3년 만기 국고채는 10%를 넘는 고금리를 유지했지만, 1990년대 말 이후 급격히 떨어져 2015년 현재 1.63%까지 떨어졌다. 기준금리도 2000년대 초 5%대에서 2015년 1.5%

그림 3-7 기준금리와 시장금리 변화 추이(1995~2015)

자료: 한국은행 경제통계시스템, http://ecos.bok.or.kr/

그림 3-8 서울시 주택 점유형태 변화(2006~2012)

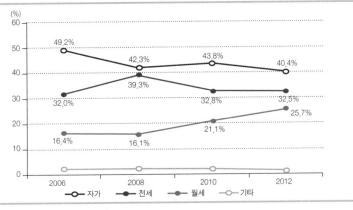

자료: 국토교통부, 주거실태조사자료(각 연도).

까지 떨어졌다.

국토교통부의 주거실태조사 자료에 따르면, 2008년 39%를 차지하던 서울의 전세 비율은 2012년 33%로 감소한 반면, 같은 기간에 월세는 16%에서 26%로 증가했다. 최근까지도 월세시장은 꾸준히 확대되고 있다. 전세 거래는 2012년 2월 1.5만 건에서 2015년 2월 1.3만 건으로 감소한 반면, 같은 기

서울시 규모별 주택 공급(2001~2012)

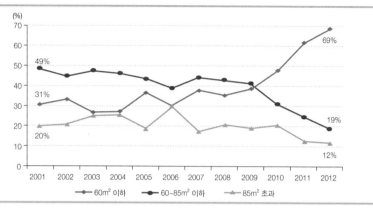

자료: 국토교통부, 연도별 규모별 주택건설실적.

서울시 규모별 주택재고 현황

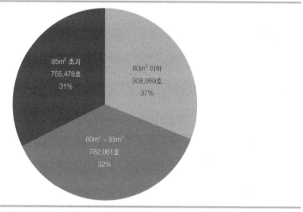

자료: 통계청, 주택총조사(2010).

간 월세는 2,700건에서 5,300건으로 증가했다. 저금리로 인해 전세주택을 월세로 전환하려는 임대인은 더욱 늘어나는 반면, 임차인은 가처분소득 대비월 임대료 부담 등의 이유로 여전히 전세를 선호한다. 향후 저성장·저금리에 따른 월세 위주로의 주택시장 개편에 대비할 필요가 있다.

저성장기에는 1~2인 가구 등 중소형 주택의 수요 증가와 주택 규모의 문제에도 주목할 필요가 있다. 1990년 3.68명이던 서울의 평균 가구원 수는 2030년 2.35명으로 줄어들고, 같은 기간 1~2인 가구는 전체 가구의 21%에서 51%로 급증할 전망이다.

2010년 현재 서울시의 주택은 60 m² 이하 규모가 90만 9,000호(37%), 60~85 m²가 78.2만 호(32%), 85 m²를 초과하는 중대형 규모는 75.5만 호(31%)를 차지한다.[4] 인구구조 변화에 대응해 저성장기 소형주택 공급을 확대하기 위해서는 현재 85 m² 이하로 설정되어 있는 '국민주택 규모'를 재검토할 필요가 있다.[5]

이슈 3: 유휴시설의 활용 및 공공 인프라의 확보·관리 문제

저성장에 따른 유휴시설과 공공 인프라 문제는 서울에서 아직 심각하게 나타나지 않지만, 반드시 대응해야 할 과제 중 하나이다. 먼저 저성장으로 인해 발생하게 될 학교 등 유휴시설의 활용 문제가 예상된다. 2013년 우리나라의 합계출산율은 1.19로 OECD 국가 중 최하위 수준이다. 이런 초저출산 기조가 계속되면, 2018년부터 매년 출생아 수가 40만 명 이하로 떨어질 것으로 전망된다.

실제로 통계청 인구동향조사에 따르면, 2014년 전국의 출생아 수는 43.5만 명으로, 2000년 63.5만 명에 비해 30% 이상 감소했다. 이렇게 되면 전국의 초등학교 학생 수는 2010년 343.5만 명에서 2035년 229.6만 명으로 감소하고, 서울의 학령인구도 2000년 76만 3,000명에서 2015년 45만 1,000명, 2030년

---

4 세부적으로 보면, 60~85 m² 규모가 78만 호로 전체의 32%, 40~60 m²가 61.7만 호로 25.2%를 차지하여 과반을 차지하고 있다.
5 1972년 주택건설촉진법에 근거해서 국민주택기금을 지원받아 건설된 국민주택의 규모(85 m² 이하)는 고도성장기 4인 가족을 기준으로 정해진 것이다.

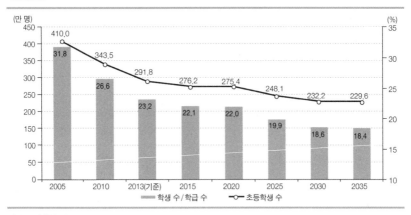

그림 3-11   전국 초등학생 수 및 학급당 학생 수 전망(2005~2035)

자료: 조영태(2014).

이 되면 42만 9,000명으로 감소할 것으로 전망된다(조영태, 2014).[6] 이미 서울 도심부에는 전교생이 200명 이하인 소규모 공립 초등학교가 9개소에 이르는 등, 일부 지역을 중심으로 유휴 학교시설의 관리 문제가 감지되기 시작했다.

저출산·고령화로 인구구조가 변화함에 따라 노인 관련 의료·복지시설의 수요도 변화하고 있다. 2015년 현재 서울의 65세 이상 주민등록인구는 126만 명으로 전체의 12.3%를 차지하고 있으며, 계속 증가하는 추세이다. 하지만 이들이 활용할 수 있는 노인여가복지시설(경로당 제외)은 노인종합복지관 30 개소, 소규모 노인복지센터 24개소 등에 불과하며, 노인 1인당 여가복지시설 수요 충족률은 57% 수준에 머물고 있다. 향후 노인시설뿐만 아니라 의료·복 지시설에 대한 수요 증가에도 대비할 필요가 있다.

서울의 상하수관 등 노후 인프라 관리와 장기 미집행 공원의 확보·운영 방안도 마련할 필요가 있다. 하수관 중 적정수명 30년 이상을 경과한 노후

---

6   조영태(2014)의 연구에서는 통계청 2013년 추계인구를 기준으로 2035년까지의 학교시설 수요 변 화를 추산했다.

그림 3-12 도심부 초등학교 통폐합 논의

비어가는 교실 … 한국最古 서울 교동초의 운명은?

⟨1894년 개교·윤보선 심훈 등 배출⟩

입학생수 줄어 재동초와 통합논의 논란
'소규모학교실태조사' 이르면 이달 발표
전교생 200명 이하 서울 도심에만 9곳

지난 3일 서울에서 가장 작지만 가장 오래된 학교인 종로구 교동초등학교. 6학년 김휘서 양 등 서로 다른 학년 여학생 3명은 술래잡기에 한창이었다. 옆으론 학년과 덩치가 제각각인 남학생 7명이 축구에 열중하고 있다. 감사원이 곧 소규모 학교 통폐합 관련 보고서를 내놓는다는 '폭풍'이 예고된 것을 모르는 학생들 사이에는 평온함이 흘렀다.

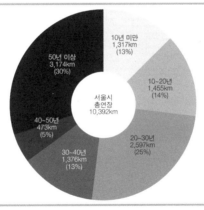

서울 200명 이하 소규모 공립초등학교

해당구청	학교	학급 수	*전체 학생 수
종로구	교동초	7	119
은평구	북한산초	8	125
강남구	개포초	13	161
동작구	본동초	13	170
광진구	화양초	12	172
강서구	등명초	12	176
강서구	염강초	13	176
중랑구	면북초	11	181
용산구	한강초	12	188

※ *는 1월 14일 예비소집일 기준

자료: ≪매일경제≫, 2015.3.7.

그림 3-13 서울시 경과 연도별 하수관로 현황

서울시
총연장
10,392km

10년 미만
1,317km
(13%)

10~20년
1,455km
(14%)

20~30년
2,597km
(25%)

30~40년
1,376km
(13%)

40~50년
473km
(5%)

50년 이상
3,174km
(30%)

자료: 서울시 보도자료(2015.5.7).

하수관이 전체의 48%에 달하지만, 이를 정비할 수 있는 예산은 점차 줄어들고 있어 단기간에 정비하기 어려운 실정이다. 또한 도시계획시설에 대한 일몰제가 적용되면서 공원 등 장기 미집행 도시계획시설의 확보 및 관리 문제가 대두되고 있다.

이슈 4: 집약적 토지이용과 서울 대도시권 차원의 협치 문제

1980년대 고도성장기에는 급증하는 서울의 인구와 주택수요에 대응하기 위해 수도권 택지개발을 통한 주택 공급이 불가피했다. 주택 200만 호 건설의 일환으로 1990년대에는 분당, 일산 등 1기 신도시가 개발되었고, 2000년대의 판교, 동탄, 김포 등 2기 신도시 개발로 이어졌다. 그 결과, 서울에 직장을 둔 젊은 층이 주택가격이 상대적으로 저렴한 신도시로 이주하면서 장거리 통근을 감수하고 있으며, 서울 대도시권의 공간적 범위가 지속적으로 확장되는 등 비효율적인 토지이용과 공간구조를 보이고 있다.

통계청 인구이동자료를 통해 2001~2014년 서울의 전출입 동향을 보면, 20대를 제외한 전 연령층이 서울에서 전출하는 경향을 보이는데, 특히 30대의 전출 경향이 뚜렷하다. 같은 기간에 30대는 서울에 178만 명이 전입하고, 228만 명이 전출하여 50만 명이 순 전출했다. 30대는 생애주기상 가족 형성기에 해당하는 연령층으로, 가족을 구성하면서 주택을 마련하기 위해 용인, 성남, 고양, 남양주, 부천 등 서울에 인접한 경기 지역으로 전출하는 경향을 보인다.

서울의 높은 주거비를 고려할 때 경기 외곽지역으로 이동은 당분간 지속되겠지만, 통근 거리를 고려하면 더 이상의 확산형 개발은 어려울 것으로 판단된다. 이미 서울에서 멀리 떨어진 수도권 일부 지역에서는 미분양 사태가 발생하고 있으며, 시 외곽에서의 택지개발 수요는 점차 감소하고 있다. 신규 택지개발 수요의 감소, 공공재정 악화, 장거리 통근 및 교차통근 부담 등을 감안할 때 저성장기 서울의 토지이용은 충분한 기반시설을 갖춘 기성시가지의 이용 효율을 높이는 데 주력할 필요가 있다. 역세권을 중심으로 한 거점 공간을 형성하여 생활권 단위 자족성을 높이고, 지역 기반의 생활 서비스를 효율적으로 공급해야 할 것이다.

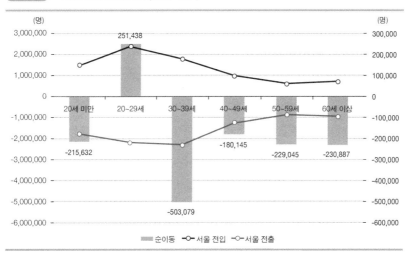

그림 3-14 | 연령별 서울 전출입 인구(2001~2014)

자료: 통계청, 국내인구이동통계(각 연도).

그림 3-15 | 서울에서 전출한 30대 가구주 가구의 가구이동 상위 50위(2001~2010)

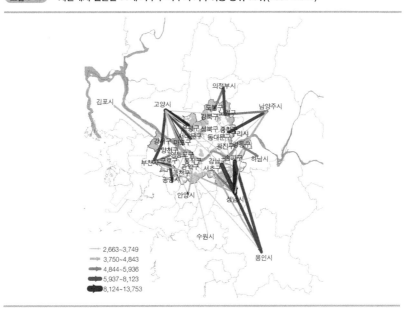

자료: 통계청, 국내인구이동통계(각 연도); 서울연구원(2013: 73).

한편 서울 대도시권은 통근·통학, 가구 이동 등 이미 광역생활권을 형성하고 있지만 수도권 차원의 협력적 거버넌스는 제대로 작동하지 않고 있다. 서울, 인천, 경기 등 지자체마다 생활 서비스 시설의 활용 및 공급계획을 별도로 갖고 있어 운영·관리 측면에서 비효율적인 부분이 많다. 행정구역을 뛰어넘는 서울 대도시권 차원에서 거점지역에 의료, 보건, 교육 등 생활밀착형 서비스 기능을 집적시키고 주변과 연계하는 방안을 모색할 필요가 있다.

표 3-3　부문별 여건 변화와 저성장기 도시 이슈

		고도성장기	여건 변화	저성장기 도시 이슈
주택	공급	· 신규주택 위주의 양적 공급 확대	· 주택수요 계층 감소, 인구구조 변화	· 기존 주택재고의 유지·관리
	점유형태	· 자가, 전세 위주의 주택시장	· 주택가격 하락, 전셋값 상승 · 저금리에 따른 월세 증가	· 임대주택 시장 재편에 따른 지속가능성 제고
	평형	· 중대형 평형 선호	· 1~2인 소형가구 증가 · 구매력 저하	· 소형주택 공급의 확대방안 · 기존 대형 평형 주택의 활용 방안
	주거복지	· 시혜적 수준의 공공임대주택 공급	· 임대주택 필요 계층(사회적 약자) 증가 · 공공재원 부족	· 임대주택 공급방식의 다원화
재개발	추진 주체 재원 조달	· 높은 사업성 · 민간 주도의 합동재개발방식	· 사업성 악화 · 민간 주도의 사업 정체	· 공공의 사업 지원 및 재원 조달 방안 · 민간-공공 협력 모델
	대상 지역 사업 규모	· 서울시 전역, 동시다발적 개발 · 대규모 전면철거 재개발	· 정비사업구역 해제 · 무분별한 정비에 따른 저층 주거지 멸실	· 정비사업 해제구역 등 노후 저층 주거지 관리방안 · 노후 공동주택단지 정비방안
공공 인프라	시설수요	· 인구 증가에 따른 양적 공급 확대	· 저출산, 학령인구 감소 · 학교시설 수요 감소	· 유휴시설 활용방안
	시설공급	· 공공재원을 활용한 공급 · 정비사업을 통한 생활 서비스 공급	· 기존 기반시설의 노후화 · 장기 미집행 시설의 실효 도래 · 공공재원 부족	· 우선순위 설정 및 재원 조달 계획 마련 · 정비방안, 관리 주체의 다양화
공간 구조	신도시	· 신도시 개발 · 시가지 외연적 확산	· 통근비용, 통근시간 부담 · 직주근접, 도심 거주 선호	· 역세권 위주의 토지이용 · 기성시가지 관리에 중점
	서울 대도시권	· 서울, 인천, 경기 행정구역별 공간구조 설정	· 통근, 가구 이동 등 광역생활권 · 지자체별 시설 공급·운영에 따른 비효율성	· 수도권 차원의 협력적 거버넌스 구축 · 콤팩트＋네트워크 도시 지향

4 | 저성장에 대응한 도시정책 과제

저성장은 이제 세계적인 추세이며, '뉴 노멀(new normal)'로 자리 잡을 정도로 피할 수 없는 현실이 되었다. 선진국들이 경험했듯이, 저성장은 고도성장 이후 성숙 단계로 이르는 과정에서 나타나는 자연스러운 현상으로 볼 수 있다. 새로운 현실인 저성장에 대응하기 위해서는 우리나라 저성장의 특징과 원인이 무엇인지를 구조적으로 파악하고, 부문별로 어떤 영향을 미칠 것인지 면밀하게 예측하는 것이 필요하다.

저성장은 한편으로 위기이지만, 다른 한편으로 새로운 변화를 모색할 수 있는 기회이기도 하다. 저성장은 고도성장의 한계이기도 하지만, 새로운 시대로의 전환이라는 과도기적 성격을 갖기도 한다. 우리가 지금 준비해야 하는 것은 고도성장기의 한계를 극복하고 저성장기에 연착륙하기 위한 정책방안을 마련하는 것이다. 우리가 고도성장기의 부정적인 영향 아래에서 쇠퇴하고 말 것인지, 혹은 저성장기에서 지속가능한 새로운 안정을 찾을 것인지는 우리에게 달려 있다. 저성장을 극복하고 대응하기 위한 정책 과제는 다음과 같다.

첫째, 저성장기 도시정책으로의 패러다임 전환을 위한 도시 담론이 필요하다. 성장 위주의 도시 패러다임에서 벗어나 새로운 도시 패러다임으로의 전환을 위한 도시 담론에 대한 논의가 활발하게 이루어져야 한다. 압축도시, 생활도시, 포용도시, 세계도시, 공유도시 등 이익 창출 극대화를 추구하는 기존의 성장방식에서 벗어나 형평성과 지속가능성, 삶의 질 향상을 중시하고 사회적 약자를 배려하는 포용적 성장으로 도시정책의 패러다임을 전환할 필요가 있다.

둘째, 고도성장기에 만들어진 토지·주택, 재개발, 인프라, 수도권 관련 각종 제도와 정책을 저성장 기조에 부합하게 연착륙시킬 필요가 있다. 고도성장기의 도시정책은 효율성(사업성)과 생산성(공급 확대), 양적인 공급 확대가 강조되었지만, 저성장기 도시정책은 새로운 목표를 가지고 추진되어야 한다. 고도성장기에 만들어진 선분양제도, 국민주택 규모 등 주택 공급 촉진을 위한 제도를 저성장기에 맞게 연착륙시킬 필요가 있으며(이창무, 2015), 주택 재고 관리에서도 철거가 아닌 주택 개·보수, 리모델링, 이력 관리 등 주택의 장수명화를 위해 노력할 필요가 있다(권혁진, 2015).

셋째, 도시의 지속가능한 발전을 위해서는 공간의 외연적 확산과 성장이 아니라 도시 관리와 시민의 삶의 질 향상이 우선되어야 한다. 시민 개개인의 생활을 중시하여 저출산·고령화에 대응하고, 과밀 해소, 혼잡 완화, 직주근접의 정책을 통해 시민들이 생활하기 편리한 활력이 넘치는 도시를 지향해야 한다. 도시의 공간적 팽창을 지양하고 기성시가지 활용을 위한 노력을 기울일 필요가 있다. 교통체계 개편을 통한 접근성 향상, 생활 서비스 시설 공급, 노후 주거환경 개선 등 기성시가지를 정비하여 인구 유출을 방지하고 시민생활을 개선해야 한다.

넷째, 저성장기에 부합하게 기존 제도와 정책을 연착륙시키는 것이 '적응전략'이라면, 저성장을 딛고 일어서기 위한 '극복전략' 또한 필요하다. 서울은 국가의 수도로서 세계 도시들과 경쟁해야 한다. 세계의 다른 도시들은 지속가능한 성장과 사회통합을 전면에 내세우고, 대형 이벤트 개최와 도시의 새로운 성장 동력 발굴을 위해 노력하고 있다. 런던은 런던 올림픽 개최를 계기로 저소득층 밀집지역인 동런던 개발을 추진했고, 도쿄도 2020년 올림픽 개최를 대비하여 인프라를 정비하는 등 세계도시로 도약하고자 노력하고 있다.

마지막으로, 사회문제를 도시정책 차원에서 통합적으로 해결하려는 노력이 필요하다. 저성장은 소득격차를 야기하고, 이 과정에서 계층 간, 지역 간 격차는 점점 심화된다. 이미 서울시에서도 저소득층의 공간적 고착화가 감지되고 있으며, 정비사업 추진 여부에 따라 강남·강북 지역격차도 더욱 벌어질 전망이다. 정작 정비가 필요한 강북 지역에서는 사업성 악화로 정비사업이 추진되기 어려워지고, 이에 따른 노후주거지 관리 문제는 더욱 심화될 것이다.

영국과 독일에서는 저소득 밀집지역의 물리적 환경 개선 외에 교육, 일자리, 보건 등을 통합적으로 지원하는 정책을 추진하고 있다. 이들 정책의 성공과 실패를 평가하기는 아직 이르지만 지역 주민이 참여하여 지역 맞춤형으로 추진되었고, 다양한 부문을 통합하여 추진했다는 사실에 주목할 필요가 있다.

New Paradigm for

Seoul's Urban Policy

in the Low Growth Era

제 2 부

외국은 저성장에 어떻게 대응해왔는가?

New Paradigm for
Seoul's Urban Policy
in the Low Growth Era

제4장 저성장에 대응한 런던의 도시정책 경험과 교훈

이영아 (대구대학교 지리교육과 교수)

1 | 영국 저성장에 대한 이해

2011년 8월, 런던 올림픽을 1년 앞둔 런던에서의 폭동 발생은 영국을 큰 충격에 빠뜨렸다. 초기에는 단순한 인종차별 시위에서 시작됐지만 곧 런던 전역으로 확산되었고, 폭동의 원인으로는 인종 갈등 이면에 숨겨진 세대와 계층 간의 갈등이 지목되었다. 폭동의 진원지인 토트넘(Tottenham), 해크니(Hackney), 브릭스턴(Brixton) 등은 모두 저소득층 밀집 주거지로 낙후된 도시 인프라, 인종차별, 청년 실업 문제가 집중된 지역이다.

영국은 1970년대와 1990년대 초반 세계 경제위기와 산업 재구조화로 인해 급격한 경제성장률 하락을 경험했고, 이후 저성장기에 진입하여 2~4%대의 성장률을 유지하다가 2010년 이후에는 2%대에 머물고 있다.[1] 저성장을 경제성장률로만 정의한다면, 영국의 저성장기는 1970년대 이후부터 지금까지 지속되고 있다. 영국은 겉으로 보기에는 안정된 경제 상황과 인구 증가를 경

---

1   영국 통계청(Office for National Statistics: ONS), 각 연도.

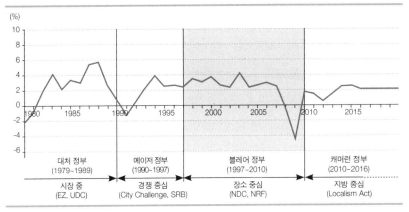

그림 4-1   경제성장률 변화 추이

자료: Office for National Statistics.

험하고 있지만, 내부적으로는 세대 간, 계층 간 격차로 인한 갈등이 사회적 불안 요인으로 작용하고 있다.

저성장에 대응하는 영국 정부의 노력은 집권당의 정치 철학에 따라 다르지만, 안정적인 저성장에 대응하기 위한 전략이라는 점에서 공통점이 있다. 물론 성장기로 돌아가려는 시도가 없었던 것은 아니다. 1980년대 대처 정부의 경제위기에 대한 신자유주의적 대응은 급격하게 이루어졌으며, 이로 인한 구조조정 및 노동자 해고 등 사회적 충격이 컸다. 대처 정부 시절 경제성장률은 향상되었지만, 실업률 증가, 소득격차 심화, 사회적 배제 등 사회적 갈등은 오히려 심화되었기 때문에, 이후에 집권한 정부는 저성장에 적응하는 것이 사회적 충격을 줄일 수 있는 길이라고 판단했다.

1997년 집권한 블레어 정부는 세대 간, 계층 간, 인종 간 갈등과 지역 간, 지역 내 격차를 완화하기 위한 정책을 전개하게 된다. 여기서는 커져가는 사회적 갈등을 잠재우고, 외부적으로는 도시 경쟁력을 강화하기 위한 블레어 정부의 도시정책을 중심으로 저성장에 대응한 영국·런던의 경험과 교훈을 살펴보고자 한다.

2 | 저성장기 영국·런던의 사회경제적 문제

저성장은 국가 전체적으로 겪는 현상이자 문제이지만, 그 징후와 양상이 모든 지역에서 동일하게 나타나는 것은 아니다. 과거 산업화의 거점으로 성장한 공업도시는 다른 지역에 비해 경제위기와 저성장의 파급력이 더 클 수밖에 없다. 행정과 경제의 중심지인 런던 역시 경제위기의 영향이 영국 내 다른 지역과는 다르게 나타난다. 저성장기 영국과 런던은 경제지표나 인구 등에서 다른 행보를 보이고 있고, 그로 인해 나타나는 사회적 문제 양상도 다르다.

지속적인 인구 증가, 그 속사정은?

영국과 런던의 인구는 1970년대 이후 지속적으로 늘고 있다. 다시 말해서 인구 측면에서는 쇠퇴를 경험하지 않고 있는 것이다. 영국의 인구는 2014년 약 6,459만 명으로, 이후 꾸준히 증가하여 2039년 7,430만 명에 도달할 것으로 예측되고 있다. 2014년과 2039년의 인구구조를 비교해보면, 고령인구가 지속적으로 증가함에도 불구하고 아동인구와 생산가능인구가 탄탄히 받쳐주는 구조를 보일 것으로 예상된다.[2] 특히 2000년대 이후 이민자들의 유입으로 인한 인구의 사회적 증가는 영국의 전체 인구 증가에 가장 큰 영향을 미치고 있다.

런던의 인구는 2011년 현재 약 820만 명으로 영국 전체 인구의 12.5%를 차지한다. 런던의 인구는 최근 영국의 전반적인 경향과 유사하게 인구가 늘고 있다. 제1차 세계대전 이후 인구가 꾸준히 증가하여 1939년 860만 명으로

---

2 ONS, Annual Mid-year Population Estimate(2014). 물론 영국 내에서도 지역에 따라 인구 증가 정도와 원인은 다르게 나타난다. 2014년 기준 런던의 인구는 전년 대비 1.45% 증가했지만, 웨일스는 0.31% 증가하는 데 그쳤다.

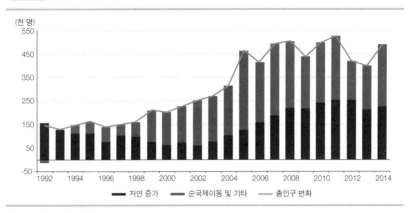

그림 4-2 　영국의 인구 변화 요인(1992~2014)

(천 명)

자연 증가　■ 순국제이동 및 기타　총인구 변화

자료: Office for National Statistics.

정점을 찍은 뒤, 감소하기 시작하여 1988년에는 670만 명으로 줄어들었다. 이후 다시 증가하여 2031년경에는 1,000만 명에 이를 것으로 전망하고 있다 (GLA, 2015: 22, 26~27). 1940년대부터 1980년대까지 런던의 인구가 줄어든 것은 급속한 도시 팽창의 결과이며,[3] 동시에 런던의 산업구조 변화에 따른 제조업 쇠퇴의 결과이기도 하다.

　2000년대에 들어서 런던의 인구는 다시 증가하고 있는데, 이는 유럽연합 (EU) 내 국가 간 이동이 자유롭기 때문이다. 특히 런던으로 유입되는 외국인 중에는 영국 전체와 비교할 때 유학생과 청년층 노동자 비율이 높은 편이다. 이렇듯 젊은 층이 정착함에 따라 출산율이 높아지면서 인구의 사회적 증가뿐 아니라 자연증가율도 높아지고 있다.[4] 영국과 런던의 인구 경향을 보면,

---

3　1940년대 런던에서는 내부 시가지의 열악한 환경을 개선하기 위해 대대적인 슬럼 철거가 이루어졌으며, 그린벨트 정책으로 인해 도시의 성장은 억제되고 신도시 개발 등을 통해 주변 도시로의 인구 확산이 진행되었다.

4　영국 통계청에 따르면 지난 몇 년 동안 잉글랜드와 웨일스에서 출생한 남자 아기 이름 중 가장 흔한 이름은 이슬람 예언자의 이름을 딴 무함마드를 영어로 표기한 무함마드, 모하메드, 모함마드 등이었다. 여자 아기 이름 또한 아랍계 이름인 아멜리아가 가장 흔한 이름이었다(≪한겨레≫, 2015.8.19).

그림 4-3 런던과 영국의 연령별 인구(2014)

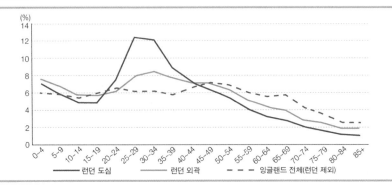

자료: Office for National Statistics; London's poverty profile 2015, p.17 재구성.

그림 4-4 런던 이민자 국적 분포(2014)

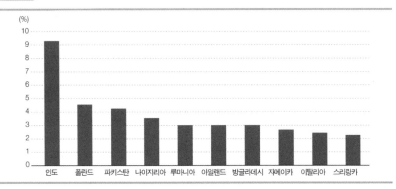

자료: Labour Force Survey, Q4.

향후 저성장이 지속되어 경제가 침체 국면에 이를 가능성에도 불구하고, 생
산가능 연령대 이주민들의 유입으로 인구가 증가하고 있어, 저성장으로 인
한 영향을 최소화하고 있다.

런던 이민자의 국적을 보면, 인도 9.3%, 파키스탄 4.3%, 방글라데시 3.1%,
스리랑카 2.3% 등 영국의 식민지였던 아시아 국가 출신이 많으며, 최근에는
폴란드, 루마니아 등 2000년대 초 유럽연합에 가입한 동유럽 국가에서 많이
유입되고 있다.[5] 이들은 일자리, 학업 등을 위해 런던에 정착하고 있으며, 대

체로 런던의 전통적인 저소득층 밀집지역에 거주하고 있다. 런던은 젊은 생산가능인구가 유입됨에 따라 인구 감소와 고령화의 문제를 겪고 있지 않지만, 유입되는 이민자들의 계층적 특성으로 인해 사회적·공간적 양극화 심화라는 새로운 문제에 직면하고 있다.

안정적 저성장의 이면

청년 실업 증가 및 고용 회복의 지역 차

영국의 저성장을 진단하기 위해서는 경제성장률보다 실업률 수치에 주목할 필요가 있다. 낮은 경제성장률보다 그로 인해 높아지는 실업률의 사회적 파장이 더 크기 때문이다. 실업률이 높아지면 내수가 감소하여 경제가 더 위축되는 악순환이 반복될 가능성이 있다. 영국의 실업률은 대처 정부 시절인 1985년 11.8%까지 상승한 이후 점차 감소하다가 2008년 금융위기의 여파로 2011년 8.1%까지 상승했다.[6]

영국의 실업률과 관련하여 특이한 점은 우선 1997년 이후 블레어 정부 시기에는 전 연령대에 걸쳐 실업률이 낮았다가 2008년 이후 급격히 높아졌다는 것이다. 특히 24세 이하의 청년층 실업률이 매우 높아졌다. 청년층 실업 증가는 소득과 세수 감소를 초래한다. 저성장의 결과로 초래된 청년층 실업이 다시 저성장의 원인이 되는 것이다. 블레어 정부 시기 경제성장률이 다른 시기와 비교하여 큰 차이가 없지만 실업률에서 차이를 보이는 것은, 블레어 정부 집권 시기의 저성장에 대한 대응전략이 효과가 있었다고 판단할 수 있는 근거가 된다.

---

5   The Migration Observatory at the University of Oxford, http://www.migrationobservatory.ox.ac.uk/

6   Office for National Statistics, 각 연도.

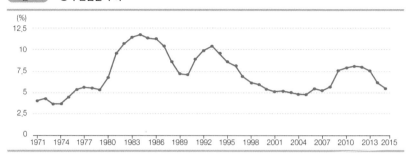

그림 4-5   영국 실업률 추이

자료: Office for National Statistics.

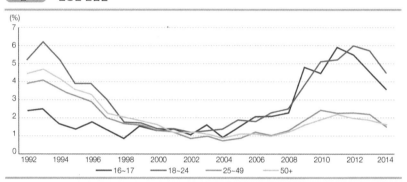

그림 4-6   연령별 실업률

자료: Office for National Statistics.

그림 4-7   전일제 고용 연평균 증가율

자료: GLA Economics(2015: 6).

2008년 이후 높아졌던 영국의 실업률은 최근 들어 전반적으로 점차 낮아지고 있으며, 전일제 고용도 늘고 있는 추세이다. 그중에서도 런던은 영국의 전체적인 고용 회복 추세보다 더 빠르게 고용이 늘고 있다. 2008년 외환위기 시점에는 전체적으로 고용 규모가 감소하는 등 세계 경제침체의 영향을 받았으나, 2010년 이후부터 런던의 전일제 일자리 연간 증가율은 〈그림 4-7〉에서 보는 것처럼 영국 전체 증가율보다 더 높게 나타난다.

산업구조 전환의 지역 차

제조업은 전통적으로 영국 경제성장에서 중요한 역할을 담당해왔으나, 세계 경제구조 변화와 함께 그 비중이 감소하고 있다. 영국 국내총생산(GDP)에서 제조업이 차지하는 비중은 1970년대 약 30%에서 1990년대 약 20% 이하로 감소했고, 2000년대 중반에는 약 13%로 감소했다. 제조업이 쇠퇴하면서 영국의 산업구조는 제약 및 생명산업, 항공우주, 정보통신, 소재, 에너지, 환경 등 기술집약적 고부가가치 산업 중심으로 재편되었다. 특히 금융산업은 영국 국내총생산(GDP)의 약 9%를 차지하고, 종사자 비율은 약 33%에 달하는 주요 산업으로 성장했다.

그러나 앞서 설명한 것처럼 2008년 경제위기로 인해 금융산업의 성장 동력이 떨어지면서 영국 전체적으로 실업 문제가 심화되었다. 특히 금융 불안에 적극적으로 대응하기 위한 대규모 구제금융과 경기부양책으로 인해 재정 적자와 국가부채 규모가 커지게 되었다.

런던 역시 유사한 산업구조 전환을 경험했다. 1980년대부터 2011년까지 런던의 부문별 고용 현황을 살펴보면, 한때 강세를 보였던 제조업이 쇠퇴하고 서비스업이 성장하고 있다. 런던의 제조업 일자리는 1984년 50만여 개였으나 2011년 12만 9,000개로 급감했다. 반면 전문직, 부동산, 과학 기술 관련 서비스 부문은 1984년 32만 2,000개에서 2011년 67만 개로 늘어나 런던의

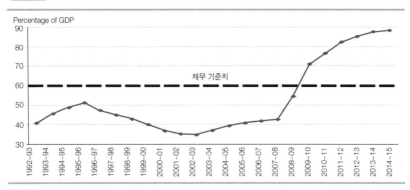

그림 4-8 **GDP 대비 부채 규모**

자료: Office for National Statistics.

산업구조가 전환되었음을 알 수 있다(GLA, 2015: 29). 특히 런던은 2008년 금융위기에도 불구하고 금융 관련업이 성장하는 등 산업구조 전환이 어느 정도 성공적으로 이루어졌다고 할 수 있다.

경제발전 성과의 지역 간 차이

영국의 싱크탱크인 경제경영연구소(Centre for Economics and Business Research)가 2014년 발표한 자료에 따르면, 적어도 2019년까지는 영국과 런던의 경제 격차가 더욱 심화될 것으로 보인다. 런던의 경제성장률 전망치는 2014년 4.2%, 2015년 3.4%로, 영국의 2014년 2.9%, 2015년 2.5%에 비해 높게 예측되었다. 런던의 높은 성장세는 건설업 및 금융 서비스업, 남동부 지역을 중심으로 한 IT 기술 발전이 기반이 되어 이루어진 것이며, 2019년까지 런던에서는 10만 개의 일자리가 늘어날 것이라고 전망하고 있다(Centre for Economics and Business Research, 2014). 자본과 고급 노동력의 상대적인 집중은 세계도시에서 나타나는 공통된 특징이다.

지역 간 격차는 부가가치 생산 규모에서도 확인된다. 2013년 런던 이외 지역의 부가가치 생산 규모는 2005년과 비교할 때 큰 변화가 없으나, 런던은

그림 4-9　실질 부가가치 증가액 추이(2005~2013)

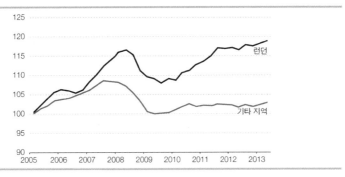

주: 2005 Q1 = 100
자료: GLA(2014: 34).

2005년을 100으로 했을 때 2013년 120까지 증가했다.

정리해보면, 탈산업화 이후 저성장기에 진입한 영국은 고성장의 신화를 버리고 안정적인 저성장을 유지하기 위해 대응하고 있다. 안정적 저성장을 위한 대응 과정에서 청년층 외국인 유입을 장려하고 금융 및 기술집약적 고부가가치 산업으로 산업구조를 조정함으로써 영국과 런던은 전반적으로 인구, 경제, 산업구조 측면에서 안정세를 보이고 있다. 그러나 그 이면에는 지역 간·계층 간 격차 심화라는 저성장 시대의 양극화 문제에 직면하고 있다.

영국과 런던의 상이한 저성장 경험과 이유

영국 내 다른 도시들과 달리 런던에서는 높은 실업률과 서비스업으로의 산업구조 재편 실패가 심각하게 나타나지 않고 있다. 오히려 인구, 경제, 주택 관련 지표에서 런던은 전형적인 성장기 대도시의 모습을 보여주고 있다. 런던이 영국 전체와 다른 특징을 보이고 있다는 사실은 세계경제의 저성장 기조가 도시별로 다른 영향을 주고 있다는 것을 말해준다. 이는 각 도시가 처해 있는 상황과 특성이 다르기 때문일 것이다.

그림 4-10　4개국의 도시 종주성

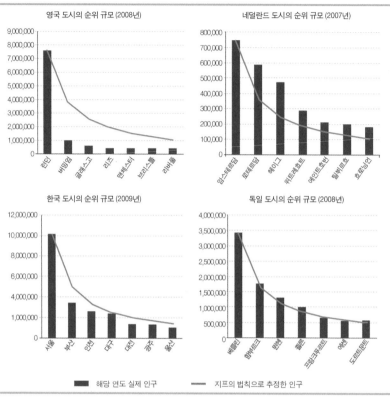

영국 도시의 순위 규모 (2008년)

네덜란드 도시의 순위 규모 (2007년)

한국 도시의 순위 규모 (2009년)

독일 도시의 순위 규모 (2008년)

■ 해당 연도 실제 인구　　— 지프의 법칙으로 추정한 인구

자료: OECD(2012).

런던의 가장 큰 특징은 영국의 수도라는 점이다. 수도는 지방 중소 도시들과 달리 국가 경제의 중추적 기능을 담당한다. 지방 중소 도시보다 훨씬 다양한 인구 유입 요인을 가지고 있으며, 산업구조 조정 및 도시 재개발을 위한 조건도 다르다. 〈그림 4-10〉은 경제협력개발기구(OECD)에서 4개국의 도시 종주성을 분석한 것이다. 인구 자료로 분석한 런던의 도시 종주성은 서울보다도 높다. 이는 영국의 다른 도시들에 비해 런던에 사람과 기능이 집중되어 있음을 의미한다.

두 번째 요인은 런던은 뉴욕, 도쿄와 함께 3대 세계도시로서, 전 세계를 대상으로 최고의 금융 서비스를 제공하고 있다는 점이다. 런던은 세계 금융 자본의 중심으로서 역할을 수행하기 위한 산업구조 조정이 이루어졌다. 저 성장기에 쇠퇴를 경험한 영국의 버밍엄, 맨체스터, 리버풀 등과 같은 산업도 시들은 탈산업화와 함께 성장 동력을 잃었고, 이로 인해 노동력이 유출되고 유휴 토지가 증가하는 쇠퇴 문제를 겪었다. 이에 반해 런던은 탈산업화 이후 세계 금융자본이 유입됨에 따라 기존 공장이나 항구였던 곳에 세계적인 수 준의 고차 서비스 기능이 입지하면서 성장 동력을 유지할 수 있었다.

세 번째 요인은 세계도시로 기능하면서 얻어진 것으로서 외국인들의 이 주를 들 수 있다. 오랫동안 노동력과 소비력을 갖춘 외국인이 유입되어 생산 가능인구로서 경제를 뒷받침해주고 있으며, 이는 외부로부터의 경제적 충격 에도 런던이 영향을 받지 않고 회복할 수 있는 토대가 되었다. 동시에 런던 은 세계도시로서 많은 외국인들이 유입됨에 따라 문화적으로도 다문화사회 에 대한 분위기가 일찌감치 조성되었고, 매년 런던 인구보다 많은 관광객이 방문하는 관광도시로 성장하고 있다. 런던이 가지고 있는 사회적·문화적 복 합성과 역동성이 저성장에 대응하는 힘의 원천이 되고 있는 것이다.

런던은 고유의 특성 및 역할을 기반으로 오랫동안 성장 거점의 기능을 해 왔으며, 저성장기에도 안정적인 성장세를 유지하고 있다. 하지만 저성장기 에 홀로 성장하는 런던이 여타 지역과 적절히 관계를 맺으면서 자원을 배분 하지 않을 경우, 런던과 영국 내 다른 지역의 격차가 더욱 커지게 될 것이며, 이는 저성장기의 또 다른 문제가 될 것이다.

런던 성장의 어두운 그늘

한 국가의 저성장은 사회적·공간적 양극화 문제를 야기할 수 있다. 런던 은 그 양극화에서 성장이라는 한쪽 끝에 위치하고 있었다. 그러나 홀로 성장하고 있는 것처럼 보이는 런던 내에서도 성장의 부작용으로 양극화 문제가 발생하고 있다.

빈부격차의 심화

런던 내 거주자들의 소득격차는 영국 전체 계층 간 소득격차에 비해 크다. 2013~2014년 런던의 상위 20%는 하위 20% 소득에 비해 3.75배 높은 반면, 영국 전역은 2.6배로, 런던의 소득 불평등이 다른 지역에 비해 큰 것으로 나타났다. 또한 런던 전체 인구 대비 빈곤층 비율은 27%로, 잉글랜드 전체 빈곤층이 20%인 것에 비해 더 높다(New Policy Institute, 2015: 23; The Equality Trust, 2014: 5).

런던은 빈곤층 비율이 다른 지역에 비해 높을 뿐 아니라, 시간이 지남에 따라 증가하고 있다. 1980년부터 2010년까지 런던의 중산층 비율은 줄어든

그림 4-11   상위 20%와 하위 20%의 소득 비율

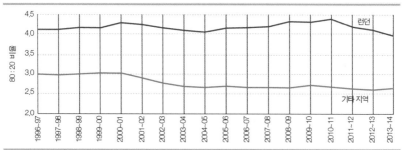

자료: New Policy Institute(2015: 32).

표 4-1   런던의 계층별 가구 비율(%)

	저소득층	중산층	고소득층
1980	20.3	64.7	15.0
2010	35.8	37.1	27.1

자료: Poverty and Wealth in England and London 1980~2010(Londonmapper, http://www.londonmapper.org.uk).

반면, 저소득층과 고소득층 비율은 더욱 높아져 지난 30년간 런던의 빈부격
차는 더 커졌다.

빈곤층의 주거 불안정 심화: 주택 가격 상승 및 공공주택의 부족

런던은 인구수뿐만 아니라 실제 주택 공급 단위인 가구 수 역시 전반적으
로 증가하고 있다.[7] 이 같은 인구 증가 및 가구 수 증가는 주택 부족의 원인
으로 지목되고 있으며, 주택 가격 및 주거비 상승에 영향을 주고 있다.

영국에서는 2008년 이후 주택 가격이 가파른 상승세를 보이다가 2009년
상승세가 잠시 주춤했다. 하지만 2013년 이후 다시 상승세가 이어져, 2013년
부터 2014년 6월까지 영국 전역의 주택 가격은 7% 가까이 상승했다. 그러나
런던의 주택 가격은 영국 전체의 주택 가격에 비해 더 빠르게 상승하고 있
다. 1970년대 런던의 주택 가격은 전국 주택 가격의 약 1.3배에 못 미쳤으나,
2013년에는 약 1.8배로 증가하여 영국의 평균 주택 가격보다 빠르게 상승했
다. 런던 거주자들은 주택을 구입하기가 더욱 어려워졌고, 다른 도시에 비해
높은 주거비를 지불해야 하는 상황이다.

공급되는 주택 역시 공공주택에 비해 민간 임대주택의 비중이 점차 증가
하고 있다. 저소득층의 주거 안정을 위해 공공주택이 더 많이 공급되어야 함
에도 최근에는 공공주택의 수가 감소하여 공공주택 5채가 팔려나가는 동안
새로 늘어난 공공주택은 1채에 불과하다.

런던의 주택 점유 형태 변화를 보면 1990년대 이후 민간 임대주택의 비중
이 커지고 있다(〈그림 4-14〉 참조). 1980년대 경제위기에서 벗어나기 위해 보
수당 정부는 사회주택을 사유화하는 전략을 추진했고, 이에 따라 사회주택의

---

7 2011년 현재 런던에는 328만 가구가 거주하고 있다(GLA, 2015: 28). 가구 수 증가는 인구 증가뿐
   아니라 평균 가구원 수 감소에도 영향을 받는다. 런던의 평균 가구원 수는 1930년대 3.7명에서 지
   속적으로 감소해 2011년 현재 2.48명에 이른다(GLA, 2014: 7).

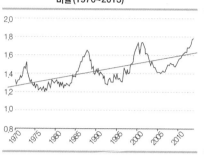

그림 4-12 영국 평균 대비 런던의 평균 주택 가격 비율(1970~2013)

자료: GLA(2014: 70).

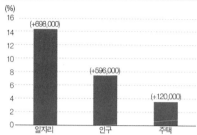

그림 4-13 런던 일자리, 인구, 주택 변화

자료: GLA(2014).

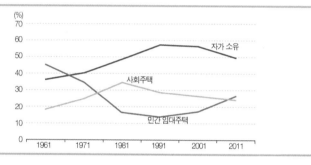

그림 4-14 런던 주택 점유 형태 변화(1961~2011)

자료: GLA(2014: 8).

비율은 지속적으로 줄어들었다. 민간 임대는 가난한 사람들의 주거비 부담을 높이고 지역 내 계층 간 격차 문제를 심화시킬 우려가 있다(≪국민일보≫, 2015.2.1). 또한 사회주택의 공급 감소와 함께 자가 소유의 비율도 2000년대에 접어들면서 떨어지고 있다. 전체적으로 주택이 부족한 상태에서 자가 소유와 사회주택 공급이 줄어들고 민간 임대가 증가한다는 것은 저소득층의 주거 안정성이 낮아지고 있다는 것을 의미한다.

빈곤의 공간적 고착화

다른 대도시들과 마찬가지로, 런던 또한 자치구별로 주거비용의 차이가

그림 4-15　런던 동별(ward) 사회주택 임차가구 비율(2011)

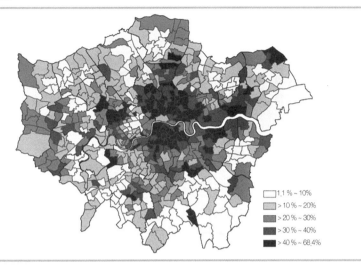

1.1 % ~ 10%
> 10 % ~ 20%
> 20 % ~ 30%
> 30 % ~ 40%
> 40 % ~ 68.4%

자료: GLA(2014: 11).

크다. 이로 인해 빈곤층은 거주지 선택에 제약을 받게 되며, 특정 지역에 고착화되는 경향을 보인다. 런던에서 빈곤층 거주 비율이 높은 곳은 내부 시가지 동측이다. 런던의 북동부 외곽지역과 내부 시가지 동측지역의 사회적·경제적 변화를 보면, 2001년에서 2011년 사이에 경제활동을 하지 않거나 수입이 없는 가구주 비율이 줄어들고 사회주택 비율도 감소했지만, 과밀의 문제는 더욱 심각해져서 주거 환경이 더욱 열악해졌음을 알 수 있다. 특히 외국인과 민간 임대주택 거주자 비율이 높아져 빈곤의 공간적 고착화가 지속되고 있다(Lupton et al., 2013: 49).

한편 2012년 런던 올림픽을 계기로 빈곤층이 밀집한 런던 동부 지역에서 도심개발사업과 신규 고급주택 공급이 활발하게 이루어지고 있다. 이 과정에서 지역 내 빈곤층을 위한 저렴주택 수가 줄어들면, 빈곤층의 주거 문제는 더 악화될 수 있다. 저성장기에 대응하는 과정에서 계층 간 소득 불균형을 해소하기 위한 사회정책적 노력과 지역 간 격차 해소를 위한 공간정책적 노력을

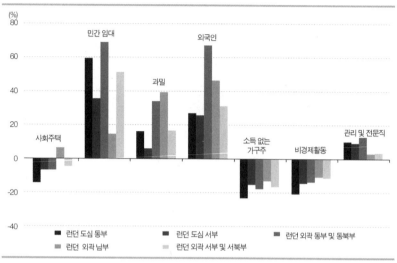

그림 4-16   런던 빈곤지역의 사회적·경제적 특성 변화(2001~2011)

(%)
80

민간 임대

외국인

60

과밀

40

20

사회주택

소득 없는
가구주

비경제활동

관리 및 전문직

0

-20

-40

■ 런던 도심 동부   ■ 런던 도심 서부   ■ 런던 외곽 동부 및 동북부
■ 런던 외곽 남부   ■ 런던 외곽 서부 및 서북부

자료: Lupton et al.(2013: 49).

수반하지 않으면, 런던은 호조를 보이는 경제지표에 가려 소득 불균형이나 사회적 양극화, 공간적 분리 문제가 더욱 첨예해질 수 있다.

3 | 1990년대 이후 영국의 저성장 대응 정책

영국은 집권당에 따라 정책의 방향이 바뀌어왔다. 1970년대 석유파동으로 고속성장에 제동이 걸린 영국은, 1979년 IMF 구제금융을 받으면서 전국적인 파업과 폭동을 경험했다. 이 시기 정권을 잡은 대처 정부는 경제위기를 극복하기 위해 신자유주의 정책을 내세우면서 민영화를 추진했고, 대규모 도시개발사업들을 추진했다. 그러나 이 같은 대처 정부의 정책은 한편으로 실업자를 양산했고, 사회적 갈등을 키우기도 했다.

대처 정부의 뒤를 이어 집권한 블레어 정부는 사회적 갈등 요인을 잠재우고 안정적 성장을 지향하는 정책을 추진했다. 중앙정부는 과감한 투자로 지역격차를 해소하고, 물리적 환경 개선을 통해 도시의 지속가능성을 높이려 했으며, 삶의 질 향상을 통해 도시 활력을 제고하기 위해 노력했다. 이는 1999년 발간된 보고서 『도시 르네상스를 향하여(Towards an Urban Renaissance)』를 통해 구체화되었는데, 영국 도시의 삶의 질을 높일 수 있도록 양적인 결과보다는 지역의 활력을 만들어내는 데 집중했다. 보고서는 영국의 도시 상황에 대한 분석을 토대로 현실적인 해결방법을 제안하고 있어 이후 영국의 도시정책에 많은 영향을 미쳤다.

당시 영국에서는 개인의 이익을 극대화하는 신자유주의 영향으로 공동체에 대한 관심이 사라지면서 시민사회가 점점 분열되는 모습을 보인다고 진단했다. 사회적 화합과 성숙한 시민의식을 발전시키기 위해 과거 커뮤니티가 지니고 있던 공동체 의식(sense of community)의 회복이 절실히 요구되었기 때문에 도시정책에서 커뮤니티가 강조되기 시작했다.

2010년 출범한 연립정부는 그 방향을 바꾸어 '큰 사회론(Big Society)'을 표방했는데, 이는 신자유주의 이념으로 공동체에 권한을 부여하고 공공서비스를 민간에 개방하는 데 핵심이 있다(오도영·박준·김혜승, 2015: 229). 이를 위해 연립정부는 공공지출 부문 예산을 삭감했으며, 2012년에 제정된 지방주권법(Localism Act)을 통해 지방정부의 사업 추진 의지가 있는 곳을 지원하고 있다.[8] 지방정부는 예산을 확보하기 위해 주변 지자체와 경쟁하면서 낙후지역의 경제를 활성화시킬 수 있는 전략산업을 육성하는 데 우선순위를 두고

---

8 연립정부의 대표적인 도시정책은 도시협상(City Deals) 프로그램이다. 이는 지방도시의 잠재력을 극대화하기 위해 지방정부 스스로가 지역경제를 개척하고 발전시킴으로써 국가 경제성장에 기여하도록 하는 방식이다. 지방도시의 잠재력을 극대화하기 위해 권한과 정책 수단을 지방정부와 지방 기업에 이전시켜 첨단 제조업, 바이오산업 등 산업 기반을 조성하고, 산학연 연계방안을 마련하는 방식으로 추진된다(HM government, 2012).

있다. 이러한 정책 변화의 영향을 아직은 판단하기에 이르지만, 1990년대 말 저성장 대응 전략과는 사뭇 다를 것으로 여겨진다.

이렇게 볼 때, 1990년대 이후 영국 저성장에 대응하는 도시정책의 특징이 가장 잘 드러나는 것은 도시 활성화를 위한 도시 르네상스 정책과 커뮤니티 뉴딜 정책이다.

도시 활성화를 위한 도시 르네상스(Urban Renaissance) 정책

대처 정부는 대규모 개발사업을 통해 외형적 도시 성장을 추구했지만, 지역 및 계층 간 불균형, 저소득층 주택 부족, 공공 공간 부족, 커뮤니티 약화 등의 문제를 낳았다. 이후 블레어 정부는 건축가 리처드 로저스(Richard Rogers)를 중심으로 문제 해결을 위한 태스크포스(Urban Task Force)를 꾸리고, 연구 결과를 바탕으로 1999년『도시 르네상스를 향하여(Towards an Urban Renaissance)』라는 보고서를 발간했다.

이 보고서에서는 1996년부터 2021년까지 향후 25년간 영국에서 약 400만 가구의 주택이 추가로 필요하며, 추가로 공급되는 주택의 약 60%는 기개발된 토지에 공급하는 것이 바람직하다고 진단했다. 이에 따라 기존 도시의 개발이 필수적인데, 어떻게 하면 기존 도시의 생활의 질을 떨어뜨리지 않으면서 도시가 처한 문제를 해결할 수 있을 것인지를 논의하고 있다(Urban Task Force, 1999: 4).

또한 지속가능한 도시를 만들고 삶의 질을 향상시키기 위해 대규모 마스터플랜을 수립하여 도시를 재구성하기보다는 커뮤니티의 역할을 강화하여 근린 차원의 문제를 해결하고 있다. 특히 공공 공간의 연결을 중시하여 공간들의 '연계'와 '통합'을 강조하고 있다. 이는 건물과 건물, 건물과 공간, 공간과 공간의 유기적 연계와 통합이 도시의 질을 결정하는 요인이라고 보기 때문이다.

도시 르네상스는 영국 도시가 가진 기본적인 도시구조를 유지하면서 단점을 최소화하는 방식으로 쇠퇴 문제를 해결한다. 대규모 철거개발을 통해 도시 전체를 새롭게 구성하는 것이 아니라, 근린 차원의 문제부터 하나씩 해결해가는 방식을 통해 저성장에 대응하고자 한다.

도시공간정책과 사회복지정책의 결합: New Deal for Communities

1970년대 산업구조 변화는 제조업을 기반으로 성장한 대도시의 쇠퇴를 가져왔으며, 대처 정부는 도시의 재생을 위해 폐쇄된 공장, 버려진 창고, 빈 땅 등을 활용한 대규모 재생사업을 추진했다. 그러나 대처 정부의 도시재생 정책은 효율성과 경제성을 강조한 결과, 소득의 양극화를 심화시키고 지역의 요구를 반영하지 못한다는 비판을 받았다. 이에 따라 1990년대 이후 영국의 도시재생정책에서는 지역사회와 공동체 활성화가 중요한 이슈로 등장하기 시작했다. 대표적인 도시재생사업 중 하나인 커뮤니티 뉴딜(New Deal for Communities: NDC) 프로그램은 블레어 정부의 국가 근린재생 프로그램으로, 영국 전역에 분포되어 있는 커뮤니티의 빈곤, 배제, 고용 문제를 완화하기 위해 도입되었다.

불량주택, 범죄, 환경 쇠퇴 등의 쇠퇴지수로 39개 지역을 선정하여 10년 간 한 지역당 평균 5,000만 파운드를 지원했다. 39개 커뮤니티 뉴딜 사업 대상 지역은 지역 관련 단체, 시청 공무원, 보건 및 교육 관련 기관, 종교기관 등이 참여하는 지역 전략 파트너십(Local Strategic Partnerships)을 구성하고, 지역재생을 위한 지역협약(Local Area Agreements)을 체결했다. 이는 영국 역사상 가장 집중적으로 자원이 투입된 도시재생 프로그램 중 하나로, 10년이라는 장기간 동안 좁은 공간 범위에 집중적으로 재정을 투입한 것은 낙후지역

| 표 4-2 | 커뮤니티 뉴딜 지역과 여타 지역의 거주민 특성으로 본 격차 감소(%) |

	커뮤니티 뉴딜 사업 지역		해당 지자체		전국	
	2002	2008	2002	2008	2002	2008
임금 고용자	42	44	47	48	60	60
건강하지 않은 사람	23	19	21	18	13	12
무자격자	33	29	28	25	16	13
야간에 느끼는 안전함	43	54	50	57	66	70
커뮤니티 소속감	35	45	38	49	51	60

자료: DCLG(2015: 44).

을 재생시키기 위해서는 오랜 기간이 필요하고, 통합적 접근을 통해 지역 전체의 체질을 개선해야 한다는 가정에 근거한 것이다.

커뮤니티 뉴딜 사업은 범죄, 커뮤니티, 주거와 물리적 환경(장소 기반), 교육, 건강, 실업(사람 기반) 등 낙후지역의 개선을 통해 지역 간 격차를 해소하고, 커뮤니티가 사업을 주도적으로 추진하여 프로그램이 종료된 후에도 영향력이 유지되는 지속가능한 도시재생사업의 추진을 목표로 했다. 커뮤니티 뉴딜 사업을 통해 해당 지역과 다른 지역 간의 격차는 다소 감소한 것으로 나타났다. 그러나 이 효과가 커뮤니티의 역할 때문인지에 대해서는 의문이 남아 있다. 보건, 일자리, 교육 분야의 경우 지역 주민 맞춤형(people-based) 지원 정책으로 추진되었으나, 지역 차원에서의 개선은 쉽지 않은 것으로 알려지고 있다. 커뮤니티 뉴딜 사업을 통한 과감한 인적 투자의 결과는 단시간에 나타나지 않기 때문에 향후에도 그 효과를 지켜볼 필요가 있다.

4 ǀ 저성장에 대응한 세계도시 런던의 노력

저성장에 대한 런던의 대응 전략은 영국 전반적으로 추진된 전략에 런던

표 4-3	런던의 저성장기 대응 전략		
비전	형평성 제고 전략	성장 동력 확보 전략	지속가능성 확보 전략
전략	낙후 지역 통합적 재생	도심 지역 물리적 환경 개선	녹색 도시 구상
세부 내용	· 커뮤니티 뉴딜 사업, 근린재생전략 등을 통한 재생지역 환경 개선 · 저소득층 일자리 창출 등 경제적 재생 추진 · 기술 훈련 및 교육 등을 통한 주민 주도의 재생 유도	· 도심의 쇠퇴하고 버려진 토지에 대한 재개발(기회지역, 집중지역) · 청년층 일자리 창출 · 대중교통 접근성을 높이기 위한 교통 인프라 확충	· 오픈스페이스의 보전 · 녹지축 및 템스 강변의 수변공간 (blue ribbon) 구상 · 압축도시 구상 · 기후변화에 대한 적응(adaptation) 및 저감(mitigation) 방안

자료: GLA(2015)를 토대로 정리.

만의 추가적인 노력을 결합한 것이다. 이는 한마디로 '국가적 차원의 저성장 문제를 세계적 차원에서 대응하는 것'이다. 런던이 지향하는 세계도시는 금융자본의 유입을 통해 세계경제를 주도하는 것뿐만 아니라 다양한 사람들을 모이게 하고, 주민들의 삶의 질을 높이는 것을 목표로 한다(GLA, 2015: 43).

중추적인 세계도시를 지향하는 런던의 의지는 '런던플랜(The London Plan)'에 잘 나타나 있다.[9] 런던플랜의 비전은 경제성장, 사회적 형평성, 환경적 지속가능성을 달성하는 것이다. 런던플랜에서는 세계도시 런던이 어떻게 세계, 유럽, 영국 전역에서 주도적인 역할을 수행하고, 증가하는 인구에 대응하여 지속가능한 성장을 할 것인가를 목표로, 여러 가지 전략을 제시하고 있다.

이를 정리하면 첫째, 사회적·공간적 형평성을 제고하기 위한 전략으로, 런던 내 낙후된 지역에 대한 지원을 강화하고, 지역 주민을 위한 일자리 창출과 교육을 통해 계층 간 소득격차를 해소해가는 것이다. 둘째, 경제성장에 필요한 일자리 창출과 성장 동력을 확보하는 전략이다. 특히 올림픽 공원 일대 런던의 동부 및 동남부 지역에 대한 집중 투자를 통해 물리적 환경을 개

---

9 런던플랜은 20~25년간의 장기 전망을 담은 전략 계획으로 우리나라의 도시기본계획과 유사하다. 최초의 런던플랜은 2004년에 수립되었으며 2008년, 2011년, 2015년에 계획이 변경·보완되었다.

선하여 이 지역을 세계 금융자본과 관광객을 유인할 수 있는 성장 거점으로 육성하는 것이다. 셋째, 환경을 고려한 지속가능한 개발 전략이다. 개발과 보전의 조화는 영국 정부의 국토정책 목표와 부합한다. 특히 기후변화에 대응하는 전략은 환경 기술 부문에서 우위를 점함으로써 세계적인 환경문제에 주도적인 역할을 수행하기 위한 것이다.

사회적 형평성 제고 사업

쇠퇴 지역 재생을 위한 커뮤니티 뉴딜 정책

앞서 설명한 커뮤니티 뉴딜 사업은 빈곤층, 외국 이주민, 소수민족이 거주하고 있는 런던 지역에 꼭 필요한 사업으로, 전국의 39개 사업 지역 중 10개 지역이 런던에 있다. 열악한 주거환경을 개선하고 교육과 훈련의 기회를 늘리며, 주민들의 공동체성과 시민의식을 높일 수 있는 지원사업을 시행했다.

런던의 커뮤니티 뉴딜 대상 지역은 동측에 집중되어 있고, 도시 외곽보다는 템스 강 주변의 도시 내부 지역에 집중되어 있다. 커뮤니티 뉴딜 사업에 대한 평가 연구에서는 런던에 지정된 10개 지역 중 타워 햄릿(Tower Hamlets)을 제외한 9개 지역을 '런던형'으로 구분했다(DCLG, 2015: 90). 이들 지역은 동네에 대한 소속감이 부족하고 주거환경이 열악하며, 단기 체류자가 많아 범죄에 노출되어 있다. 반면 다른 지역에 비해 생산가능 연령대의 교육 및 기술 수준이 높고, 외국인 거주자 비율이 높다는 특징을 가지고 있다. 이러한 특징을 감안하여 런던의 커뮤니티 뉴딜 사업은 외국인을 포함한 주민들의 소속감을 높이고, 열악한 주거환경을 개선하는 데 주안점을 두었다.

커뮤니티 뉴딜 사업에 대해 주민들은 지역의 환경이 변화하는 모습에 전반적으로 만족하는 경향을 보이며, 경찰 서비스가 강화되어 범죄율이 줄어들었다고 평가하고 있다. 또한 물리적 환경이 개선되었고, 주민들의 소속감

그림 4-17 런던 NDC 사업 지역

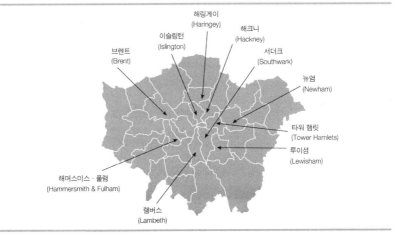

자료: DCLG (2015: 10).

이 높아졌다고 평가한다. 반면 지역에 따라서는 사업 효과에 대한 비판의 목소리도 있다. 물리적 환경에 대한 투자가 적은 지역은 가시적인 성과가 없다고 평가하기도 하고(이영아, 2009: 110), 물리적 환경 개선에 대한 투자가 많이 이루어진 경우에는 주민들에 대한 투자가 미흡해서 빈곤 문제 해결에는 기여하지 못했다고 비판하기도 한다.

런던의 이슬링턴 구에 있는 EC1 지역은 커뮤니티 뉴딜 사업을 통해 물리적 환경 개선이 상당 부분 이루어진 곳이다. 이곳 주민의 69%는 커뮤니티 뉴딜 사업으로 동네가 좋아졌다고 생각하지만, 사회주택 거주자들의 실업률에 큰 변화가 없다는 점을 지적하기도 한다. 사업 지역 내 실업률이 줄어들지 않은 것은 임금노동에 대한 취약한 접근성, 비싼 아동보호 비용, 질병, 빚 때문인데, 이에 대한 대책 없이 물리적 환경을 개선하고 서비스업을 늘린 것은 빈곤층에게 도움이 되지 않을 뿐만 아니라 장래에 이곳을 떠나야 하는 상황이 만들어질 수도 있다고 비판한다(RENAISI, 2010: 4~5).

물리적 환경 개선을 통한 지역격차 해소 사례: 이슬링턴 구의 EC1 지역

런던 이슬링턴(Islington) 구 남쪽 지역에 4,800여 가구가 거주하는 EC1 지역
은 중규모 임대주택에 거주하는 저소득층이 대부분을 차지하고 있다. 이 지
역은 20세기 말 제조업의 쇠퇴로 소규모 창고와 사회주택, 고층 건물 등이 버
려져 있던 곳이었다. 이곳 주택의 92%는 아파트로, 런던 및 이슬링턴 구 전체
보다도 훨씬 비율이 높다(RENAISI, 2010: 1).

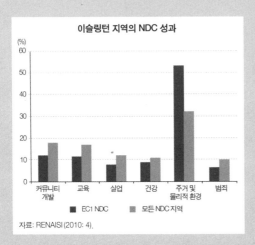

지난 10년간 이 지역에
커뮤니티 뉴딜 사업이
추진되면서 나타난 가
장 큰 변화 중 하나는
주민들을 위한 물리적
환경의 개선이다. 공원,
도로 등 공공시설의 개
선, 안전한 주거환경 조
성, 새로운 센터 건설,
도서관·마을회관 등 기
존 커뮤니티 시설 개량,
거리 시장 활성화, 문화경관 정비 등 동네의 환경을 개선하는 지역 재생사업
이 추진되었다.

그 결과, 1999년 이래 19%의 인구 증가율을 보이고 있으며, 특히 경제활동인
구 비율이 1999년 63%에서 2007년 71%까지 높아졌다. 또한 인종적 다양성
도 높아졌으며, 동네에 대한 소속감도 좋아졌다고 한다(RENAISI, 2010: 2).
지난 10년간 경제적으로도 성장해왔는데, 주로 가게, 음식점, 술집 등과 같은
소규모 서비스업이 집중적으로 성장했다.

경제위기가 영국과 런던에 미친 영향은 시기별로 차이가 있다. 특히 1990년 초반 경제위기 때는 영국 전체에 비해 런던의 경제적 타격이 더 컸으나, 2008년 경제위기 때는 영국 전체와 비슷하거나 오히려 낮게 나타났다. 런던은 2008년 경제위기의 영향이 경제적 쇠퇴로 이어지지 않는 것처럼 보인다.

런던이 2008년 경제위기를 1990년대 위기만큼 크게 겪지 않았던 이유에 대해서는 여러 가지 해석이 있으나, 런던 브리핑(London Briefing)에서는 공공행정, 군인, 보건, 사회복지 서비스 분야 등과 같은 공공 부문의 고용이 1990년대 말부터 2000년대까지 꾸준히 늘었기 때문이라고 진단하고 있다 (LSE, 2011: 2). 공공 부문은 민간 기업처럼 경기 변동에 민감하게 고용을 조정하지 않기 때문에 급격한 실업률 변화가 나타나지 않는다. 2008년 금융위기로 실업 문제를 겪었지만, 실직한 취약 계층이 줄어들었기 때문에 과거와 같이 심한 타격을 받는 것은 피할 수 있었다.

공공 부문뿐만 아니라 사회적 기업의 육성 역시 계층 간 격차를 완화하기 위한 중요한 전략으로 추진되었다. '사회적 기업'[10]이라는 용어는 1999년 「기업과 사회적 배제(Enterprise and Social Exclusion)」라는 보고서를 통해 영국 정부 차원에서 공식적으로 사용되었다. 사회적 기업의 성장은 2006년 '사회적 기업 실행계획(Social Enterprise Action Plan)'의 수립을 통해 가속화되었으며, 영국 정부의 추산에 따르면 사회적 기업의 활동은 국내총생산(GDP)의 4% 이상, 전체 고용의 5%를 차지하고 있다. 사회적 기업은 민간 기업에 비

---

10 사회 서비스를 제공하는 것이 대부분인 우리나라의 사회적 기업과 달리, 영국의 사회적 기업은 이윤의 대부분을 기업 소유자나 이해당사자가 아니라 그들 사업이나 지역사회에 재투자하는 사업이라고 광범위하게 정의하고 있다(IFF, 2005: 5).
    사회적 기업은 매우 다양한 영역으로 빠르게 진출하고 있다. 2011~2012년 사회적 기업의 경제활동 중 18.4%는 사회 서비스 공급, 13.9%는 문화 및 여가, 8.4%는 종교적인 활동을 하고 있으며(2014 NCVO Almanac), 대부분 중소 규모이다(김순양, 2008).

표 4-4   경기침체 시기별 영국과 런던의 경제 상황 비교(%)

지표	경기침체 시기	런던	영국
최고점과 최저점 사이 생산량 감소율	2008 1990s 1980s	6.1 6.2 -	6.4 2.5 4.6
실업수당 청구자 수 증가 비율 (최고점이었던 약 2년 8개월간)	2008 1990s 1980s	1.7 6.5 4.1	2.1 4.7 5.4
직업 수의 변화율 (최고점이었던 2년 6개월간)	2008 1990s 1980s	-3.5 -11.1 -	-4.3 -6.1 -

자료: LSE(2011: 2) 재인용.

해 어려운 경제 환경 속에서도 성장률이 높고 복원력이 커서 2000년대 영국의 중요한 산업 영역으로 자리 잡고 있다(김순양, 2008: 210~211).

사회적 기업의 29%는 가장 빈곤한 지역 상위 20%에 속하는 지역에 위치하고 있으며, 특히 런던에 있는 사회적 기업의 약 43%는 가장 낙후된 지역을 기반으로 활동하고 있다. 영국 전체 사회적 기업 중에서 런던에 위치하는 경우가 가장 많고, 모든 영역에 사회적 기업이 고르게 진출해 있으며, 기업 매출액 또한 다른 지역에 비해 높은 편이다. 런던의 가장 낙후된 지역에서 임대사업 등 부동산 관련 업무를 수행하는 사회적 기업은 상대적으로 저렴한 임대료 수준을 유지하면서 열악한 지역에 창업 기업이나 비영리단체 등의 유입을 유도함으로써, 지역경제 활성화와 낙후지역 재생이라는 두 가지 목표를 동시에 달성하고 있다. 사회적 기업 육성과 공공 부문의 고용 확대는 경제 부문에서 공공의 책임성을 키운다는 점에서 의의가 있다.

도시 활력 증진을 위한 공간구조 재편

저성장에 대한 런던의 대응 전략 중 하나는 물리적 환경 개선을 통해 도시

공간구조를 재편하는 것이다. 런던 도심 주변의 낙후된 지역에 대한 물리적 재개발을 통해 관광객을 유치할 수 있는 공간구조로 재편하고, 동시에 부동산 경기 활성화를 유도하여 경제를 활성화하려는 전략이다. 쇠락하고 방치되어 있던 지역에 공공 및 민간 자금을 투입하여 관광객과 기업이 입주할 수 있는 여건을 마련하고, 지역 주민의 일자리 창출을 목적으로 한다.

이러한 방식의 추진 전략은 2010년 이후 가속화되었지만, 전혀 새로운 것은 아니다. 1970년대 경제위기 이후 보수당 정부가 추진했던 민관 협력 방식의 도심개발 전략은 런던의 경제를 회복시키고자 하는 취지에서 이루어졌다는 점에서 2010년 이후 정책과 유사하다. 노동당 정부 집권 시기에도 명맥을 유지해왔으나, 올림픽 추진과 함께 대형 도심개발 프로젝트가 수행되면서 다시 본격화되었다. 런던은 오랫동안 쇠락하고 방치된 동런던 지역에 대한 재생을 추진하고 있다.

2012년 런던 올림픽은 세계도시 런던의 물리적 환경을 개선하고 일자리를 창출하는 계기가 되었다. 영국 정부는 올림픽 유치 신청서에 '스포츠 강국 수립, 런던 동부 재개발, 청년·청소년층에게 영감 주기, 지속 가능한 삶에 대한 청사진 제시, 살기 좋고 사업하기 편하며 창조적이고 포용력 있는 영국'이라는 '런던 올림픽의 5대 비전'을 제시했다(Department for Culture, Media and Sport, 2008). 통상적으로 올림픽 같은 국제 수준의 대회를 유치하면 시간과 경비 절감을 위해 도시 외곽의 저렴한 토지에 경기장을 조성하는 데 반해, 런던은 도심의 쇠락한 지역에 경기장 및 공원, 선수촌 등을 조성함으로써 올림픽과 도시재생을 결합하고자 했다.

2012년 올림픽을 통해 도시재생사업이 이루어진 동런던 지역은 런던 동측의 5개 구(borough)로 구성되어 있으며, 서측으로는 런던 도심과 연결되어 있다. '이스트 엔드(East End)'로 알려진 이 지역은 런던에서 가장 빈곤한 곳으로, 탈산업화로 인한 제조업 쇠퇴로 많은 공장들이 문을 닫으면서 유휴지

그림 4-18   런던 올림픽 개최 지역

(brownfield)가 증가한 지역이다. 다양한 소수민족의 거주 비율이 높아서 5개 구 중 3곳에서 커뮤니티 뉴딜 사업이 시행되었다.

낡고 쇠퇴한 동런던 지역이 올림픽 개최지로 정해지고, 2012년 올림픽 전체 예산의 75%가 이 지역에 투입되면서 동런던 지역의 환경은 크게 변화했다(Department for Culture, Media and Sport, 2012: 62). 런던 올림픽이 끝난 뒤에도 동런던 지역은 경제적·물리적 측면에서 변화를 경험하고 있다.

우선 경제적 변화는 이 지역의 고용 상황이 과거에 비해 나아지고 있다는 점이다. 실제로 지역 주민을 대상으로 하는 일자리 창출을 들 수 있는데, 올림픽 공원 조성에 고용된 총 4만 6,000명 중 20%는 해당 지역 주민이었다. 이 지역에 조성된 대규모 쇼핑센터(Westfield Stratford Shopping Centre)에 고용된 1만 명 중 2,000명은 실업 상태에 있던 지역 주민이었다(Department for Culture, Media and Sport, 2012: 67).

일부에서는 올림픽을 통한 고용효과가 장기적이지 못하기 때문에 큰 효

그림 4-19   올림픽 공원 전경(2012) (좌) 및 런던 올림픽 선수촌(2009) (우)

자료: https://www.gov.uk/government/news/new-photo-gallery-marks-london-2012-achievement; IOC(2016: 60).

과가 없다고 비판하지만, 2012년 올림픽이 끝난 뒤 이 지역에 추가적인 외부 투자가 이루어졌고, 추가적인 올림픽 관련 상품 판매, 다른 올림픽 유치국에 올림픽 디자인과 관련된 용역을 수행하는 등 올림픽을 통해 런던의 경제가 활성화되었다고 평가하고 있다.

두 번째로 물리적 변화를 들 수 있다. 올림픽을 치르기 위해 시행된 동런던 재생사업은 올림픽 공원과 선수촌인 올림픽 빌리지 등 30만㎡에 이르는 광대한 지역에서 시행되었고, 교통 인프라에만 약 65억 파운드의 예산이 투입되었다(HM Government, 2013: 37). 올림픽 관련 시설은 올림픽이 끝난 후 사후 관리를 철저히 하여 주민들에게 이익이 되는 방식으로 운영되고 있다. 올림픽 공원과 경기장을 시민들에게 개방하고, 선수들의 숙소로 쓰였던 선수촌은 임대주택으로 사용되고 있다.

그러나 지역재생 효과가 생각보다 순조롭지 않다는 주장도 있다. 올림픽 선수촌과 올림픽 공원 일대에 조성된 임대주택의 경우 영국 정부가 공공임대주택의 임대료를 시장 가격의 80%까지 인상하는 정책을 추진하면서 저렴한 주택을 공급받던 주민들이 거주하기 어려울 수 있다는 우려가 제기되고 있다.[11]

---

11 이와 같이 최근 기존 사회주택과는 다소 성격이 다른 저렴주택을 지원함으로써 공공주택을 민영화하는 효과를 가져왔다(오도영·박준·김혜승, 2015: 246).

지속가능한 도시를 위한 환경 관리 전략

런던플랜은 환경을 고려한 지속가능한 도시 발전을 지향하고 있다. 런던 전역에 다양한 디자인을 적용하여 많은 관광객들에게 매력적인 도시로 인식되도록 하고, 압축도시 개념을 적용하여 녹지공간을 확보하면서 기후변화에 대응하는 친환경 개발방식을 적용하고자 노력하고 있다.

특히 2015년 런던플랜에서는 기후변화에 대응하기 위한 방안을 구체적으로 모색하고 있다. 탄소 배출을 줄이고 화석 에너지 자원을 절약하는 방안 뿐 아니라 오픈스페이스의 보전, 도시 녹화 등을 통한 녹지축 및 템스 강변에 대한 수변 공간 구상 등 기후변화에 적응해가는 다양한 방안을 제시하고 있다(GLA, 2015: 181~226).

2003년 런던은 폭서로 인해 600명 이상이 사망한 경험을 가지고 있어 도시 열섬 현상을 줄이기 위한 노력도 병행하고 있다. 이를 위해 중심 활동 지역(Central Activity Zone)에 공원 비율을 높이고, 도시 녹화를 위해 가로수 식재, 지붕 및 벽면 녹화 등 다양한 기술을 활용하고 있다(GLA, 2015: 202).

5 | 런던의 경험과 교훈

영국은 과거 몇 차례의 경제위기를 맞고 이를 극복하는 과정에서 저성장 기조가 지속되고 있다. 우리나라와 일본처럼 급격하게 저성장으로 진입하지 않고 상대적으로 오랜 기간에 걸쳐 저성장에 접어들었기 때문에 이에 적응할 수 있는 조건이 우리보다 잘 갖추어져 있다고 할 수 있다. 그러나 저성장이 쇠퇴로 이어지지 않고 오랫동안 유지될 수 있었던 것은 연금제도와 같은 사회복지정책의 전통을 유지하면서 다양한 도시정책을 통해 저성장으로 인한 빈부격차와 사회적 갈등을 최소화하려고 노력해왔기 때문이다(김정식, 2012: 141~145). 경제위기를 맞아 정부의 복지 예산을 삭감했을 때 발생했던 사회적 위기와 갈등은 이미 대처 정부 때 경험한 바 있으며, 복지 예산의 삭감이 경제발전에 기여하지 못한다는 것은 영국의 실업률 자료 등을 통해 확인할 수 있다. 따라서 경제 저성장에 따른 충격을 최소화하기 위해서는 꾸준한 복지정책을 마련하는 것이 필수적이다.

한편 런던은 영국과 다르게 저성장의 징후가 잘 나타나지 않고 있으며, 오히려 고도성장기에 나타나는 개발 압력을 받고 있는 대도시이다. 런던은 저성장기에도 홀로 성장하는 모습을 보이고 있는데, 이는 런던이 영국 내에서의 거점 역할과 세계도시로서의 거점 역할을 수행할 수 있는 대내외적 조건을 갖추었기 때문이다. 영국 내 여타 지역과 달리 세계도시 런던은 경제적으로 성장하고 있지만, 그 이면에는 어두운 그늘이 상존하고 있다. 런던 경제는 성장했지만 다른 지역에 비해 주민들 간 소득격차가 더 커졌고, 주거 불안정이 심화되었으며, 특정 지역에 빈곤이 고착화되는 문제가 발생하고 있다. 경제발전의 크기만큼 사회문제가 공존하고 있는 것이다. 런던은 이러한 문제를 해결하기 위한 도시공간 관리 전략을 경제발전 전략과 함께 추진해왔다.

오랫동안 저성장을 경험해온 영국과 런던의 대응 전략은 저성장기에 진입하는 서울에 다음과 같은 교훈을 준다. 첫째, 저성장기에 필요한 도시정책을 수립할 때 경제·복지·환경정책이 결합된 종합적인 대응전략을 마련할 필요가 있다. 이를 통해 낙후지역과 그 지역 주민들의 실질적인 삶의 질 개선이 이루어질 수 있도록 커뮤니티 단위의 정책 지원이 필요하며, 특히 공공부문의 일자리 창출을 위한 노력이 함께 결합되어야 한다.

둘째, 유입되는 외국인들에 대한 인식과 제도 개선이 시급하다. 외국에서 유입되는 사람들이 영국과 런던의 경제를 지탱해주는 중요한 힘 중 하나라는 것을 다시 상기할 필요가 있다. 유입되는 외국인의 삶의 질이 향상되고 그들이 안정적인 생활을 유지할 수 있도록 함으로써 도시에서 빈부격차의 문제가 인종 문제와 결부되지 않도록 해야 한다. 또한 유입된 이주민들이 가지는 문화의 다양성을 인정함으로써 경제적 의미에서뿐만 아니라 문화적 의미에서도 세계도시의 위상을 지킬 필요가 있다. 그렇지 못할 경우 인종 갈등과 소득격차에 따른 사회적 갈등을 피하기 어렵기 때문이다.

셋째, 도시 발전을 위한 미래 기술로서 상용화가 가능한 환경 기술 개발이 필요하다. 런던은 세계도시 관리 전략으로 환경 보전을 위한 기술 개발에 적극 투자하고 있으며, '친환경'이 정책의 미사여구에 그치는 것이 아니라 조금 더 많은 비용이 들고 시간이 좀 더 걸리더라도 이를 실현하고자 노력하고 있다. 예를 들어 올림픽 경기장 및 공원 건설 과정에서도 기후변화에 대응하는 지속가능한 도시로서의 관리 전략을 보여준다. 공원 조성 과정에서 과거 제조업으로 활용되었던 부지이기 때문에 토양오염이 심각했는데, 건설 과정에서 오염된 토양을 깨끗한 토양으로 바꾸는 기술을 적용·홍보함으로써 기후변화에 적극적으로 대응하고 있음을 보여주었을 뿐만 아니라 수출 가능한 선진 기술을 보유하고 있음을 알리는 계기가 되었다.

넷째, 도시정책이 제각각 실행되는 것이 아니라, 서로 연결되어 지역 내에서 통합적으로 이루어지도록 노력해야 한다. 런던의 경우 성장 동력 확보를 위한 메가 프로젝트의 목표와 미시적 차원에서의 문제 해결이 서로 연결되어 작동한다는 점에 주목할 필요가 있다. 이는 물리적 개발과 경제발전의 혜택이 누구에게 돌아가게 할 것인가와 관련된 정치철학의 문제이다. 이러한 점은 2012년 런던 올림픽의 비전이 런던의 국제적 위상 제고나 거시적인 경제 활성화라기보다는 주민들의 일자리 창출과 도심 재생, 다문화 사회의 안착이라는 사실에서 드러난다.

그러나 런던의 대응 방식에도 문제가 있는데, 우리나라에서도 유사한 문제가 발생하지 않도록 타산지석으로 삼을 필요가 있다.

가장 큰 문제는 영국 중앙정부의 정치적인 성격이 바뀌면서 지방의 도시 재생사업이 일관성을 잃게 되는 문제이다. 지역 간 격차 해소를 위한 낙후지역의 사회적·물리적 재생 방식에서 2010년 이후 4차 산업 중심의 성장 동력 사업을 추진하는 방식으로 전환됨에 따라 1999년부터 10년간 각종 정부 지원을 통해 프로젝트를 추진해왔던 근린지역들이 위기를 맞을 수 있다. 따라서 낙후지역에 대한 복지정책은 정권과 상관없이 일관성 있게 추진할 필요가 있다.

두 번째 문제는 세계도시의 성장 동력을 확보하기 위한 물리적 환경 개선 사업으로 인해 런던 동측의 빈곤층 밀집지역 내 저소득층의 삶의 터전이 사라질 가능성이 있다. 런던 도심의 젠트리피케이션, 주택가격의 상승, 공공주택의 감소와 민간 임대주택의 증가로 인한 저소득층의 주거 불안정은 런던 내에서 커다란 사회문제가 될 가능성이 있다. 따라서 저소득층 주거 문제를 해결하기 위해서는 주거 안정 방안이 마련된 상태에서 물리적 환경 개선이 이루어져야 한다.

마지막 문제는 성장 동력 확보를 위해 투자되는 것이 대부분 건설업이기 때문에 새로운 일자리가 저숙련 단순 노동일 가능성이 있다는 점이다. 이는 지속가능한 일자리가 되지 못하고, 외국인 노동자들로 채워지게 된다. 지속가능한 일자리를 위해서는 그곳에 살던 빈곤층 주민들에 대한 직업교육이 필요하며, 주민의 수준에 맞는 일자리 창출 노력이 지속적으로 병행되어야만 발굴된 성장 동력이 지속성을 가질 수 있게 된다.

New Paradigm for

Seoul's Urban Policy

in the Low Growth Era

제5장 저성장에 대응한 도쿄의 도시정책 경험과 교훈

남 진 (서울시립대학교 도시공학과 교수)

1 | 일본의 저성장과 버블 붕괴

일본은 1990년대 초 주가와 부동산 가격이 급락하면서 버블이 붕괴된 이후 저성장 기조가 지속되고 있다. 우리나라의 저성장은 일본의 버블 붕괴와 같이 사회경제적으로 급격한 충격에 기인한 것은 아니다. 그러나 최근 우리나라에서 감지되는 인구, 사회, 경제, 고용 등의 변화 양상은 버블 붕괴 이후 일본과 상당히 닮아 있다. 특히 경제성장률 둔화, 저출산, 고령화 등 인구구조의 변화는 일본과 20년의 차이를 두면서 '동조 현상'을 보이고 있다. 사회 전반의 역동성이 떨어지면서 일본과 같이 장기 저성장 국면에 접어들 수 있다는 우려가 제기되고 있다.

여기서는 버블 붕괴 이후 저성장을 겪은 일본과 도쿄의 정책 경험을 살펴본다. 특히 2000년대 이후 성숙사회에 대응하면서 도시 경쟁력을 강화하기 위해 어떤 정책적 노력을 했는지 검토한다. 일본의 경험을 통해 서울이 어떻게 저성장에 적응하고 극복해야 하는지 시사점을 제시하고자 한다.

버블 붕괴와 도시 경쟁력 약화

1980년대 중반 일본에서, 부동산과 주식시장에 대한 과도한 투자는 버블로 이어졌다. 1985년 플라자 합의[1]에 따른 엔고(円高) 불황에 직면한 일본 정부는 경기 위축을 방지하고 내수를 부양하고자 금융 규제를 완화했다. 시중 자금의 유동성이 높아지면서 주가와 지가는 폭등하기 시작했다. 경제가 성장하고 도쿄가 세계도시로 발전하면서 도심부의 오피스 수요는 급격하게 증가했고, 정부는 민간 자본을 활용해서 부족한 오피스를 공급할 수 있도록 민간 자본을 유도하는 정책을 폈다. 기업들은 저금리 정책과 토지이용 규제 완화에 힘입어 토지 취득 등 부동산 투자에 집중했고, 주택시장에서는 베이비붐 세대가 주택을 구입하기 시작하여 수요가 집중한 것도 버블 형성의 원인이 되었다(남원석, 2016: 5 재정리).

그러나 1992년 버블이 붕괴되면서 일본 사회는 사회경제적으로 큰 충격에 빠졌다. 특히 '잃어버린 20년'이라 불릴 정도로 심각한 경기침체를 경험했다. 버블 붕괴[2] 이후 부동산과 건설 관련 기업이 소유한 부동산 가치는 떨어진 반면, 지불해야 하는 이자 비용은 그대로였기 때문에 기업들은 도산의 위기를 맞았다. 결국 금융권에서 발행한 부동산 채권이 불량 채권으로 전락했고, 관련 기업들이 연쇄적으로 도산하기 시작했다.

경제불황이 장기화되면서 오피스 공실이 급증했고 지가 하락은 계속되었다. 1990년 0.6%에 불과했던 도쿄 도심부의 오피스 공실률은 버블 붕괴 이

---

1   1985년 9월, G5(미국, 영국, 일본, 독일, 프랑스) 국가들은 미국의 달러 강세 등 세계경제의 불균형을 조정하기 위한 조치에 합의했다. 이 플라자 합의로 일본의 엔화 가치가 1985년 말 달러당 238엔에서 1988년 128엔으로 46.2% 절상되었다(김윤기 외, 2016: 5).

2   1990년대 부실채권에서 비롯된 경제문제가 장기화되어 소득격차와 빈곤의 심화 등 사회문제로 확대된 현상을 대표하는 용어이다(厚生労働省, 2012).

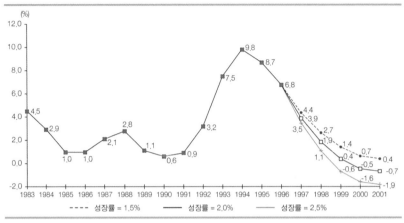

그림 5-1   도쿄 도심부 오피스 공실률

주: 버블 붕괴 후 성장률에 따른 1997년 이후 공실률 예측.
자료: 水鳥川和夫(1997: 46).

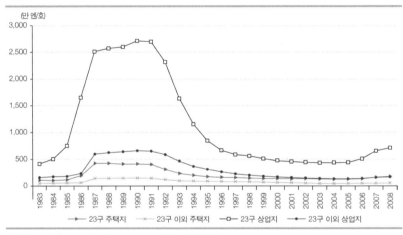

그림 5-2   도쿄 도의 표준지 평균지가 변화

자료: Yendo Associations, http://www.yendo.co.jp/story_03_01.html

후 1995년 9.8%까지 급상승했다. 도쿄 도 23구 상업지의 3.3m²당 표준지 평균지가는 1990년 2,705만 엔에서 2000년 491만 엔까지 하락하여 10년간 82%나 떨어졌다. 23구 주택지의 3.3m²당 평균지가도 1987년 441만 엔에서 2008년 185만 엔으로 급감하여 약 60% 가까이 떨어졌다.

그림 5-3　세계 경쟁력 순위 변화

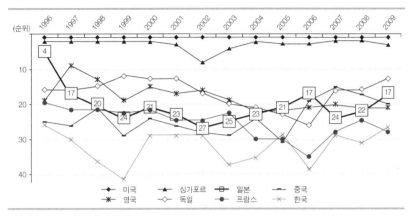

자료: 首相官邸, http://www.kantei.go.jp

　장기 불황에 따른 부동산 가치 하락은 기업의 연이은 도산, 다국적 기업의 감소, 국가 및 도시 경쟁력 약화 등으로 이어졌다. 도쿄 주식시장의 상장 외국기업은 1990년 125개에서 2000년 41개로 감소했다. 스위스국제경영개발원(IMD)에 따르면, 국가 경쟁력 역시 큰 폭으로 하락하여 일본의 국가 경쟁력이 1996년 4위에서 2009년 17위까지 떨어졌다.

　이 시기 도심의 대형 상업시설이나 문화시설 등이 교외로 이전하면서 도심의 공동화 현상은 더욱 심화되었고, 교외 주택지도 노후화하면서 점차 활력을 잃어갔다. 인구 측면에서는 총인구의 감소, 소자고령화(少子高齡化) 문제가 대두되었다. 이에 따라 중앙정부는 버블 붕괴에 따른 사회 전반의 문제에 대해 부문별 대응에서 벗어나 종합적으로 대응하기 시작했다.

일본의 저성장과 성숙사회로의 전환

　우리보다 앞서 사회경제적 변화를 경험한 일본에서는 저성장이란 개념을 어떤 용어로, 어떻게 사용하고 있을까? 먼저 경제적 측면에서 저성장은 "성장

그림 5-4   성장사회와 성숙사회의 차이

성장사회		성숙사회	
• 성장이 우선	• 획일적 기준	• 지속가능한 구조	• 다양성과 개성
• 자연의 변경과 상실	• 생산자 관점	• 자연의 보전, 재생, 창출	• 소비자, 거주자의 관점
• 거대한 확대	• 지역보다 자기중심적	• 지역 맞춤형 집약구조	• 사람과 사람의 관계
• 경제적 효율성과 양적 충족		• 삶의 질 향상	(공동체)

자료: 成熟社会総合フォーラム(2011) 재정리.

저하 추세가 지속되고 디플레이션이 진행되는 경제적 현상"(鈴木克洋, 2012)으로 정의할 수 있다. 그러나 일본에서는 일반적으로 경기침체의 시작을 대표하는 '버블 붕괴'가 저성장의 개념으로 사용되고 있다.

인구적 측면에서는 소자화, 인구 감소, 고령화 등의 용어가 주로 사용된다. 소자화는 "여성의 사회 진출 확대와 결혼 기피 등으로 인한 출산율 감소 현상"(松田茂樹, 2013)을 말한다. 즉, 인구적 측면에서의 소자화, 인구 감소, 고령화는 단순히 인구의 양적 감소나 고령인구의 증가뿐만 아니라 출산인구 감소로 인한 인구구조의 변화, 고령화로 인한 노동인구의 불균형 문제를 포함하고 있다(白川浩道 外, 2009; 小山直則, 2014).

사회적 측면에서는 저성장보다는 성숙사회라는 용어가 주로 사용된다. 성숙사회는 "대내외적인 여건 변화에 따라 성장이 둔화된 상황에서 남아 있는 역량과 기반을 바탕으로 새로운 목표를 찾고 발전하는 사회"(東京都, 2006), "양적 확대만 추구하는 경제성장에서 벗어나 정신적 풍요로움과 삶의 질 향상을 중시하는 사회"(Gabor, 1972)로 정의된다. 즉, 앞서 언급한 경제적·인구적 저성장에 '발전'이 추가된 개념으로, 현상에 대한 설명뿐만 아니라 문제의 해결과 보다 나은 단계로의 발전을 포함하고 있다.

성숙사회에 접어들면서 도시계획에도 많은 변화가 감지되고 있다. 도시계획의 지향점은 지속가능한 구조하에서 자연환경의 보전과 재생, 새로운 창출을 중요시하는 방향으로 전환되었다. '성장사회'는 도시 확산에 중점을 두지만, '성숙사회'는 지역 특성을 고려한 집약적 도시공간을 실현하는 데 중점을 둔다. 성장사회의 도시계획이 경제적 성장과 효율성을 중시했다면, 성숙사회의 도시계획은 지역과 사람의 다양성을 높이고 거주자 관점에서 삶의 질을 높이는 데 목표를 둔다. 성숙사회 일본의 도시계획 경험은 서울이 정책과 제도를 저성장기에 맞게 연착륙시키고, 사람 중심의 도시를 실현하는 데 시사점을 줄 것이다.

2 | 버블 붕괴 이후 일본의 사회경제 변화

경기침체 장기화

1990년대 초 버블이 붕괴되면서 일본 경제는 장기침체의 길로 접어들었다. 실질경제성장률은 1988년 6.4%에서 1993년 -0.5%까지 감소했고, 2008년 이후 글로벌 금융위기의 영향으로 낮은 성장률이 지속되고 있다. 명목 GDP 성장률은 1981~1990년 연평균 6.2%에서 1991~2014년 0.4%로 감소했으며, 같은 기간 실질 GDP 성장률은 4.6%에서 0.9%로 떨어졌다. 명목성장률이 실질성장률보다 더 큰 폭으로 떨어진 것은 물가 하락이 동반되었기 때문이다(김윤기 외, 2016: 9~10 재정리).

일본의 물가는 1998년을 정점으로 하락하는 디플레이션의 양상을 보이고 있다. 1990년대 중반 이후로 GDP 디플레이터[3] 상승률은 마이너스를 지속

---

3   실제 국민소득을 추정하기 위해 국민소득을 추계하여 사후에 계산하는 종합적인 물가지수를 의미한다. GDP 디플레이터 = (명목 GDP / 실질 GDP) × 100

그림 5-5 일본의 실질경제성장 추이

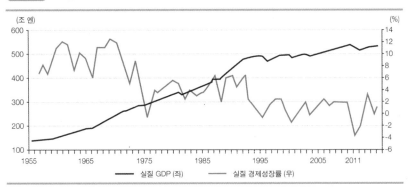

자료: 国土交通省(2013b).

그림 5-6 일본의 실질 GDP와 명목 GDP 추이

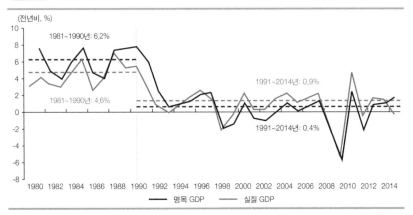

자료: IMF; 김윤기 외(2016: 10).

하고 있으며, 디플레이션에 따른 내수시장 위축과 수출시장에서의 가격 경
쟁력 약화가 맞물리면서 경기침체가 장기화되고 있다. 이에 따라 1990년대
초 일본의 국가 경쟁력은 최상위 수준이었으나, 최근에는 크게 떨어진 상황
이다.

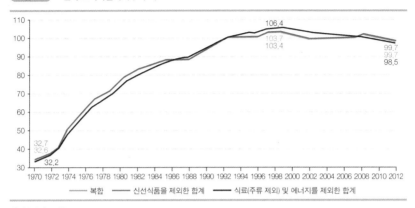

주: 2010년 = 100
자료: 国土交通省(2013b).

초고령화 심화와 가구 구조 변화

일본 인구는 2010년 1억 2,806만 명을 정점으로 감소하다가 2060년 8,674만 명에 이를 것으로 전망된다. 이는 2010년 인구 대비 약 30% 감소한 것이다. 도쿄 도는 도심으로의 인구 이동으로 인해 2020년 1,336만 명까지 증가할 것으로 전망되지만, 이후에는 지속적으로 감소하여 2060년에는 1,036만 명일 것으로 전망된다(2020년 인구 대비 30% 감소).

도쿄 대도시권의 인구 이동 현황을 보면, 1980년에는 순전입 인구가 16만 명에 이를 정도로 대도시권으로 이동하는 인구가 많았다. 그러나 버블 붕괴 이후 경기침체가 계속되면서 순전입 인구가 줄어들었고, 1990년대 초에는 전출 초과 양상을 보이기도 했다. 순전입 인구가 소폭 증가한 이후 점차 감소하고 있지만 대도시권으로의 인구 유입은 계속되고 있다.

인구구조 측면에서 보면, 출생인구는 제1차 베이비붐 시기(1947~1949년)에 약 270만 명(출산율 4.3), 제2차 베이비붐 시기(1971~1974년)에 약 210만 명(출산율 2.1)으로 높은 출산율을 보였지만, 이후 출산율은 지속적으로 감소하고

일본과 도쿄 도의 인구 추이

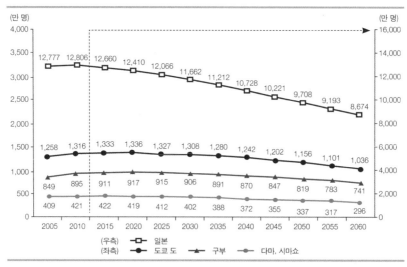

자료: 東京都(2014b: 8).

순이동 인구 추이

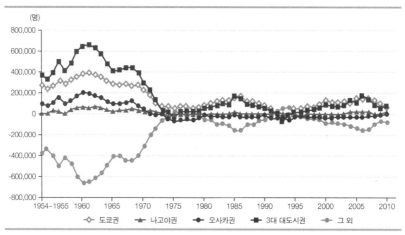

주: 1) 1954년부터 1972년까지는 오키나와의 이동자 수가 포함되지 않았다.
   2) 각 권에 포함된 지역은 다음과 같다. 도쿄권은 도쿄 도, 가나가와 현, 사이타마 현, 지바 현이고, 나고야권은 아이치 현, 기후
   현, 미에 현이며, 오사카권은 오사카 부, 효고 현, 교토 부, 나라 현이고, 그 외는 3대 대도시권을 제외한 도·현이다.
자료: 国土交通省(2013b).

그림 5-10 일본의 출생자 수 및 합계출산율 추이

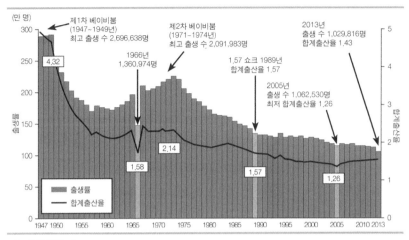

자료: 內閣府(2015: 1).

그림 5-11 도쿄의 인구 피라미드 추이

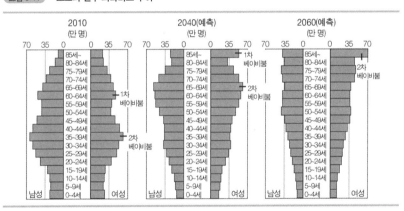

주: 2060년 전체 인구 1,036명 중 65세 이상 고령인구는 427만 명으로 전체의 39.1%를 차지할 것으로 예측된다.
자료: 東京都(2014b: 9).

있다(2013년 출생인구 약 100만 명, 출산율은 1.43).

고령화율 또한 빠르게 증가하고 있다. 1~2차 베이비붐 세대가 고령화되고 평균수명이 증가하면서 2060년에는 65세 이상 인구가 5명 중 2명(약 40%)을 차지하는 극심한 초고령화 사회가 예상된다.[4]

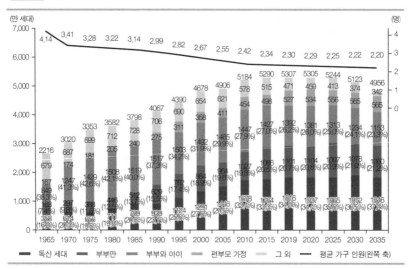

그림 5-12 일본의 가구 구성 추이

자료: 国土交通省(2013b).

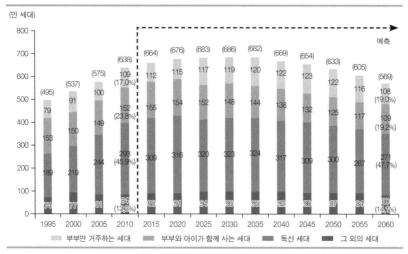

그림 5-13 도쿄 도의 가구 구성 추이

주: 괄호 안의 숫자는 세대 수로 얻은 비율을 가리킨다.
자료: 東京都(2014b: 10).

---

4 고령화율은 2010년 20.4%에서 2060년에 39.1%까지 증가할 것으로 예측되며, 생산가능인구(15~ 64세)는 약 40% 감소할 것으로 예측된다.

한편 가구 수와 가구 구조의 변화도 예상된다. 일본의 총 가구 수는 2019년 5,307만 가구까지 증가하다가 인구 감소의 영향으로 2035년 4,956만 가구로 줄어들 전망이다. 도쿄 도의 상황도 마찬가지다. 2030년 686만 가구를 정점으로 감소세로 전환되어 2060년에는 569만 가구까지 감소할 것으로 예측된다.

또한 일본의 단독세대, 부부세대 등 1~2인 가구는 2010년 2,705만 가구 (52.2%)에서 2025년 2,962만 가구(56.5%)를 정점으로 감소하여, 2035년에는 1,896만 가구(58.4%)까지 감소할 것으로 보인다. 도쿄 도의 경우에도 2010년 377만 가구(59.1%)에서 2035년 419만 가구(61.4%)를 정점으로 감소해 2060년 351만 가구(61.8%)까지 줄어들 것으로 예측된다.

소득의 양극화 심화

일본의 실업률은 1970년대 이후 전 연령대에서 증가하는 추세이다. 연령대별로는 20~24세 청년 실업률이 가장 높으며, 가장 활발하게 경제활동을 하는 20~40세의 실업률은 1970년 2.0%에서 2012년 7.9%로 증가하여 평균보다 높은 실업률을 보이고 있다.

소득의 양극화도 점차 심화되고 있다. 1985년 12%였던 상대적 빈곤율은 2009년 16%로 증가했고, 빈곤선[5]은 1997년 이후 지속적으로 떨어지고 있어, 상대적 저소득층이 증가하고 있는 것으로 나타났다.

소득의 양극화가 심화되고, 주택 문제에 대한 우려가 높아지면서 일본 국민들은 미래 사회에 대해 부정적인 이미지를 갖게 되었다. 2013년 일본 국토교통성이 실시한 국민의식조사에 따르면, 일본 국민들은 10년 후 미래 사회

---

5   빈곤선(貧困線, poverty line)이란, 적절한 생활수준을 유지하는 데 필요한 최저 소득 수준으로, 등가 가처분소득 중위값의 절반 금액을 말한다.

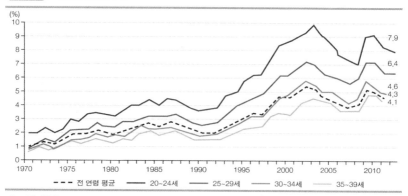

그림 5-14 | 연령별 실업률 추이

자료: 国土交通省(2013b).

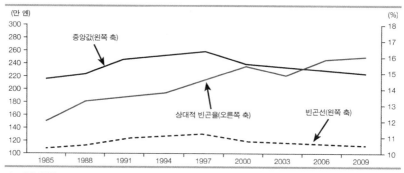

그림 5-15 | 상대적 빈곤율 추세

자료: 厚生労働省(2012: 115).

그림 5-16 | 10년 후 사회에 대한 20~40세의 이미지

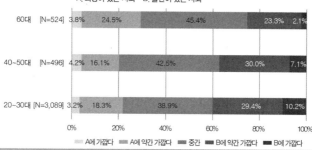

10년 후 사회에 대한 이미지에 해당하는 것을 골라주세요.
A. 희망이 있는 사회   B. 불안이 있는 사회

자료: 国土交通省(2013a).

에 대해 "불안이 있는 사회, 어두운 사회"와 같은 부정적 이미지를 갖는 비율이 높은 것으로 나타났다. 이 중에서도 특히 20~30대의 젊은 계층은 부정적 이미지를 갖고 있다고 응답한 비율이 40%에 달해, 다른 연령대(40~50대 37%, 60대 이상 25%)에 비해 높게 나타났다.

지역 활력의 저하

대도시 주거환경에 대한 우려도 높아지고 있다. 과거 1960~1970년대 경제성장을 거치면서 건설된 대규모 아파트 단지는 양호한 주택 공급이라는 성과를 거두었지만, 상당수 주택이 재정비 시점을 맞이하고 있다. 도쿄 도의 40년 이상 노후한 아파트 수는 2003년 2만 6,000호에서 2008년 5만 4,000호로 증가했고, 2018년에는 2008년의 4.5배인 12만 6,000호, 2023년에는 42만 8,000호(50년 이상이 약 12만 6,000호, 40년 이상이 약 30만 2,000호)로 증가할 것으로 예측된다. 또한 노후 건축물이 다수 분포하는 지역에 오랫동안 거주하는 인구의 고령화가 심화되면서 지역 활력이 저하될 우려도 있다.

그림 5-17 도쿄 도 내에서 준공 후 40년 이상된 분양 아파트 호수와 전망

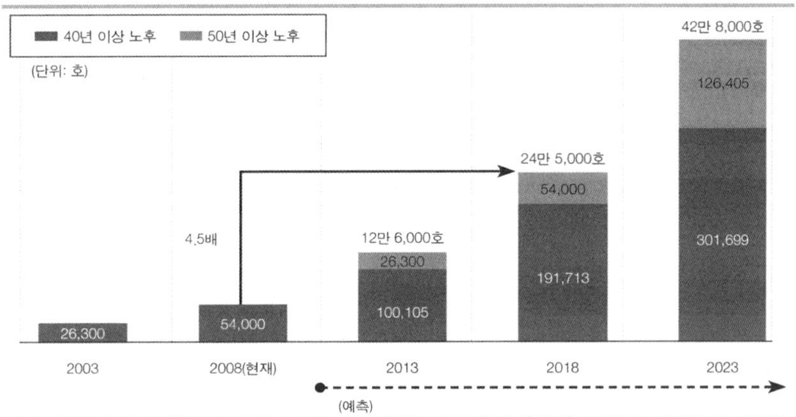

자료: 東京都(2009b: 10).

일본의 저성장 이슈와 우리나라의 비교

버블 붕괴로 인한 일본의 급격한 경제 변화는 인구적·사회적 분야까지 영향을 미쳤다. 인구는 아직 증가하고 있지만 머지않아 출산율 감소로 인한 인구 감소, 청년층 실업률 증가, 계층 간 소득격차 심화 등의 문제가 나타날 것으로 예상된다. 이는 결국 경제성장의 동력 약화로 이어져 국가와 도시 성장에 부정적인 영향을 미칠 것이다. 일본 정부는 경제성장을 위한 직접적인 노력뿐만 아니라 젊은 노동인구의 감소를 막기 위한 새로운 일자리 창출, 복지 서비스 개선 등 삶의 질 향상을 위해 다양한 노력을 하고 있다.

일본은 초기에 문제가 되었던 부실채권의 규모를 과소평가하는 등 정부가 적절한 대응을 하지 못하면서 장기적인 경기침체를 겪어왔다. 반면 우리나라는 버블 붕괴와 같은 큰 경제적 이슈가 발생하지 않았고,[6] 일본과 같이 약 10년 사이에 2배 이상 급등하거나 급락하는 급격한 지가 변동도 나타나지 않고 있다. 그럼에도 저성장에 따른 우리나라의 인구적·사회적·경제적 변화 양상은 약 20년의 시차를 두고 일본과 유사한 면을 보이고 있다.

우선 인구적·사회적 측면에서는 고령화 사회로의 진입과 소득 양극화가 사회적 이슈가 되고 있으며, 도시재생을 통한 지역 활성화에 관심이 높아지고 있다. 경제적 측면에서는 경제성장률 저하와 디플레이션 현상이 나타나고 있으며, 생산활동이 위축되고 민간 소비 증가율도 하락하고 있어 과거와 달리 구조적인 장기침체가 우려되고 있다. 특히 경제성장률과 총부양률 추이를 비교해보면, 약 20년의 시차를 두고 우리나라와 일본은 유사한 패턴을 보이고

---

6 일본은 버블 붕괴로 주택가격이 하락했음에도 불구하고 경기침체로 인해 임금수준이 동반 하락하면서 고소득자가 아니면 주택을 소유하기 어려웠다. 하지만 우리나라는 일본과 달리 지가와 주택가격이 급격히 하락한 경우가 없다. 다만 일반 근로자의 임금수준에 비해 큰 폭으로 지가와 아파트 가격이 상승하고 있기 때문에 과도한 가계 대출 문제가 발생하고 있다.

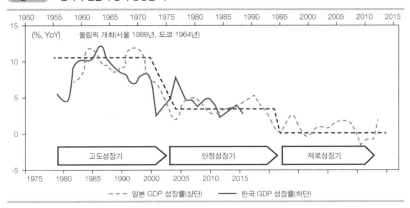

그림 5-18   한국과 일본의 장기 성장률 비교

자료: 곽영훈(2013: 1).

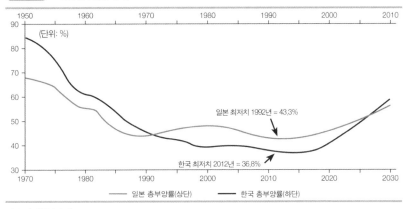

그림 5-19   한일 총부양률 추이

자료: 곽영훈(2013: 3).

있으며, 총부양률이 상승하는 시점에서 저성장에 진입했다는 공통점이 있다.

3 | 버블 붕괴 이후 중앙정부 차원의 대응 전략

일본은 1962년부터 약 10년 단위로 '국토종합개발법' 및 '국토형성계획법'

일본 국토계획의 흐름과 주요 내용

구분	국토계획	주요 키워드	근거법
1962	전국종합개발계획	지역 간 균형발전, 거점 개발 구상	국토종합 개발법
1969	신전국종합개발계획	풍요로운 환경의 창조, 대규모 프로젝트 구상(신칸센 등)	
1977	제3차 전국종합개발계획	정주환경의 정비	
1987	제4차 전국종합개발계획	다극 분산형 국토, 교류 네트워크	
1998	21세기 국토그랜드디자인	다축형 국토구조 형성의 기초 형성, 다양한 주체의 참여와 연계	
2008	국토형성계획	다양한 광역 단위 도시 발전, 아름답고 살기 좋은 국토	국토형성 계획법
2014.7	2050 국토그랜드디자인	콤팩트＋네트워크, 다양성과 연계, 재해에 유연한 대응	

자료: 參議院, http://www.sangiin.go.jp/

에 근거해 국토의 발전과 관련된 계획을 수립하고 있으며, 2014년에는 '2050 국토그랜드디자인'을 수립했다.[7] 버블 붕괴 이전 국토계획의 주요 키워드는 국가의 지속적인 성장이었다. 경제성장을 위해 효율적인 국토공간구조를 조성하고, 이에 필요한 기반시설의 공급과 산업단지 개발에 초점을 맞추었다.[8]

고유성과 다양성을 살리는 국토·도시공간구조로 재편

1998년 수립된 '제5차 전국종합계획(21세기 국토그랜드디자인)'에서는 기존의 단조로운 국토공간구조를 다축형 공간구조로 재편하고, 고유성이 강한 도시 간 네트워크를 강화해 국가 전체의 발전을 도모했다. 이를 위해 대도시권을 국제적 전략 거점으로 육성하고, 국가 경쟁력을 강화하는 데 중점을 두었다.

---

7 '2050 국토그랜드디자인'은 '국토형성계획'의 재검토를 위한 보고서이다.

8 1980년대까지(1960년대 고도성장기-1970년대 안정성장기-1980년대 버블 시기) 국토 정책 목표는 경제·사회·문화 등 제반 분야에서 지속적으로 성장하는 것이었다. 또한 성장 과정에서 나타나는 주거환경 문제나 교외화로 인한 중심 시가지 쇠퇴 문제 등은 성장을 저해할 수 있는 요소였기 때문에, 이를 완화하기 위한 노력도 함께 추진되었다.

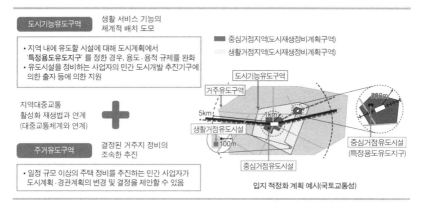

그림 5-20 에코 콤팩트 시티 개념에 기초한 '도시재생특별조치법'의 입지적정화계획

도시기능유도구역 — 생활 서비스 기능의 체계적 배치 도모

• 지역 내에 유도할 시설에 대해 도시계획에서 '특정용도유도지구'를 정한 경우, 용도·용적 규제를 완화
• 유도시설을 정비하는 사업자의 민간 도시개발 추진기구에 의한 출자 등에 의한 지원

지역대중교통 활성화 재생법과 연계 (대중교통체계와 연계)

주거유도구역 — 결정된 거주지 정비의 조속한 추진

• 일정 규모 이상의 주택 정비를 추진하는 민간 사업자가 도시계획·경관계획의 변경 및 결정을 제안할 수 있음

■ 중심거점지역(도시재생정비계획구역)
■ 생활거점지역(도시재생정비계획구역)

도시기능유도구역
거주유도구역
5km
1km
800m
생활거점유도시설
100m
중심거점유도시설
중심거점유도시설 (특정용도유도지구)

입지 적정화 계획 예시(국토교통성)

자료: 国土交通省(2016) 자료 재구성.

대도시 중심의 산업 활성화 정책, 교통·통신의 네트워크 강화, 다국적 기업 유치를 위한 친환경 공간 조성과 네트워크 기반 강화 등 세계도시가 갖추어야 할 인프라를 구축하도록 했다. 또한 민간의 창의력을 활용하여 시설을 확충·관리하고, 지방정부와 민간을 지원할 수 있도록 국토·지역 담당자를 두어 지역 특성에 맞게 대응하도록 했다.[9]

도시공간구조에서는 '에코 콤팩트 시티(エコ·コンパクトシティ)'로의 재편을 유도했다. '에코 콤팩트 시티'는 기존의 집약형 도시구조(集約型都市構造)와 에코 시티를 연계한 개념이다. 단순히 주요 시설을 집중시키는 것만으로는 저성장시대의 이슈[10]를 해결할 수 없으므로, 집약형 도시구조에는 도시공간의 계획적 집중과 축소를 의미하는 스마트 시링크(Smart Shrink)의 개념이 포함되어 있다.

---

9 이러한 국토정책의 기조는 동일본 대지진(2011)과 같이 중앙정부 차원에서 대응해야 하는 문제가 발생하거나 사회경제적 여건 변화에 맞게 정책을 수정·보완할 필요가 있을 때 수정되어왔지만, 기본적인 틀은 현재까지 유지되고 있다.

10 대표적으로 삶의 질 향상, 인프라 유지·관리, 환경에 대한 과부하 방지와 복원 문제 등이 해당한다.

그림 5-21 **'2050 국토그랜드디자인'의 네 가지 추진 전략**

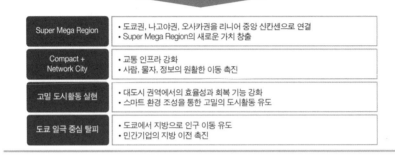

급속한 인구 감소, 자연재해 발생 등 국가적 위기에 대응하기 위한
2050 국토 만들기 전략

Super Mega Region	• 도쿄권, 나고야권, 오사카권을 리니어 중앙 신칸센으로 연결 • Super Mega Region의 새로운 가치 창출
Compact + Network City	• 교통 인프라 강화 • 사람, 물자, 정보의 원활한 이동 촉진
고밀 도시활동 실현	• 대도시 권역에서의 효율성과 회복 기능 강화 • 스마트 환경 조성을 통한 고밀의 도시활동 유도
도쿄 일극 중심 탈피	• 도쿄에서 지방으로 인구 이동 유도 • 민간기업의 지방 이전 촉진

에코 콤팩트 시티는 도시 외곽지역의 거주인구가 감소하면서 나타나는 공공서비스의 질적 저하와 시설 운영비용의 증가, 사람들의 교류 감소에 따른 지역 매력 저하, 출퇴근 및 생활 서비스 시설 이용을 위한 차량 이용의 증가와 이로 인한 환경문제 등을 해결하는 데 목적이 있다.

한편 2014년 수립된 '2050 국토그랜드디자인'에서는 급속한 인구 감소, 자연재해 발생 등 성숙사회에 나타나는 국가적 위기에 대응하고자 했다. 성숙사회 문제의 적극적이고 종합적인 해결을 위해서는 '대류(對流) 촉진형 국토'를 형성하여 지역의 고유성을 살리고 상호 연결할 필요가 있음을 강조했다.[11]

2050 국토그랜드디자인의 추진 전략은 크게 네 가지로 구분된다. 첫째, 도쿄권, 나고야권, 오사카권을 리니어 신칸센으로 연결하여 슈퍼 메가 리전(Super Mega Region)을 형성하고, 대도시 리노베이션에 착수하도록 했다. 둘

---

11 2008년 국토형성계획(国土形成計画)에서는 경제성장과 성숙사회 문제에 대응하기 위해 도시공간 구조를 집약형 도시구조(集約型都市構造)로 재편하고, 의료·복지·교육 등의 도시 기능 강화를 강조했다. 그러나 이러한 노력만으로는 지역을 활성화하는 데 한계가 있어 지역 특성을 살리는 새로운 도시육성 전략이 필요하게 되었다.

째, 국토 공간구조 차원에서는 버블 붕괴 이후 21세기 국토그랜드디자인에서 제시한 다축형 공간구조, 도시 간 네트워크 강화 등의 개념을 유지·발전시켰다. 정보통신기술과 교통 인프라, 생활 인프라를 강화하여 도시 간 사람·사물·정보 교류가 활발해질 수 있도록 '콤팩트＋네트워크(Compact & Network)' 도시를 실현하고자 했다. 셋째, 대도시권역에서의 효율성과 회복 기능을 강화하고, 스마트 환경을 조성하여 고밀의 도시활동을 유도할 수 있도록 했다. 마지막으로, 도쿄 일극 중심에서 탈피하여 도쿄에서 지방으로의 인구 이동을 유도하고, 기업의 지방 이전을 촉진하는 등 도쿄와 지방의 공존을 도모했다.

또한 일본 정부는 대도시를 대상으로 경쟁력을 강화하고 지역을 활성화하기 위해 특구제도를 운영하고 있다. 특구제도는 글로벌 경제활동의 거점을 마련하기 위한 '국가전략특구', 국가의 신성장 동력을 창출하기 위한 '총합특구', 지역의 재생 및 활성화를 위한 '구조개혁특구' 등 세 가지로 구분된다.

'국가전략특구'[12]는 산업의 국제경쟁력을 강화하고 국제적 경제활동의 거점을 형성하기 위해 지정하는 것으로, 2013년 수립된 국가전략특별구역법에 근거한다. 국가전략특별구역은 규제개혁을 위한 시책을 종합적·집중적으로 추진하는 것을 목표로 하며, 금융 지원, 세제 지원, 비즈니스 환경의 개선을 특례사항으로 지원한다. 기존의 특구는 민간이나 지자체에서 제안하고 정부가 인가했으나, 국가전략특구는 장관과 지자체장, 민간 대표로 구성된 3자 회의를 통해 계획의 내용과 규제개혁을 정한다는 점에서 차이가 있다(민승현, 2016: 24~25).

'총합특구'[13]는 산업구조 변화와 도시 간 글로벌 경쟁에 대응해 산업의 국

---

12 2015년 12월 현재 도쿄권, 아이치 현, 니가타 시, 센다이 시, 센보쿠 시, 간사이권, 야부 시, 히로시마 현·이마바리 시, 후쿠오카 시·기타큐슈 시, 오키나와 현 등 총 9개소에 국가전략특구가 지정되어 있다.

제경쟁력을 강화하고 지역을 활성화하는 것을 목표로 하며, 총합특별구역법 (2011)에 근거한다. 총합특구는 복수의 규제에 대한 특례조치를 인정하고 세제 및 재정, 금융 지원 등을 패키지화했다. 끝으로, '구조개혁특구'는 2002년 제정된 구조개혁특별구역법을 근거로 하며, 특구지역의 재생 및 활성화를 위해 개별 규제에 대한 특례조치를 취하고 있다.

성숙사회에 대응한 도시재생정책 추진

버블 붕괴 이후 일본에서는 도시 경쟁력이 하락하면서 경제적·사회적 측면에서 다양한 문제가 발생했다. 이를 해결하기 위해 2002년 일본 정부는 과거 성장시대에서 성숙시대로의 전환에 대응하고 도시의 매력 증진, 기능 고도화, 거주환경 향상, 국제경쟁력 강화를 목적으로 하는 '도시재생특별조치법(都市再生特別措置法)'을 제정했다.

2000년대 초에는 경제문제를 해결하는 것이 가장 중요했기 때문에 도시재생본부를 중심으로 중앙정부가 직접 나서서 대도시 중심부의 대규모 개발사업을 추진했다. 그러나 중앙정부의 노력만으로는 도시재생의 목표를 달성하는 데 한계가 있었고, 지방도시 활성화에 대한 필요성이 제기되기 시작했다.

2004년 정부는 도시재생특별조치법을 개정하여 마치즈쿠리 교부금(まちづくり交付金)을 창설했다. 지방정부에 교부금을 지원하여 지역 특성에 맞는 도시재생의 기반을 마련하고, 민간을 활용한 도시개발을 촉진하여 경제적·사회적 활성화를 도모하고자 했다. 이 밖에도 마치즈쿠리 3법(まちづくり3法) 등 도시재생과 관련된 법·제도를 개정하여 도시재생특별법만으로 해결하기

---

13 도쿄 도에는 아시아 헤드쿼터특구가 지정되어 있는데, 도쿄 도심 및 임해지역, 신주쿠역 주변지역, 시부야역 주변지역, 시나가와역 및 다마치역 주변지역, 하네다 공항 적지 등이 해당한다.

그림 5-22　도시재생특별조치법의 개정 내용

	주요 이슈	개정 사항
제정 당시 (2002)	• 버블 붕괴 후 경기침체 • 중심 시가지 쇠퇴 (오피스 공실률 증가 등 도심부 매력 저하) • 지방분권화 추진(행정 중심)	• 대도시 중심의 재생사업 추진 (도시재생 긴급정비지역 지정 등) → 도심부 매력 강화
3차 개정 (2007)	• 안전이 우려되는 밀집 시가지 정비 필요 (정비사업 추진 활성화 대책 필요) • 지방정부 차원에서 실정에 맞는 정비 추진	• 일부 도로 및 부속물에 대한 신축, 개보수 권한 이양 [밀집 시가지 방재가구 정비촉진에 관한 법률(개정)] • 방재가구정비지구 계획 시 용적률 완화 및 배분 등 특례 • 도시재생가구의 지원 가능
4차~5차 (2009, 2011)	• 보행자의 이동 편리성 및 안전성 확보 (+ 지역 주민 중심의 관리) • 편의증진시설에 대한 설치 요구	• 도시재생보행자경로협정 추가(2009) • 도시편의증진협정 추가(2001)
6차(2012)	• 대규모 지진에 대한 안전 문제 해결	• 안전과 관련된 시설의 설치와 관리에 대한 특례 규정
7차(2014)	• 주거와 도시기능 증진시설(배치의료·복지·상업시설 등)의 접근성 향상	• 입지 적정화 계획을 통한 주거와 시설의 적정 배치

어려운 문제에 효율적으로 대응하도록 했다.[14]

'새로운 공공' 개념의 도입

버블 붕괴 이후 중앙정부는 경기침체에 따른 재정 악화를 겪었다. 또한 기존 중앙정부 주도의 행정체계로는 글로벌화, 대도시로의 집중에 대응하기 어렵고, 지역사회 특성을 고려한 문제 해결도 어렵다는 것을 인식하게 되었다.

이에 따라 정부는 주민 주도의 개성 있고 종합적인 행정체계로의 전환을 시도했다.[15] 그러나 지방정부의 구조와 재정은 사회적·경제적 여건의 급속

---

14 마치즈쿠리 3법은 중심시가지 활성화법, 대규모 소매점포입지법, 도시계획법(개정)을 말한다. '중심시가지 활성화법'(1998년 제정)을 개정하여 중심 시가지 활성화를 위해 필요한 자금 지원 및 다양한 특례를 추가했다. '대규모 소매점포입지법'(1997년 제정)은 지방정부의 역할을 강화하는 방향으로 개정되었고, '도시계획법'(1968년 제정) 역시 특별용도지구의 규제 내용을 시정촌이 도시계획으로 결정하는 등 지방정부의 역할을 강화하는 방향으로 개정되었다.

15 초기에는 행정권한을 이양하는 것부터 시작했고, 이후에 세권까지 이양하는 형태로 추진되었다. 특히 세권을 이양했을 때 줄어드는 국가보조금 문제를 해소하기 위해 지방교부세를 차등 지원하여 지역별로 부족한 재원을 확보할 수 있도록 했다.

한 변화에 탄력적으로 대응하는 데 한계가 있었다. 한편에서는 경기침체를 극복하기 위해 기존 공공영역에 민간이 새롭게 참여하여 이익을 창출하려는 움직임이 나타나기 시작했다.

이런 배경에서 도입된 것이 '새로운 공공(新しい公共)'의 개념이다. 새로운 공공이란 공공과 민간의 중간적 성격을 갖는 주체가 공공의 이익을 실현하는 것을 전제로 한다. 참여 주체는 육아, 복지, 방범, 마을 만들기 등과 같은 분야에서 경제활동을 통한 이익을 창출할 수 있게 된다. 이를 통해 지역 차원에서는 고용 증가 등 지역의 자립과 공생 기반을 마련하고, 공공은 공공서비스 공급에 대한 부담을 경감할 수 있게 된다.[16] 최근에는 다양한 영역에서 대상 범위가 확대되고 있다. 공공의 행정적·재정적 지원이 없더라도 경제적 이익을 창출할 수 있는 공익활동에 대해서는 민간이 적극적으로 공공의 역할을 수행할 수 있도록 하고 있다.

4 | 도쿄의 대응 전략과 정책 사례

도쿄 도 주요 계획의 흐름

도쿄 도에서는 경제적 측면에서 장기적인 경기침체의 회복을 위한 대안 마

---

16 대표적인 예로 오사카 시의 '주민 주체형 자립형 경영지원 기반정비사업'을 들 수 있다. 일반적으로 지역 주민들이 육아·복지 등과 관련된 사업을 추진하고자 해도 사업계획 수립부터 재원조달 등에 이르기까지 어려움을 겪게 된다. 이를 오사카 NPO 센터(특정 비영리활동 법인)가 일본정책공고금융(日本政策公庫金融), 긴키노동금고(近畿労働金庫), 오사카 상공신용금고(大阪商工信用金庫) 등과 제휴하여 지원하고, 사업 특성에 따라 전문가를 연결해주고 있다. 공공의 역할을 오사카 NPO가 담당하면서 오사카 시는 행정적 부담을 덜게 되었고, 해당 지역은 지역 일자리 창출과 복지수준 향상 효과를 거두고 있다('새로운 공공' 시범사업 성과 보고회 보고자료, 2014).

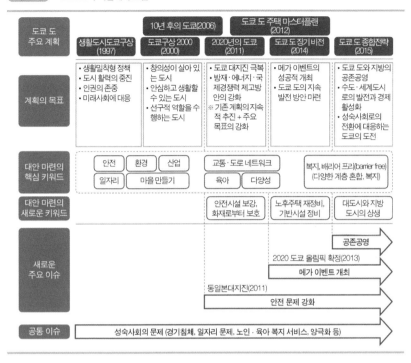

그림 5-23 도쿄 도의 기본계획 흐름

도쿄 도 주요 계획	생활도시도쿄구상 (1997)	도쿄구상 2000 (2000)	10년 후의 도쿄(2006) / 2020년의 도쿄 (2011)	도쿄 도 주택 마스터플랜 (2012) / 도쿄 도 장기비전 (2014)	도쿄 도 종합전략 (2015)
계획의 목표	• 생활밀착형 정책 • 도시 활력의 증진 • 인권의 존중 • 미래사회에 대응	• 창의성이 살아 있는 도시 • 안심하고 생활할 수 있는 도시 • 선구적 역할을 수행하는 도시	• 도쿄 대지진 극복 • 방재·에너지·국제경쟁력 제고방안의 강화 ※ 기존 계획의 지속적 추진 + 주요 목표의 강화	• 메가 이벤트의 성공적 개최 • 도쿄 도의 지속 발전 방안 마련	• 도쿄 도와 지방의 공존공영 • 수도·세계도시로의 발전과 경제 활성화 • 성숙사회로의 전환에 대응하는 도쿄의 도전
대안 마련의 핵심 키워드	안전 환경 산업 일자리 마을만들기		교통·도로 네트워크 육아 다양성		복지, 배리어 프리(barrier free) (다양한 계층 혼합, 복지)
대안 마련의 새로운 키워드			안전시설 보강, 화재로부터 보호	노후주택 재정비, 기반시설 정비	대도시와 지방도시의 상생

새로운 주요 이슈

공존공영 →

2020 도쿄 올림픽 확정(2013)
메가 이벤트 개최 →

동일본대지진(2011)
안전 문제 강화 →

공통 이슈
성숙사회의 문제 (경기침체, 일자리 문제, 노인·육아 복지 서비스, 양극화 등) →

련, 세계화 시대에 해외 주요 도시보다 상대적인 우위를 차지하기 위한 정보·통신 네트워크 구축 문제 등이 주요 정책 이슈로 등장하고 있다. 인구적·사회적 측면에서는 성숙사회로의 전환에 따른 대응 문제가 주를 이루고 있는데, 특히 급격한 저출산·고령화로 인한 새로운 형태의 일자리 창출과 산업 활성화를 위한 인력 감소 문제, 사회적 혼합 문제, 지진이나 화재에 대한 근본적인 대처와 안전 문제 등의 이슈가 등장하고 있다.

도쿄 도는 도시 경쟁력 강화와 경제 활성화, 성숙사회 문제에 종합적으로 대응하기 위한 계획을 수립해왔고, 최근에는 도쿄 도와 지방도시가 서로 협력하여 새로운 활력을 창출하고 시너지 효과를 나누는 상생 개념이 포함된 계획을 수립했다.

여기서는 도쿄 도가 도시 활력 제고를 위해 수립한 새로운 창생전략과 공간구조 개편 내용을 살펴보고, 국가 경쟁력 강화 및 경제 활성화 전략, 성숙 사회에 대응하는 생활밀착형 대응방안에 대해서도 살펴보고자 한다.

도쿄 도의 도시 활력 제고 전략

'도쿄 도 장기 비전'(2014)에서는 '세계를 리드하고 발전하는 국제도시 도쿄, 모두가 희망을 갖고 건강하게 상생할 수 있는 도시 도쿄, 안전·안심하는 지속가능한 도시 도쿄'를 목표로 하여 다양한 정책 추진을 제안했다. 그러나 도시의 고유성과 다양성이 중요해지는 시점에서 도쿄 도만 이를 추진하는 데 한계가 있었고, 2020년 도쿄 올림픽 개최를 계기로 시너지 효과를 극대화하기 위한 새로운 전략이 필요했다. 이에 도쿄 도는 기존의 계획을 보완하는 '도쿄 도 종합전략'(2015)을 수립했다.[17]

'도쿄 도 종합전략'(2015)은 도쿄와 지방의 공존공영에 초점을 두고 진정한 지방 창생을 실현하는 것을 목표로 하며, 이를 위해 세 가지 관점을 제시했다. 첫째, 도쿄와 다른 지역이 각각의 매력을 높이고 서로 협력하여 함께 번영해야 한다는 '도쿄 도와 지방의 공존공영', 둘째, 도쿄는 일본의 수도이므로 국제도시로서의 발전과 더불어 일본의 지속적 성장을 견인해야 한다는 '수도·국제적 도시로의 발전과 일본 경제의 활성화', 셋째, 저출산·고령화·인구 감소 사회에 대응하여 함께 잘 살도록 노력해야 한다는 '저출산·고령화·인구 감소 사회에 대응하는 도쿄의 도전'이다.

'도쿄 도와 지방의 공존공영'을 위해 전국 각지와 연계한 지역산업의 소개, 국내외 관련 기업·인력의 집적, 도쿄와 지방이 연계한 문화행사 개최, 관광

---

17 '도쿄 도 종합전략'(2015)은 '마을·사람·일 창생 법' 제9조의 규정에 근거하여 수립되었다.

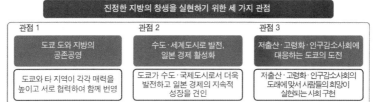

그림 5-24　도쿄 도 종합전략의 세 가지 관점

진정한 지방의 창생을 실현하기 위한 세 가지 관점

관점 1	관점 2	관점 3
도쿄 도와 지방의 공존공영	수도·세계도시로 발전, 일본 경제 활성화	저출산·고령화·인구감소사회에 대응하는 도쿄의 도전
도쿄와 타 지역이 각각 매력을 높이고 서로 협력하여 함께 번영	도쿄가 수도·국제도시로서 더욱 발전하고 일본 경제의 지속적 성장을 견인	저출산·고령화·인구감소사회의 도래에 맞서 사람들의 희망이 실현되는 사회 구현

중점적인 정책을 선별, 지방 창생을 위한 도시의 생각과 태도의 명료화

국가종합전략을 감안하여 기본목표에 따라 '도쿄 도 장기 비전'에서 내건 목표화 정책을 체계화

도쿄 도 장기 비전(2014)의 기본목표
1. 세계를 리드하고 발전하는 국제도시 도쿄
2. 모두가 희망을 갖고 건강하게 상생할 수 있는 도시 도쿄
3. 안전·안심하는 지속가능한 도시 도쿄

자료: 東京都(2015: 4).

과 연계하여 도쿄 도와 지방의 매력을 높이는 방안 등을 제시했다. '국제도시로서의 위상을 높이고 경쟁력을 강화'하기 위해 특구제도의 활용,[18] 생명과학 발전을 위한 비즈니스 거점 공간 조성과 연구·창업의 지원, 새로운 관광자원 개발과 도시 인프라 개선을 통한 국제교류 강화 등을 제시했다. 또한 '저출산·고령화에 대응'하기 위해 결혼부터 출산까지의 지원 서비스 강화, 보육시설 및 보육지도자 확충을 통한 양호한 육아환경 조성, 고령자 주택 정비와 보호 서비스를 통한 고령자 케어 시스템 강화 등의 시책을 제시했다.

도쿄 도는 도쿄 도 자체의 고유성을 강화하는 데 힘쓰는 동시에, 지방도시의 고유성을 도쿄 도로 끌어들여 도쿄 도에 새로운 매력을 부여하려고 노력하고 있다. 나아가 특구제도 등을 활용하여 도시 경쟁력 강화를 위해 필요한

---

18 특구제도는 국가 또는 지방정부가 경제 활성화 등을 목적으로 전략적으로 지정하는 곳으로 국가 또는 지방정부로부터 규제 완화와 보조금 지급 등 다양한 행정·재정 지원 혜택을 받게 된다. 현재 도쿄 도가 국가 경쟁력 강화 및 경제 활성화 등을 위해 활용하고 있는 특구는 구조개혁특구(構造改革特区), 아시아 헤드쿼터특구(アジアヘッドクォーター特区), 국가전략특구(国家戦略特区)가 있다.

시설 및 도시환경을 조성함으로써 새로운 비즈니스가 지속적으로 창출될 수 있도록 지원하고 있다.[19]

환상 메갈로폴리스 공간구조로 재편

도쿄 도는 경제 활성화와 지속가능한 발전, 성숙시대의 미래상에 부합하는 도시를 만들기 위해 도시공간구조를 재편해왔다. 1990년대 이전까지는 다핵형 공간구조를 통해 경제성장에 가장 효율적으로 대응해왔고, 버블 붕괴 이후에는 기존 다핵형 공간구조에 네트워크 기능을 강화하여 도시 간 상호 연계를 강화하는 다핵다권역형(多核多圈域型) 도시구조로 재편했다.[20]

그러나 2000년대에 들어서 일본 경제를 이끌어나가는 중심으로서의 역할과 국제경쟁력을 강화하기 위해 수도로서의 기능을 더욱 강화해야 한다는 인식이 확산되었고, 사회적·경제적 여건이 급격하게 변화하면서 삶의 질이나 복지수준 향상에 대한 요구도 증가했다. 이에 도쿄 도는 단순히 지역별 특성에 맞게 지역의 발전을 도모하는 기존의 다심형 도시구조로는 급변하는 인구·사회·경제 여건에 대응하기 어렵다고 판단하고, 각 지역의 개성을 살리면서 지역 간 네트워크 기능을 강화하여 역할을 분담할 수 있도록 '환상 메갈로폴리스 구조(環狀メガロポリス構造)'[21]로 공간구조를 재편했다.

---

19 지방의 경우는 지역의 고유성을 알릴 수 있는 기회를 제공받게 됨으로써 도쿄 도와 연계하여 관광 및 예술·문화 연계 산업의 발전을 기대할 수 있게 되고, 고유한 지역의 산업기술 등을 외부에 소개함으로써 산업의 성장도 기대할 수 있게 된다.

20 다핵다권역형 도시구조는 구부중심부(区部中心部), 부도심(副都心), 다마(多摩) 지역으로 구분하여 각각의 특징에 맞게 기능을 배분하고, 상호 교류와 연계를 통해 지역의 발전을 도모하는 구조이다.

21 환상 메갈로폴리스 구조의 개념은 2009년 수립된 '도쿄 도의 도시 만들기 비전(東京の都市づくりビジョン)'에서 제안한 것으로 최근까지 도시공간구조의 기본 개념으로 활용되고 있으며, 본문은 '도쿄 도 장기 비전'(2014)의 내용을 참조하여 서술했다.

그림 5-25　환상 메갈로폴리스 구조에 대한 구상

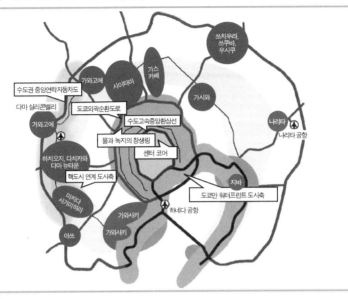

자료: 東京都(2009a: 24).

　환상 메갈로폴리스 구조는 환상형 도로 교통체계를 중심으로 도쿄 도의 도시 기능이 적절하게 배분되도록 하는 개념으로,[22] 도쿄 도심과 주변부 7개 도·현·시(七都県市: 埼玉県·千葉県·東京都·神奈川県·横浜市·川崎市·千葉市)를 환상 교통체계로 연결하는 구상이다. 이 같은 공간구조를 통해 비즈니스 거점으로 육성하는 과정에서 도쿄 도심에 과도한 기능이 집중하는 것을 방지하고, 사람·물건·정보가 더욱 신속하고 편리하게 교류될 수 있도록 했다.

　또한 수변공간과 녹지로 이어지는 물과 녹지의 창생링(水と緑の創生リング)을 구성했다. 이를 통해 도시공간의 외연적 확산을 방지하고, 충분한 수변과 녹지를 조성하여 도시환경이 개선될 수 있도록 했다.[23]

22　도심부 외곽지역의 연계거점을 조성하고 환상교통 네트워크를 통해 연계성을 강화하는 형태로, 다핵다권역형 도시구조에서 발전된 형태로 볼 수 있다.

국제경쟁력 강화를 위한 특구전략

도쿄 도는 일본의 경제성장을 견인하는 경제발전의 중심지이자 수위 도시로서, 다국적 기업의 유치, 새로운 혁신과 투자 유도, 일자리 창출 등의 기능을 수행할 필요가 있다. 이에 따라 도쿄 도심과 주요 거점의 대규모 개발을 통해 잠재력을 극대화하고, 성장산업을 발굴하여 육성·지원하기 위해 특구제도를 적극적으로 활용하고 있다.

우선 도심 등 거점 기능을 강화하고 도쿄 도의 잠재력을 극대화하는 대규모 개발을 추진하여 국제도시로서의 기능을 담당하도록 공간을 형성하고, 네트워크를 강화하는 노력을 기울였다.[24] 또한 이를 실현하기 위해 공공이 주도하는 지역의 개발사업과 마치즈쿠리 사업을 일체적으로 추진하거나,[25] 도시재생특별지구를 지정하여 민간 개발을 적극적으로 유도하는 방법을 다각적으로 활용했다.

한편 도쿄 도는 2020년 도쿄 올림픽 개최를 산업발전의 기회로 인식하고, 올림픽과 직접적으로 관련된 산업뿐 아니라 창조적이고 혁신적인 제품 및 서비스 개발을 집중 지원하도록 했다. 또한 향후 도시문제(건강·의료·환경·에너지·위기관리 등) 해결과 관련된 산업에 대해 설비 투자를 늘리고, 산·학·관

---

23 구체적으로 환지방식을 통한 정비사업, 도심의 도시공원 정비, 일반 시민이 소유하고 있거나 버려진 땅을 녹화하는 시민녹지제도(市民緑地制度) 등을 활용하도록 제시하고 있다.

24 지역 특성에 따라 신주쿠(新宿), 시부야(渋谷) 등 교통 중심지는 버스터미널과 보행로 등을 정비하여 교통결절 기능을 강화하는 동시에 중심 업무·상업 기능의 집적을 유도하고, 오테마치(大手町), 마루노우치(丸の内) 등의 지역은 도심의 생활 서비스와 업무·상업 밀집지역으로 육성하도록 했다.

25 예를 들면 미나토 구(港区)에서는 오모테산토역(表参道駅) 주변을 첨단·문화 중심거점으로 육성하기 위해 오모테산토역(表参道駅)에 인접한 도영 아오야마키타마치 아파트(都営青山北町アパート)를 고층으로 재건축하고, 주변 거주자를 재건축 아파트로 이전시켰다. 주변 거주자가 재건축 아파트로 이전하면서 확보된 용지에는 첨단·문화 중심거점 육성과 관련된 민간 개발을 유도하고 마치즈쿠리 사업을 함께 추진하여 활성화를 촉진했다.

협력체계 구축이 가능하도록 지원체계를 마련했다.

이를 위해 도쿄 도는 구조개혁특구(構造改革特区), 아시아 헤드쿼터특구(ア ジアヘッドクォーター特区), 국가전략특구(国家戦略特区)를 적극 활용하고 있 다.[26] 구조개혁특구는 민간기업과 지방정부의 경제활동을 지원하기 위해 활 용되며, 지역의 다양성을 강화하는 사업을 중점적으로 지원하고 있다.[27] 또한 아시아 헤드쿼터특구와 국가전략특구를 활용하여 신산업을 지원하고 다국 적 기업을 유치하는 등 국제도시로 성장하기 위해 노력하고 있다.

삶의 질 향상을 위한 생활밀착형 복지 서비스 제공

삶의 질 향상에 대한 논의는 도시화 사회에서 도시형 사회로 전환하는 과 정에서 매우 중요한 정책 이슈이다. 특히 성숙사회로 접어들고 환경에 대한 관심이 커지면서 삶의 질 향상을 위한 정책들이 관련 분야에 본격적으로 적 용되기 시작했으며, 공간구조의 재편에서부터 복지 서비스에 이르기까지 다 양한 측면에서 고려되고 있다.

최근 도쿄 도는 생활밀착형 복지 서비스의 제공과 삶의 질 향상을 위한 정 책들을 수립하여 시행하고 있다. 생활밀착형 복지 서비스 제공과 관련해서 과거에는 복지 프로그램의 개발과 개선책이 대부분이어서 실제 일상생활에 서 이를 체감하기 어려웠다. 그러나 생활 서비스 시설의 공급과 녹지공간의

---

26 국가전략특구는 경제사회의 구조개혁과 산업의 국제경쟁력을 강화하는 동시에 국제적인 경제활 동의 거점 형성을 촉진하기 위해 지정하는 특구이고, 아시아 헤드쿼터특구는 국가전략특구 중에서 아시아 지역의 업무총괄 거점과 연구개발 거점으로 육성이 필요한 지역에 대해 외국 기업을 적극 적으로 유치할 수 있도록 지원하는 특구이다. 특구로 지정되면 세제 해택·재정지원, 보조금 지급, 무료 경영 컨설팅 지원, 저리융자, 낮은 임대료의 사무실 알선 등 다양한 형태의 행정적·재정적 지 원을 받을 수 있게 된다.

27 2015년 현재 도쿄 도에는 7개 구조개혁특구가 지정되어 있다.

표 5-2 　도시화 사회와 도시형 사회의 차이점

구분	도시화 사회(都市化社會)	도시형 사회(都市型社會)
사회경제적 관점	· 도시인구 증가 · 지역 간 이동 증가(도시로의 인구 집중) · 고도경제성장과 산업화 · 젊은 세대에 의한 도시 거주	· 도시인구의 감소, 고령화 · 지역 간 이동 감소(인구 집중 둔화) · 산업구조의 전환(탈공업화) · 에너지, 환경의 제약
공간적 관점	· 도시화에 따른 시가지 확대 · 신시가지의 형성, 일정한 형태의 토지이용 · 최소한의 생활 상태 확보(거주환경 악화, 기반시설 부족)	· 환경 조화를 위해 시가지 유지 · 기성시가지의 갱신 · 질 높은 거주수준 요구 · 다양한 토지이용

자료: 宇都正哲(2001: 1).

확보, 보육 문제의 해결방안, 노인들의 지역생활 서비스와 연계된 서비스 강화나 복지 인프라 개선을 위한 용지 확보, 가로환경 개선 등과 같이 실제 생활공간에 적용되는 정책이 시행되면서 과거에 비해 일상생활에서의 변화를 체감할 수 있게 되었다.

또한 도쿄 도는 '도쿄 도 안전·안심 마치즈쿠리 조례'(2003.7.16 제정)를 제정하고,[28] '안전·안심 TOKYO 전략'(2015)을 수립하는 등 노인과 여성, 어린이 등 사회적 약자의 보호와 사회 참여 기회 확대를 위해서도 노력하고 있다.

특히 성숙사회의 인구 감소 문제에 대응하여 직장 여성을 위한 지원정책을 강조하고 있다. 출산·육아 문제를 해결하기 위해 장려금을 지급하거나, 출산을 원하는 가정에 관련 정보를 제공하고 있다. 또한 도심부 주택을 구하기 어려운 육아 세대를 위해서는 철도역 건물을 활용하여 보육 서비스를 확충하거나, 역 주변에 아동 관련 지원시설을 배치하는 등 라이프스타일을 고려한 보육 서비스를 제공하고 있다. 이 밖에도 공동주택 내 교류공간을 확충하고, NPO에 의한 육아 서비스를 확충하는 등 지역 내 연계를 통한 보육 서비스 강화에도 힘쓰고 있다.

---

28 2015년 9월 조례 개정을 통해 안전·안심 마치즈쿠리 사업의 추진체계를 강화했다.

최근 도쿄 도에서는 안정된 일자리와 교육 서비스 등의 제공으로 도심부에 젊은 세대들이 집중하고 있고, 자녀 문제 등으로 출퇴근 거리에 제약을 받는 여성 인구들을 중심으로 도심부나 인근에 양질의 주택 공급을 요구하는 목소리가 높아지고 있다. 이에 도쿄 도는 라이프스타일에 맞는 다양하고 양호한 주택을 공급하기 위해 개발이 필요한 지역을 적극적으로 개발하여 신규 주택을 공급하거나, 소규모 정비를 추진하고 있다.[29] 이 밖에도 주택사업자가 주택을 적절하게 공급·유지·관리·갱신할 수 있도록 규제 완화 및 세제 혜택 등을 지원하거나, 수요자들이 안심하고 중고주택을 거래할 수 있도록 주택 이력 정보를 제공하는 등 재고주택 시장의 기능 활성화를 위해서도 노력하고 있다.

5 | 도쿄의 경험과 교훈

일본은 이미 1981년에 1인당 명목 GDP가 약 1만 200달러(당시 우리나라의 5.4배), 버블 붕괴 시점인 1991년에는 2만 8,500달러(당시 우리나라의 3.8배[30])로 우리나라와 많은 차이가 있다. 일본의 버블 붕괴 직후인 1991년과 현재의 우리나라는 비록 25년의 시차가 있지만, 버블 붕괴라는 충격적 영향을 제외하면, 사회적·경제적·인구적 그리고 도시계획적 측면에서 유사한 점이 있다.[31]

---

29 소규모 정비는 내진성이 부족한 아파트를 재건축(용적률 완화)하거나 리모델링하는 것으로, 아파트재건축원활화법(マンション建替え円滑化法)을 활용한다.

30 국제통화기금의 세계전망 DB에 따르면, 2014년 우리나라의 1인당 명목 GDP는 약 28,000달러로 1991년 일본과 비슷한 상황이다.

31 물론 당시 일본 사회와 현재 우리나라는 여러 측면에서 차이가 있다.

    이런 점에서 버블 붕괴 후 성숙시대에 대비하기 위해 일본이 시행했던 다
양한 정책들을 살펴보는 것은 향후 우리나라가 저성장에 대응하여 무엇을
준비해야 하는지를 점검하는 데 의미가 있다. 버블 붕괴 후 성숙사회에 대응
하기 위한 일본 정부와 도쿄 도의 도시공간정책을 통해 얻을 수 있는 시사점
을 정리하면 다음과 같다.

    첫째, 도시 경쟁력이 국가 경쟁력이 된 시기를 맞아 도시 경쟁력 강화에
대한 인식 전환이 필요하다. 도시 경쟁력을 강화하기 위해서는 지역특화
(specialization)가 중요하기 때문에, 도쿄 도는 지방 도시와의 공존공영을 통
해 새로운 성장 동력을 얻게 되고, 지방도시는 지방의 고유성을 외부에 알림
으로써 새로운 성장 기반을 마련하는 공생의 방법을 취하고 있다.

    둘째, 도시 경쟁력 강화와 활성화를 위해 주변지역과의 연계를 강화할 수
있도록 주변 도시를 통합한 광역 차원에서의 도시공간구조 개편이 필요하
다. 도쿄 도는 환상 메갈로폴리스 구조(環狀メガロポリス構造)로 도시공간구조
를 개편하고, 도심부 주변의 7개 도·현·시(都縣市)에 도시 성장을 위해 필요
한 거점 기능을 배분함으로써 사회적·경제적 여건 변화에 탄력적으로 대응
하고 있다.

    서울시의 경우, '2030 서울플랜'에서 주변 수도권 지역 도시들과의 연계를
위해 7개의 광역거점을 지정했다. 그러나 이는 서울의 주변 도시들이 갖고
있는 고유성과 특성을 연계하고, 광역적 측면에서 서울시의 역할과 발전을
도모하는 것이라고 보기 어렵다. 서울시의 다양성과 중심적 역할을 강화하
고 사회적·경제적 여건 변화에 탄력적으로 대응하기 위해서는 수도권 도시
들과 광역 차원에서 교류·협력하는 공생공영의 슈퍼 메가 리전(Super Mega
Region), 즉 주변 도시를 포함한 광역거점의 지정과 육성전략이 필요하다.[32]

---

32 도시공간구조를 개편할 때에는 에코 콤팩트 시티의 개념을 도입하여 도시의 기능을 집약할 필요가

셋째, 서울의 도시 경쟁력 강화와 양질의 산업·일자리 창출, 그리고 지속 가능한 지역의 혁신을 추진할 수 있도록 서울형 특구전략이 필요하다. 일본은 공동체 활성화를 기반으로 하는 마치즈쿠리와 함께 산업·일자리 창출을 위한 대규모 사업(mega project)을 동시에 추진하고 있다. 도쿄 도는 2020년 도쿄 올림픽 개최를 국제기업과 선진 산업기술 유치의 기회로 판단하고, 국제기업이 요구하는 수준의 오피스와 양호한 주거지를 공급하기 위해 대규모 프로젝트를 추진하고 있다. 또한 국제기업과 교류할 수 있는 공간을 제공하고, 국내외 교통·정보 네트워크를 강화하기 위해 도쿄 도 기반시설의 일체 정비를 추진하고 있으며, 이를 위해서 특구전략을 활용하고 있다. 서울시에서도 도시 비전과 국제경쟁력 강화를 고려한 도시재생을 추진하여 공동체 활성화 중심의 일률적인 시각에서 벗어나 다양한 재생 전략을 마련할 필요가 있다.

넷째, 담론적 '삶의 질'에서 생활밀착형 '삶의 질'을 향상시킬 수 있도록 다양한 생활 서비스를 공간복지(space welfare) 측면에서 제공하는 정책이 필요하다. 도쿄 도는 생활 서비스 시설의 공급과 녹지공간의 확보, 노인들의 지역생활 서비스와 연계된 서비스의 강화나 복지 인프라 개선, 가로환경 개선 등과 같이 실제 삶의 질 향상에 필요한 프로그램을 공간계획에 접목함으로써 일상에서 쉽게 체감할 수 있는 정책을 추진하고 있다.

서울에서도 공공편익시설의 접근성을 향상시키기 위해 '10분 동네 프로젝트' 등을 추진한 바 있으나, 실질적으로 주민이 체험하기에는 한계가 있다. 앞으로 서울시는 삶의 질과 관련된 다양한 분야에 대해 생활밀착형 계획을 수립하여 집행할 수 있도록 노력해야 할 것이다.

있는 지역을 집중 개발하고, 이외의 지역은 공원이나 녹지 등으로 조성하는 방안도 함께 고려되어야 한다.

마지막으로 저출산·고령화 등 가족생애주기(family life cycle)의 변화에 대비하기 위해 도시공간정책과 주택정책을 연계할 필요가 있다. 도쿄 도는 저출산·고령화와 여성의 사회 참여 확대를 위해 노령인구와 1~2인 가구가 선호하는 지역에 도영주택을 공급하거나 리모델링 사업을 지원하고 있으며, 복합 서비스 시설을 배치하는 등 다양한 지원사업을 시행하고 있다. 또한 도심부에 거주하기 어려운 육아 세대를 위해 교통이 양호한 도시 외곽부에 주택을 공급하고 직장 근처의 공공 공간을 활용하여 육아를 지원하는 정책을 시행하고 있다.

서울시도 생애주기에 맞는 다양한 주택의 공급과 여성의 사회 참여 흐름에 선제적으로 대응할 수 있도록 생활권 계획과 도시 및 주거환경정비 기본계획, 그리고 주택종합계획 등에서 도시공간구조 개편과 주택공급정책을 연계할 필요가 있다.

제6장 저성장에 대응한 베를린의 도시정책 경험과 교훈

김인희 (서울연구원 연구조정실장)

1 | 두 차례의 저성장기를 겪은 독일

독일은 대부분의 서구 산업국가와 마찬가지로 1970년대 초반까지 연평균 5% 이상의 고도성장을 이루었다. 하지만 1970년대 초반부터 석유파동과 산업 재구조화로 인해 제조업이 쇠퇴하고 실업률이 증가하면서 1980년대 경제 성장률은 3% 미만으로 하락했다. 여기에 저출산과 고령화, 인구 이동 감소 등이 복합적으로 나타나면서 본격적인 저성장이 시작되었다. 저성장은 대규모 산업지역이 모여 있는 루르 공업지역(Rhurgebiet)과 자를란트 지역(Saarland) 등 중부 독일에서 뚜렷하게 나타났다.

1980년대 후반까지 독일 정부와 기업들은 혁신과 개혁을 통해 첨단 제조업과 고차 서비스산업으로 산업구조를 개편했다. 공간적 쇠퇴 문제를 해결하기 위해 시가지 정비사업과 도시개발사업을 추진했고, 공장 이전 적지의 전환 등 다양한 도시재생정책을 통해 새로운 도약의 기반을 마련했다. 이러한 노력의 결과 1980년대 중반 이후 경제성장률이 상승하고 실업률은 감소했으며, 인구 유입이 증가하는 등 성장의 징후가 나타나기 시작했다.

1990년 독일은 베를린 장벽의 붕괴를 시작으로 누구도 예상하지 못한 상황에서 통일을 맞게 되었다. 동·서독 통합에 따른 인구 증가, 동독의 개발수요 증가, 시장의 확대 등 통일 효과에 대한 기대감은 매우 컸다. 그러나 동독의 산업 붕괴, 높은 실업률, 도시 쇠퇴 등 통일의 부작용은 동·서독 전체에서 나타났다. 실제로 1990년대 중반 독일의 상황은 경제성장률이 2%까지 하락하고, 인구 증가는 1% 미만으로 정체하는 등 첫 번째 저성장기보다 훨씬 심각하게 전개되었다. 독일 정부는 동독의 산업경제 및 공간구조의 정상화를 위해 사회보장정책, 기반시설 투자, 도시재생에 2조 유로의 막대한 비용을 투자했다. 사회보장정책에 가장 많은 재원을 투입했으며, 동독 재건을 위해 3,000억 유로를 투자했다. 특히 동독의 교통 인프라를 개선하기 위해 '교통기반시설 재건 프로젝트(Verkehrsprojekte Deutsche Einheit)'를 추진했다.

막대한 재정투자에 기초한 국가의 리더십과 지방정부의 노력으로 2000년대 중반 이후 산업과 공간 분야에서 긍정적인 신호가 나타나기 시작했다. 이렇게 통일로 인한 저성장기를 비교적 단기간에 극복할 수 있었던 것은 이미 저성장을 극복한 경험뿐 아니라 막대한 정부의 지원정책과 동·서독의 탄탄한 산업 경쟁력 때문이었다. 실제로 드레스덴, 포츠담, 라이프치히 등 동독의 일부 도시는 통일 이후 첨단산업도시 및 문화관광도시로 재도약했다.

2003년 독일 정부는 노동시장의 유연성 제고, 사회복지비용의 축소, 65세에서 67세로의 정년연장 등 혁신적인 내용이 포함된 '어젠다 2020'을 발표했다. 독일 정부는 새로운 구조개혁정책을 2000년 초반 세계경제 호황과 연계하여 과감하게 추진했다. 이를 바탕으로 최근 독일은 생산력 증대, 수출 정상화, 고용 증대와 내수 확대 등 저성장을 넘어 새롭게 도약하는 모습을 뚜렷하게 보여주고 있다.

2 | 독일의 저성장 징후와 양상

경제성장 둔화

독일의 국내총생산(GDP)은 1970년 361억 유로에서 2010년 2,495억 유로로 약 7배 증가했지만 성장률은 1973년 11.4%에서 1987년 2.7%로 하락했다.[1] 1973년 석유파동은 중공업 중심의 산업구조와 수출 의존적 경제구조를 가진 독일에 치명적인 타격을 입혔다. 특히 철강 및 광산 등 기간산업이 집적되어 있던 중서부 루르 지역, 남서부 자를란트에서 대량 실업과 인구 감소 등의 사회적 문제가 심각하게 나타났다.

1970년대 후반부에는 부채를 동반한 경제부흥정책을 추진했고, 1980년대에는 정부 주도의 사회경제주의체제에서 시장경제체제로 전환하는 정책을 추진했다. 정부는 고용시장의 활성화, 고차 서비스산업의 확대, 기술혁신과 문화산업의 확산 등을 통해 산업구조를 과감하게 개혁했다. 경제부흥정책과 시장체제로의 전환정책 등으로 국내총생산(GDP)은 1987년 2.7%에서 1990년 8.8%로 상승했고, 실업률도 1985년 이후 6% 미만으로 줄어들기 시작했다.

회복세로 돌아선 독일 경제는 1991년 통일이라는 정치적 변수로 인해 새로운 국면에 접어들었다. 1990년대 초반에는 국토와 시장의 확장, 인구 증가, 기반시설 설치 및 도시개발 수요 등으로 성장에 대한 기대가 상당했다. 그러나 준비 없이 맞이한 통일은 동독의 산업과 사회체제를 한순간에 몰락시키면서 천문학적인 통일 비용을 발생시켰다. 이는 서독으로까지 확산되면서 경제, 사회, 인구 등 사회 전 분야에 부정적인 영향을 미쳤다. 1990년 국내

---

1   국내총생산과 성장률은 1991년까지는 동독 자료이며, 1992년 이후부터는 동독과 서독을 통합한 것이다.

그림 6-1   독일 GDP 및 GDP 성장률 추이(1970~2012)

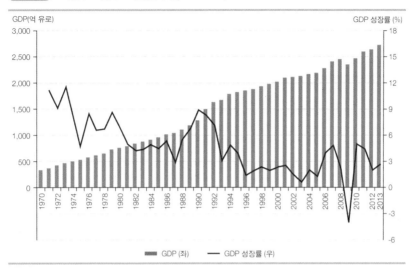

자료: BMWi(2014a: 3) 통계표 활용.

그림 6-2   독일 취업률 및 실업률 추이(1970~2013)

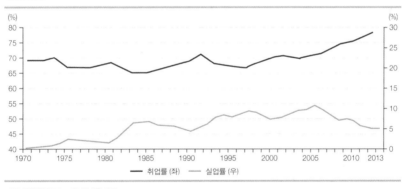

자료: BMWi(2014a: 10) 통계표 활용.

총생산 증가율은 8.8%로 1974년 이후 최대치를 기록했으나, 불과 2년 만에 2.9%로 급감했고, 1996년 이후부터 2005년까지 1~2%대를 유지했다.

2000년대 후반부터 2조 유로라는 엄청난 재정투자와 경제진흥정책 등의 영향으로 경제성장률은 다시 4%대로 증가했다. 2008년 글로벌 금융위기로

2009년 일시적으로 -4.7%의 마이너스 성장률을 보이기도 했지만 최근에는 2% 후반대를 유지하고 있다.

취업률은 1973년까지 70%대를 유지하다가 이후 1985년 65%대로 하락했다. 1980년대 중반 이후부터 다시 증가세를 보이면서 1990년대 70%를 상회했으나, 통일 이후 1990년대 후반에는 67%대로 하락했다. 그러나 2007년 이후 취업률은 또다시 급증하여 2012년 78%까지 올라갔다. 한편 실업률은 2005년 10.5%로 최고치에 도달한 이후 감소하는 추세를 보이면서 2013년 현재 5.2%의 낮은 비율을 보이고 있다.

저출산과 고령화

서독의 인구는 1974년 6,205만 명으로 정점에 도달한 이후 1985년까지 6,102만 명으로 계속 감소했지만, 외국인의 유입으로 1991년 6,407만 명까지 증가했다. 1992년 통일 이후 독일의 인구는 약 8,000만 명을 유지하고 있다.

출산율은 이미 1965년을 정점으로 감소가 시작되었고, 1972년부터는 사망자 수가 신생아 수를 초과하면서 본격적인 저출산 시대가 시작되었다. 신생아 수는 1989년 사망자 수를 상회하는 수준까지 회복되었다가 통일 이후 다시 하락하는 경향을 보이고 있다.

독일은 이미 1977년도에 65세 이상 고령인구 비율이 14%가 되는 고령사회에 진입했으며, 2007년에는 20%를 상회하면서 초고령사회로 접어들었다. 고령화 경향은 앞으로도 계속될 전망이다. 인구 변화의 또 다른 변수인 사회적 이동을 살펴보면, 경제성장과 유사한 추세를 보이고 있다. 고도성장기인 1970년대 초반까지는 외국에서의 인구 전입이 급증했다. 인구 유입은 1970년 100만 명을 기점으로 1980년대 초반까지 40만 명까지 떨어졌으나, 1985년 이후 1992년까지 다시 상승했다. 1993년 이후 인구 유입이 70만 명까지 감

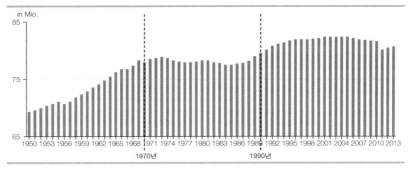

그림 6-3 **독일 인구 변화(1950~2013)**

자료: BMWi(2014b: 1) 재구성.

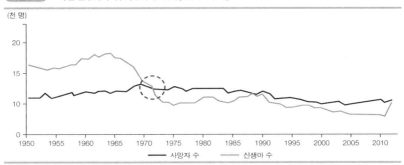

그림 6-4 **독일 신생아 수 및 사망자 수 변화(1950~2013)**

자료: BMWi(2014b: 7) 재구성.

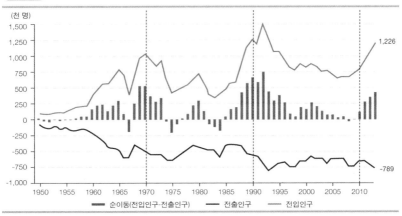

그림 6-5 **독일의 국가 간 사회 이동 변화(1950~2013)**

자료: BMWi(2014b: 10) 재구성.

소하다가, 2010년 이후 다시 증가하고 있다. 2013년 현재 독일로의 인구 유입은 122만 명으로 사회적 이동으로 인한 인구 증가 추세는 지속될 것으로 전망된다.

공간격차 심화

1970년대 저성장으로 인해 독일은 남북격차(Nord-Süd-Gefälle)라는 공간적 양극화 문제가 나타났다. 독일의 공간 지형은 기간산업이 집중되어 있는 중북부 독일과 첨단 제조업·고차 서비스산업 등 고부가가치 산업이 집중되어 있는 남부 독일로 구분된다. 1970년대 오일쇼크와 산업구조 전환으로 인해 중북부 지역은 심한 타격을 입었다. 이와는 반대로 남부 지역은 정보화가 기반이 된 첨단산업과 서비스산업이 집적되어 있어 고속성장이 가능했다. 대규모 실업과 도시 쇠퇴 현상이 심각한 북부 지역과 고도성장하는 남부 지역 간의 격차는 1980년대 이후 독일 공간정책의 가장 큰 과제이다.

통일 이후 공간 이슈는 과거 서독의 남북격차의 심각성을 무색하게 할 정도로 동·서독 격차에 초점을 맞추었다. 동서 간의 격차는 소득수준, 취업률, 인구구조 등 모든 지표에서 뚜렷하게 나타나는데, 그중에서도 인구 변화가 특히 심각하다. 1991년에서 2008년까지 동·서독 간 인구 이동을 보면, 서독에서 동독으로 이주한 인구는 160만 명인 데 비해 동독에서 서독으로 이주한 인구는 270만 명에 달한다. 110만 명의 인구가 동독에서 서독으로 더 많이 빠져나간 것이다. 1990년에서 2008년까지 서독 대부분의 지역에서는 인구 증가 현상이 뚜렷하게 나타났다. 특히 경제성장률이 높은 남부 독일의 바이에른 주와 바덴뷔르템베르크 주는 9.4%의 높은 인구 성장률을 보이고 있다. 반면에 동독은 모든 지역에서 인구 감소 현상이 나타나고 있으며, 특히 작센안할트 지역은 17% 이상 감소하고 있다.

그림 6-6　동·서독 간 인구 이동 변화(1991~2008)

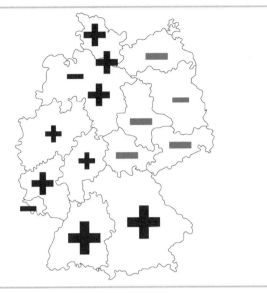

자료: Statistisches Bundesamt(2010: 10).

3 ｜ 저성장기 독일의 공간정책 방향

통일 이후 여건 변화에 따른 정책 방향 변화

통일 이후 독일의 공간정책은 심화되는 지역 간 격차 해소에 초점을 맞추었다. 동독의 산업이 한순간에 해체되면서 대량 실업, 지역공동체 해체, 인구 유출, 도시 슬럼화 등 통일의 부작용은 너무 빠른 속도로 나타났다. 한편 서독의 도시들도 통일의 부작용에서 자유로울 수 없었다. 상공업 정책, 인프라 투자, 사회복지 정책, 도시재생 등 많은 정책들이 막대한 동독 재건 비용으로 인해 긴축 또는 삭감되면서 지역 문제가 심화되었다.

이런 상황에서 독일 정부는 1994년 지역균형발전을 목표로 하는 공간정책

보고서[2]를 발표했다. 주요 내용은 일정 수준 이상의 삶의 수준을 장기적으로 유지하고, 동독 지역의 산업구조 전환의 부작용을 극복하며, 유럽 통합 및 동유럽의 정치적 변화를 고려한 융합정책을 추진하는 것이다.

한편 2001년에는 1994년 발표한 공간정책보고서를 보완한 책자를 발표했다. 보고서에는 급작스러웠던 통일의 부작용에 대한 경험과 그동안 추진한 정책의 모니터링 결과뿐 아니라 달라진 국내외 여건을 반영했다. 주요 내용은 일정 수준 이상의 삶의 질 유지, 사회기반시설의 유연한 운영, 저출산 환경에 대비한 가족정책, 예산 한계 개선을 위한 민간 및 자구행위(Selbsthilfe) 활용 등으로 구성되어 있다.

저성장기 도시재생 수단

1990년 통일 이후에는 지역 양극화가 새로운 차원으로 전개되었다. 도시 내 문제보다는 도시 간의 격차를 해결해야 했고, 물리적인 쇠퇴의 개선뿐 아니라 사회경제 및 복지·문화를 포함한 통합적 개선책이 필요했다. 이에 따라 독일 정부는 저성장 도시 쇠퇴에 대응하는 사회통합도시 프로그램(Soziale Stadt)과 통일 이후 낙후도시를 재건하기 위한 도시개조사업(Stadtumbau) 등 두 개의 도시재생 프로그램을 도입했다.

사회통합도시 프로그램(Soziale Stadt)[3]

사회통합도시 프로그램은 정비가 필요한 지역을 대상으로 주거환경, 교육환경, 지역경제, 지역사회, 건강예방 등 비물리적 부문을 지원하는 국가 차원

---

2 Deutscher Bundestag, *Raumordnungsbericht 1993*(1994), Drucksache 126921.
3 김인희(2012: 189~192) 요약·정리.

의 재생 프로그램이다. 사회지원 프로그램의 취지는 쇠퇴지역의 물리적 여건 뿐 아니라 사회기반시설 확충, 지역 일자리 여건 개선, 빈곤층 문제 해결, 공동체 역량 강화, 지역 이미지 개선 등 생활 여건을 통합적으로 개선하는 것이다.

　프로그램 유형은 첫째, 물리적으로 쇠퇴한 지역에 대한 도시재생 촉진 프로그램, 둘째, '건강, 청소년, 교육, 지역경제 활성화, 외국인 통합' 등을 지원하는 사회지원 프로그램, 셋째 '교육, 경제, 고용' 분야를 지원하는 유럽연방 지원 프로그램 등 세 가지로 구분된다.[4] 사회통합도시 프로그램은 독일 전역 500여 곳에 지정되었고, 투입된 예산은 약 20억 유로에 달한다. 사회통합도시 프로그램이 추진된 이후 10년간의 모니터링 결과에 따르면, 주거환경과 사회기반시설의 정비 등 물리적 환경이 개선되었고, 이민자 통합을 위한 컨설팅 등 지원 프로그램은 전체 대상 지역의 2/3 이상에서 효과적으로 추진되었으며, 이에 따른 지역 이미지 개선효과도 나타났다. 반면 일자리 및 지역경제 환경의 개선효과는 아직까지 미미한 것으로 평가된다(BMVBS, 2008: 73~78).

도시개조사업(Stadtumbau)

　도시개조사업은 통일 이후 동독의 심각한 도시 공가 문제를 적극적으로 대응하기 위해 도입한 도시재생정책이다. 통일 이후 1990년대 후반까지 동독 지역에서는 인구 유출 및 실업률 증가 등으로 100만 호 이상의 공가가 발생했다. 공가는 도시 슬럼화를 가속시키기 때문에 공가주택을 철거하고 사회복지 및 녹지·여가 공간으로 전환하는 것이 필요했다. 통계상으로는 2010년까지 최소한 30만~40만 호의 주택을 철거해야 하는 심각한 상황이었다. 도시개조사업은 심각한 통일의 부작용을 겪는 동독 도시의 슬럼화 현상을 해

4　도시재생 촉진 프로그램: Staedtebaufoerderungsprogramm fuer benachteiligte Stadtteile, 사회 지원 프로그램: Modellvorhaben in der Sozialen Stadt, 유럽연방 지원 프로그램: ESP-Program (Europaeishce Sozialfonds Programme).

소하기 위해 공가주택 철거 중심으로 2000년 초반에 도입되었다.

연방정부는 2012년까지 동독 지역의 총 425개 도시 및 기초자치단체에 도시개조사업 대상지를 지정하고, 총 27억 유로의 예산을 지원했다. 사업 추진 결과 2010년까지 30만 주택을 철거하여 공가율은 16.2%(2002)에서 8.3%(2010)로 낮아졌고, 기반시설을 확충하면서 도심의 역사문화유산을 정비했다. 도시개조사업은 초반에는 공가를 철거하는 데 전체 예산의 60% 정도를 투입했으나, 2006년부터 2010년까지는 철거에 22%만 투입하고, 나머지는 기반시설과 시가지 개선에 투입했다(BfVBS, 2012: 11).

도시개조사업의 취지는 동독의 도시문제를 개선하는 것이었다. 사업 진행 과정에서 도시 쇠퇴가 동독뿐 아니라 국토 전체의 도시문제라는 인식이 확산되었다. 이에 따라 2004년부터는 서독의 도시에도 확대하여 시행하고 있으며, 서독 지역의 총 434개 도시 및 기초자치단체에 496개의 사업 대상지를 지정하여 약 20억 유로를 투입했다(BfUNBR, 2014: 3).

도시개조사업은 시대 변화에 따라 최근 새로운 트렌드를 보여주고 있다. 첫째, 문제 해결보다는 예방적 차원의 선제적 재생계획 성격을 가지고 있다. 둘째, 대규모 주거단지 개선에서 민간 시장 및 도심지역에 대한 재생으로 초점이 이동하고 있다. 셋째, 일반해보다 특수해를 제시하는 방향으로 진행되고 있다. 넷째, 새로운 방식을 시도·실험하고 있다. 유럽 대륙의 중앙에 위치한 입지적 특성으로 인해 인근 국가와도 협업을 시도할 뿐 아니라 민간과의 거버넌스 및 주민 참여 등 다양한 방식을 지역 특성에 맞게 적용하고 있다.

독일 재도약을 위한 새로운 전략

각종 통계와 지표에서 나타나듯이 독일은 2000년대 후반에 저성장을 극복하고 새로운 성장 추세에 접어들었다. 전후 1960년대처럼 지표가 가파르게 수직 상승하는 것은 아니지만, 지난 40년간의 추세뿐 아니라 비슷한 환경을 가진 다른 나라와 비교해보면 대부분의 분야에서 상대적으로 높은 긍정적인 신호가 나타나고 있다.

성장의 징후가 나타나는 시기인 2010년대 초반 독일은 공간정책보고서를 보완하여 발표했다. 여기에는 '2020 새로운 유럽을 향한 글로벌 경쟁력, 혁신발전의 유럽'이라는 비전을 담았다. 독일 정부가 비전과 핵심 전략의 실행에서 강조한 것은 '분권'이었다. 독일은 전통적으로 분권이 발달한 국가이다. 그러나 자율과 책임하에 지역 특성을 효율적으로 반영해 계획을 수립할 수 있도록 연방정부의 계획권한을 주정부와 지방자치단체로 더 많이 위임한다는 수정안을 포함하여 국토공간법(Raumordnungsgesetz)을 2008년 개정했다.

이러한 정책 방향과 도전 과제의 설정보다 더욱 눈에 띄는 것은 6대 과제 실현을 위한 지역균형지표를 개발하여 모니터링하는 것이다. 아래에서 보듯이, 총 21개의 지표를 대도시, 대도시권, 중소도시, 농촌지역 등 4개의 공간유형으로 구분하여 6개 분야의 지표로 관리한다(BBSR, 2012: 17~18).

- 인구 4개: 인구, 예상수명, 75세 이상 고령자 비율, 15세 미만 아동 비율
- 경제 3개: 1인당 GDP, 사업자 서비스 비율, R & D 종사자
- 노동시장 4개: 실업률, 출퇴근 시간, 취업률, 취업교육 제공률
- 기반시설 5개: 인구밀도, 승용차 출퇴근 시간, 고속도로 접근성, IC, 공항 접근성
- 사회기반시설 4개: 유치원, 초등학교, 의사 수, 병상 수
- 주택 1개: 소득 대비 주택가격

2011년 보고서에 제시된 바와 같이 저성장을 넘어선 독일의 공간정책은 크게 세 가지 특징을 보인다. 첫째, 균형발전과 지속가능한 발전을 위해 꾸준한 정책 의지를 제시했다. 둘째, 핵심 과제를 쉽고 측정가능한 지표를 통

해 객관적으로 측정하고 결과를 공유하면서 상시적으로 관리할 수 있는 시스템을 구축했다. 셋째, 지방분권을 강화하여 지역 자원을 자율과 책임하에서 활용할 수 있는 기반을 마련했다. 2011년 제시된 균형발전, 모니터링, 지방분권 등 세 가지 공간정책 방향은 1980년대 후반 회복기의 정책과는 차이가 있다.

4 | 저성장기 베를린의 대응정책 및 사례

베를린의 저성장 징후와 양상

1970년대 첫 번째 독일의 저성장기에 가장 타격을 받은 지역이 전통적인 공업도시가 밀집한 루르 공업지역과 자를란트 지역이었다면, 통일 이후 두 번째 저성장기 중심에는 베를린이 있다. 베를린은 20세기 중반까지 독일의 정치, 경제, 산업, 문화의 중심지였다. 1961년 베를린 장벽이 건설되면서 베를린은 동·서베를린으로 분단되었다. 동독에 둘러싸여 육지의 섬으로 남게 된 서베를린은 연방정부와 나토(NATO) 국가들의 지원정책에 의존하는 도시가 되었다. 비정상적인 도시구조로 인해 서베를린 인구는 통일 이전까지 지속적으로 감소했고, 산업구조는 노동집약적인 제조업과 행정 기능 위주로 변해갔다.

1960년 베를린의 인구는 동서를 합하여 320만 명이었다. 장벽이 건설되고 수도가 본(Bonn)으로 이전하면서 베를린 인구는 1984년 최저치(304만 명)를 기록했다. 하지만 통일 이후 특히 동독과 동유럽에서 인구가 유입되면서 1994년 348만 명으로 최고치를 기록했다. 인구구조 변화에 가장 긍정적인 신호는 2007년에 베를린의 출생자 수가 사망자 수를 상회했다는 것이다. 또

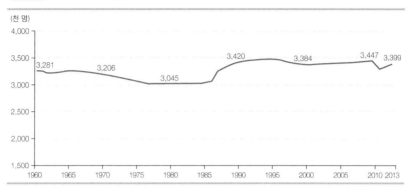

그림 6-7 베를린 인구(1960~2013)

자료: ABB(2014: 34) 통계표 활용.

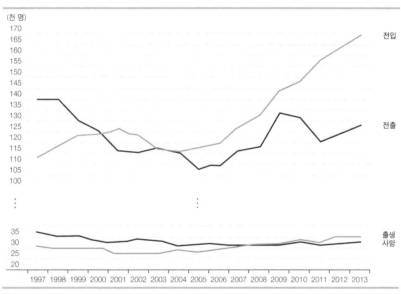

그림 6-8 전출입자 및 출생·사망자 수(1997~2013)

자료: ABB(2014: 44).

한 전입인구는 이미 2003년 이후부터 급증했고 전출자 수는 상대적으로 낮게 나타나고 있다.[5]

2010년대에 접어들면서 인구의 사회적 이동이 증가할 뿐 아니라 자연 증가도 뚜렷하게 나타나고 있다. 베를린의 지역내총생산(GRDP)은 2005년 829억 유로에서 2013년 1,092억 유로로 가파른 성장세를 보이고 있다. 경제성장의 효과는 고용으로 연결되어 2005년 155만 명의 고용자 수가 2013년에는 179만 명까지 증가했다.

베를린은 장벽이 건설되면서 인구 및 산업 등 사회 전반적인 분야에서 자연적인 성장을 경험하지 못했다. 정부 지원에 의해 도시구조가 유지되는 특이한 구조를 가지고 있었다. 장벽이 무너진 후 베를린은 통일 독일의 새로운 수도와 동서 유럽의 지리적 중심지라는 개발 가능성으로 단기간에 글로벌 대도시로 성장하리라는 기대를 받았다. 그러나 통일로 인해 동베를린의 산업구조는 한순간에 몰락했으며, 서베를린은 베를린 지원정책이 없어지면서 심각한 경제적 타격을 입었다. 통일의 부작용이 가장 심하게 나타난 것은 제조업 분야이다. 실제로 베를린의 제조업 종사자 수는 1991년 29만 7,000명에서 2001년 9만 명으로 10년간 약 70%가 감소했다. 이 중 동베를린의 경우 같은 기간 11만 명에서 7,900명으로 제조업 종사자의 93% 이상이 사라졌다.

반면 베를린의 문화예술 분야는 오히려 분단 시절에 실험적이고 자유로운 환경에서 베를린만의 특징을 가지면서 발전할 수 있었다. 냉전시대에 베를린은 자유와 민주주의를 최전방에서 지켜주는 상징적인 도시였기 때문에 서독 정부와 나토(NATO) 국가로부터 각종 지원정책의 혜택을 받았다. 이는 서독뿐 아니라 전 세계 젊은이와 문화예술인이 모이게 했고, 이를 계기로 문화예술에 기반을 둔 창조적 활동이 왕성하게 일어날 수 있었다. 여기에 통일 이후 수도 이전 및 수년간의 투자와 도시재생 정책으로 성장의 기반을 마련하면서 2000년대 중반 이후 베를린의 산업경제 분야는 긍정적인 신호가 나타나기 시작했다. 창조적 지식을 가진 인력이 늘어나고 산업생산성 및 고용

---

5 2013년에는 17만 명이 전입하고 12만 명이 전출했다.

이 증가하고 있으며, 각종 대규모 도시개발사업 및 인프라 투자로 도시가 안정화되고 있다.

사회통합도시 프로그램의 성과와 적용[6]

사회통합도시 프로그램의 성과

1990년 통일 이후 베를린은 산업 기반 붕괴로 인한 대량 실업, 인구 유출에 따른 공가 문제, 기초생활수급자의 증가 등 심각한 도시문제에 시달렸다. 베를린은 우선적으로 도시문제가 심각한 17개소를 사회통합도시 프로그램의 시범지역으로 선정했다. 사회통합도시 프로그램은 서베를린 지역을 중심으로 추진되었으며, 2010년 현재 총 34개가 지정되어 운영되고 있다. 대상지의 주민 수는 베를린 전체 인구의 7.8%에 달하는 39만 1,968명이고, 면적은 전체의 2.5%인 2,210ha에 달한다. 대상지에 거주하는 외국인은 베를린 인구의 28.7%에 해당하는 11만 2,665명이며, 이는 베를린의 외국인 비율(15.7%)을 훨씬 상회하는 수치이다. 대상 지역 내 기초생활수급자 비율은 36.3%이고 실업률은 10.0%로, 베를린 전체의 19.8% 및 6.5%를 훨씬 상회하고 있다.

사회통합도시 프로그램은 베를린에서 전부터 운영하였던 '마을 만들기(Quartiersmanagement)'라는 근린생활권 단위의 도시재생 프로그램으로 운영되고 있다. 마을 만들기의 도입으로 기존 물리적 시설 위주의 개선에서 지역 공동체를 강화하고, 공원 및 녹지 등 환경을 개선하는 소프트웨어 위주의 개선으로 도시재생 패러다임을 전환한 것이다. 마을 만들기의 목표는 공동체 활성화 및 마을 환경 개선이며, 중요한 것은 이러한 사업을 주민 스스로가 기획해서 예산을 결정하고, 자치위원회가 심의하면서 만들어간다는 것이다.

---

6   김인희(2012: 193~202) 수정·보완.

그림 6-9 　베를린 34개 마을 만들기 사례 지역

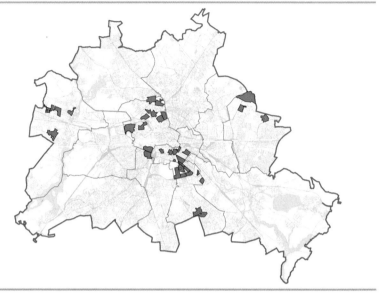

자료: http://www.stadtentwicklung.berlin.de

표 6-1　마을 만들기 주체별 지원 현황(1999~2010)

주체	기간	지원금(백만 유로)	비율(%)
연방정부	1999~2010	38.3	18
유럽연합 지역개발기금(EFRE)	2000~2010	75.5	35
베를린 시	1999~2010	96.7	47
전체	1999~2010	210.5	100

자료: http://www.quartiersmanagement-berlin.de/Programmfinanzierung.2718.0.html

　지난 12년간(1999~2010년) 마을 만들기 프로그램에 투입된 예산은 총 2억 1,000만 유로이다. 이 중에서 연방정부의 사회통합도시 예산이 전체의 18%인 3,830만 유로, 유럽연합에서 지원하는 지역개발기금(EFRE)이 전체의 35%인 7,550만 유로, 베를린 시정부에서 지원하는 기금이 전체의 47%에 해당하는 9,670만 유로이다.

베를린의 사회통합도시 프로그램인 마을 만들기는 다음과 같은 가시적인 효과를 보이고 있다. 지역 및 생활권의 사회·문화 환경 개선, 다양한 교육 기회 제공, 지역공동체 통합, 커뮤니티 활성화, 물리적 환경 개선으로 범죄의 온상지였던 곳이 지역 커뮤니티의 장으로 탈바꿈하는 등 다양한 효과가 나타나고 있다. 이런 긍정적 효과로 인해 원래 한시적으로 출발했던 프로그램이 2020년까지 연장되면서 예산의 범위와 지원 규모를 확대하고 있다.

사회통합도시 프로그램의 적용 사례

① 지역 이미지 개선 사례: Hellersdorf Promenade

이 지역은 동독 시절 조성된 대규모 주거단지 헬러스도르프의 중심 상업 거리이다. 동독의 주거단지라는 부정적 이미지로 인해 공가가 늘어나고 중심 상가의 매출이 감소했던 지역이다. 이 지역은 2005년에 사회·문화 개선을 위한 통합도시 프로그램 지원 대상지로 선정되어 92만 유로가 배정되었다.

두 가지 프로그램이 추진되었는데, 첫 번째는 중심 상가를 활성화하는 프로그램으로, 지역 주민 70여 명이 직접 자신의 얼굴을 그려서 중심 상가에 전시하는 문화예술 행사를 개최했다. 두 번째는 매년 정기적으로 거리 뷔페를 운영하는 것이다. 거리 뷔페는 어린이가 부모를 초대하는 형식으로 운영되며, 유치원과 학교, 학부모가 공동체를 구성해 운영하는 프로그램이다.

② 다문화 갈등 해결 프로그램: Köerner Park

베를린의 자치구 노이쾰른에 위치한 쾨르너파크(Körner Park)는 36ha 규모로 1만 1,000여 명의 주민이 거주하는 지역이다. 외국인 비율이 40%에 달하며 이주민까지 포함하면 전체 주민의 56%가 외국인이다. 유치원과 학교에서는 과반의 외국인으로 인해 독일어 교육이 원활하지 않아 학부모와 심각한 갈등을 겪고 있었다. 도로와 공원이 제대로 관리되지 않아 물리적 환경까지 열악한 상황이었다.

베를린은 물리적 환경과 사회적 여건을 개선하기 위해 2005년 390만 유로를 배정했다. 2007년에는 다문화 청소년이 지속적으로 교류할 수 있는 시설을 조성했다. 청소년들이 자발적으로 프로그램을 함께 개발할 수 있도록 베를린 시는 예산과 행정 등을 지원하고 있으며, 가족교육센터를 조성하여 언어 교육뿐 아니라 지역사회의 '교육과 건강'에 관한 주제를 가지고 정기적인 워크숍을 운영하고 있다. 2009년에는 청소년 그룹과 지역 주민이 도로 축소와 광장 개선안을 제안하여 열악하고 위험한 물리적 환경을 개선했다.

③ 청소년 범죄 해결사례: Mariannenplatz

마리안느플라츠(Mariannenplatz)는 65ha 규모, 5,700여 명이 거주하는 지역이다. 이민자를 포함한 외국인 비율은 70%에 달한다. 이 지역은 청소년 마약과 폭력 문제가 아주 심각했다. 베를린은 청소년 범죄를 해소하기 위해 2005년 이 지역에 950만 유로를 배정했다. 청소년 선도 전문 컨설턴트 4명을 배정하고, 청소년을 재교육시키고 일자리를 지속적으로 소개하는 시설을 설치했다. 저학년 학생을 위해서는 방과 후 학교를 개설해 독일어 등 다양한 강좌를 제공하고 있으며, 노인을 위한 건강 프로그램도 함께 운영 중에 있다. 여름과 겨울 두 차례에 걸쳐 음악, 문화예술, 공연 프로그램을 기획하여 지역민이 함께 즐길 기회를 제공하면서 지역사회가 서서히 변화하고 있다.

도시개조사업의 성과와 적용

도시개조사업의 성과

통일 이후 급격한 인구 감소로 인한 도시 쇠퇴 현상을 해소하기 위해 베를

그림 6-10 　베를린 도시개조사업 대상지 분포

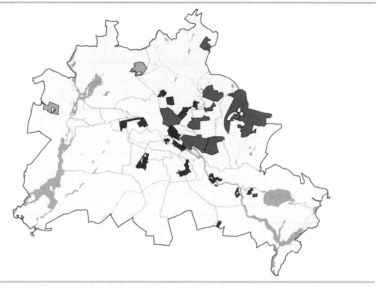

자료: SenStadtUm(2014: 4).

린은 2002년 이후 2009년까지 13개의 도시개조사업구역을 지정했다. 구역
의 전체 면적은 5,700ha로, 베를린 전체의 6.4%에 해당한다. 대상지 인구는
60여 만 명으로 베를린 전체 인구의 17.6%에 해당한다. 〈그림 6-10〉에서 보
듯이, 대부분의 도시개조사업은 동베를린을 중심으로 추진되었으며, 베를린
은 2002년부터 도시개조사업을 정기적으로 모니터링하고 있다.

　2011년 발간된 모니터링 보고서(SenStadt, 2011)에서는 총 17개 지표를 통
해 인구 변화, 사회경제적 변화, 주거, 사회복지 기반시설, 공원 녹지, 지역경
제 등 6개 분야에 대한 성과를 측정했다. 구역 지정 이후 인구는 1.4% 증가했
고, 이 중에서 특히 6세 이하 영·유아가 8개 구역에서 증가한 것으로 나타났
다. 외국인 비율은 서베를린의 경우 30% 이상인 곳[7]도 있다. 대상 지역의 실

7 　Tiergarten-Nordring/Heidestrasse(34.2%), Kreuzberg-Spreeufer(33.2%), Neukoelln-Suedring(37.1%)

업률은 2009년 베를린 평균인 10.6%를 상회하고 있다. 실업률이 높은 것은 쇠퇴지역이기 때문에 나타나는 현상이다. 그러나 지난 5년간 도시개조사업의 효과로 3곳[8]을 제외한 대부분의 대상지에서 실업률이 감소했으며, 공가율도 감소한 것으로 나타났다. 특히 대규모 아파트 단지의 공가율은 4% 미만으로 감소했다. 1960년대 조성된 대규모 아파트 단지인 메르키셰스 피어텔(Maerkisches Viertel)을 제외한 나머지 12곳에서는 공가율이 유지 또는 감소한 것으로 나타나, 도시개조사업의 본래 취지에 부합하는 결과를 보이고 있다.

도시개조사업의 유형별 적용 사례

① 판상형 아파트를 다양한 형태의 아파트로 변환

1970년대 동독에서 가장 큰 규모로 조성한 주거단지가 베를린의 동쪽 지역에 있는 마찬-헬러스도르프(Marzahn-Hellersdorf)이다. 11층 규모의 판상형 아파트를 부분 철거하여 3~6층의 다양한 주택 유형으로 전면 리모델링했다. 기존 10여 개의 주택 유형이 39가지의 다양한 주택 유형으로 변신하게 된 것이다. 공사 기간은 2003년에서 2006년까지였고, 예산은 3,150만 유로가 소요되었다. 사업 이후 공가는 1,670호에서 447호로 감소했다. 38개 주택이 분양되었고, 18개 주택은 장애인 전용으로 건축되었다.

② 공원녹지 개선 프로그램: Maerkisches Viertel

1960년대 베를린 북부 지역에 조성된 베를린 최대 규모의 주거단지인 메르키셰스 지구(Maerkisches Viertel)는 주변지역과의 연계가 부족했다. 주민들

---

8   Maerkisches Viertel, Falkenhagener Feld, Tiergarten-Nordring/Heidestrasse

그림 6-11   리모델링 후 다양한 형태로 변화된 주거단지

자료: SenStadt(2011: 43).

은 단지 내외의 녹지와 보행축을 자연스럽게 연결하자는 계획안을 수립했고, 이를 통해 도시개조사업 지원 대상지로 선정되었다. 주민들은 대상지의 물리적인 연계망을 확보할 뿐 아니라 공공 공간의 질을 개선하고자 했다. 해당 자치구는 관심 있는 주민, 시민단체, 장애인협회 등을 모아서 아이디어 박람회를 개최했다. 주민이 아이디어를 직접 제안했을 뿐 아니라 실제로 공원녹지 개선 프로그램을 기획하고 작업을 함께했다. 2011년 완성되었고 지원 예산은 3만 9,980유로로 달한다.

③ 미이용 학교를 철거하여 여가공간으로 조성

동베를린에 위치한 주거단지 노이-호헨쉰하우젠(Neu-Hohenschoenhausen)은 사회적 이동과 저출산 등 인구 감소로 인해 초등학교가 오랫동안 비어 있었다. 자치구는 지역 주민과 주민협회 등과 함께 재활용 방안을 마련하기 위해 다양한 워크숍을 추진했다. 주민들은 스포츠 시설, 어린이 놀이터, 산책 코스 등 어린이부터 노인까지 전 세대에 걸쳐 사용할 수 있는 공원을 조성하기로 결정했다. 자치구는 2007~2009년간 74만 4,900유로를 투자하여 지역을 활성화하는 새로운 공원을 조성했다.

도시 경쟁력 강화를 위한 2030 베를린 비전과 전략

2000년대 중반 이후 수도 이전, 정부와 기업의 유입, 도시재생정책의 성공적 추진 등 통일 이후 정부와 베를린 시의 막대한 투자로 도약의 징후가 나타나기 시작했다. 인구는 증가세로 돌아섰고, 실업률은 감소하고 취업률은 1990년대 이후 최고치를 계속 경신하고 있다. 지난 20년간 대형 프로젝트의 추진으로 베를린은 새로운 유럽의 중심도시로 성장하고 있다. 21세기 새로운 도시 비전인 혁신과 성장을 통해 더욱 강한 유럽의 수위도시로 거듭나기 위해 베를린은 시민과 함께 공동의 전선을 펼치고 있다.

베를린의 이러한 변화는 가장 중요한 공간계획인 토지이용계획(F-Plan)에 구체적으로 나타난다. 통일 이후 급변하는 여건 변화를 반영하여 현재까지 네 차례의 재정비계획을 수립했다. 2015년에 재정비한 계획은 인구 증가 및 외국인 급증 등 인구성장에 대한 대응, 유럽의 문화거점으로 성장하기 위한 방안, 기업도시 입지 잠재력 확대 등을 통한 글로벌 경쟁력 강화를 주요 내용으로 한다.

주목해야 할 것은 2030 베를린의 도시발전 콘셉트이다. 여기에는 2년간 2,500명의 시민이 참여해서 함께 만든 베를린 비전과 핵심 전략 및 공간발전 방향이 제시되어 있다. 베를린 비전은 강하고 창조적인 경제, 삶의 질이 보장되는 다양성, 책임과 자율성이 전제가 되는 상생 공동체 등 3개로 구성되어 있다. 공간 분야에서는 향후 20년간 베를린이 집중해야 할 10개의 전략거점을 제시하고 있다. 현재의 입지 잠재력과 미래 가능성을 고려하여 거점별로 발전 방향과 전략을 시민과 함께 구상했다.

지금까지 베를린은 전통을 존중하고 기존 구조를 최대한 인정하면서 변화하는 도시였다. 그러나 2030 베를린 비전에서는 선제적이고 전략적인 정책 방향을 제시한 점이 돋보인다. 한 걸음 더 성장하고 좀 더 많은 일자리를 창출

표 6-2   2030 베를린 10대 전략거점의 주요 내용

1. 베를린 미테(Mitte): '독일과 유럽 대륙의 심장'으로 전환
- 미테(Mitte)는 베를린의 중심지역으로 시청광장 – 중앙역 – 상업 중심지 등 세 개의 거점을 특화 연계
- **역사적 도심과 현대 도심이 융합되어 있고, 수도 기능이 이전하면서 독일의 행정 중심지로 발전**
- 동서 유럽뿐 아니라 동·서독의 문화가 융합한 잠재력을 활용하여 **창조적 문화예술 거점으로 성장**

2. 시티 웨스트(City West): '한 곳에서 모든 도시 기능을 해결하는 복합 중심지'
- 시티 웨스트는 20세기 초반 조성된 신시가지로 최고급 부티크, 베를린공대와 예술대학, 베를린 동물원 등 **학문, 문화·여가, 쇼핑, 관광의 거점**
- 고급 상가와 도심 기능이 집적되어 있음에도 **지불가능한 주거가 혼재되어 활력 있는 도심으로 기능**
- 모든 도시 기능을 **짧은 거리 내에서 가능하게 하는 콘셉트로 도시발전 유도**

3. 슈프레 강과 노이쾰른(Stadtspree und Neukölln): '다양한 창조적 잠재력을 활용'
- 대상지는 베를린 동남쪽에 위치한 슈프레 강과 간선도로 주변으로 조성된 **선형축의 거점지역**
- 준공업 기능을 재구조화하고 미디어 산업을 특화하여 **새로운 복합지역으로 계획을 추진**
- 주민참여 과정을 혁신적으로 운영하는 **'Selfmade City'라는 콘셉트로 실험전략 추진**

4. 베딩(Wedding): '단절된 지역을 연계하여 새로운 전환을 시도'
- 베딩은 도심과 연접하여 입지 여건이 양호하지만 이민자, 저소득층 등이 집적되어 있는 낙후지역
- 최근 들어 **저렴한 임대료가 창조적인 젊은 인재가 모이는 계기가 되어 잠재력이 풍부한 지역**
- 샤리테 종합병원, 바이에르 주식회사, 기술전문대학 등을 활용하여 **연구개발 관련 기능을 육성**

5. 베를린 테겔 공항(TXL): 'Urban Tech Republic'
- 서베를린의 국제공항인 테겔 공항을 폐쇄하고 'Urban Tech Republic'으로 전환
- 230ha에 달하는 대규모 부지를 자동차 공학, 에너지 기술, 정보통신을 결합한 **스마트 시티로 계획**
- **365일 24시간 항상 열려 있고 다양한 사회계층이 공존하는 도시공간으로 발전**

6. 슈판다우(Spandau): '베를린의 작은 소도시, New Urbanism'
- 슈판다우는 20세기 초 베를린으로 편입된 도시로서 아직까지도 독립적인 아이덴티티를 유지
- 슈프레 강과 하펠 강의 접점에 위치한 **수변도시로서 경관이 수려하고 자연환경이 뛰어난 지역**
- 과거 준공업 기능을 현대식으로 전환하고 새로운 어버니즘을 추구하여 **베를린의 다양성에 기여**

7. 아들러스호프(Schöneweide-Adlershof-BER): '학문과 혁신의 원천지'
- 베를린 신국제공항(BER)과 산학연 단지 아들러스호프가 연계하여 **학문과 혁신을 주도하는 콘셉트**
- 아들러스호프는 물리학, 미디어 산업, 대학이 연계된 융복합 단지로 개발
- 2030년에는 새로 개장되는 국제공항의 역할 강화로 글로벌 연구단지로 전환하기 위한 계획 추진

8. 쉬드베스트(Südwest): '고급 두뇌가 가치를 창출한다'
- 쉬드베스트는 베를린 서남쪽에 위치한 고급 빌라 지역으로 자연환경이 뛰어난 지역
- 베를린 자유대학이 있으며, 대학뿐 아니라 주변 빌라 지역에 관련 연구소 다수 입지
- 자연과학 및 인문학 분야 내 최고의 두뇌들이 쾌적한 자연환경 속에서 연구개발에 집중해 **베를린뿐 아니라 독일의 미래 가치를 생산해내는 지역**으로 계획

9. 마찬-헬러스도르프(Marzahn-Hellersdorf): '자연과 기술'
- 과거 동독의 아파트 단지 마찬 지구는 통일 이후 대표적 도시재생지역으로 막대한 투자가 이루어짐
- 단조로운 주거 기능을 보완하기 위해 녹색기술혁신파크 'Clean Tech Business Park'를 조성하고 **국제정원박람회(IGA 2017)를 유치하여 미래 사회에 대비**

10. 부흐(Buch): 'Local Meets Global'
- 베를린 외곽에 위치한 자연휴양지 부흐 지역을 미래 의료복합거점으로 조성
- 부흐 지역의 낙후된 의료시설을 의학 캠퍼스 및 첨단 바이오 연구 기능이 강조된 **바이오 - R&D - 휴양 - 주거 복합단지로 조성하여 새로운 글로벌 경쟁력을 확보**

그림 6-12　2030 베를린 10대 전략거점

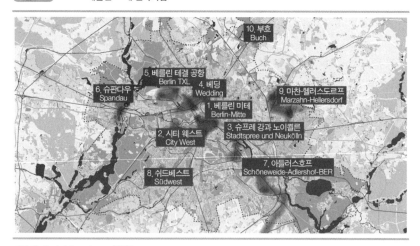

자료: Stadtentwicklungskonzept 2030.

하기 위해 뛰어난 지식인을 외부에서 유입하는 정책도 적극적으로 펼치고 있다. 베를린은 곳곳에 크고 작은 도시개발 프로젝트를 끊임없이 수립하고 추진할 뿐 아니라 지속적인 관리와 홍보를 적극적으로 하고 있다. 이러한 도시발전 프로젝트는 시민 참여, 민간과 함께하는 거버넌스를 통해 추진하고 있다. 중앙정부와 베를린은 이러한 민관 거버넌스 시스템이 더 원활하게 운영될 수 있도록 더 많은 권한을 이양하고 더 많은 지원을 하고 있다. 저성장이라는 이슈는 이미 오래전에 사라진 것처럼 보인다.

5 ㅣ 베를린의 경험과 교훈

독일은 특이하게도 두 차례 저성장을 경험한 나라이다. 첫 번째 시기는 대다수 산업국가와 마찬가지로, 저출산·고령화와 함께 제조업 쇠퇴와 대량 실업 문제가 발생했던 1973~1985년까지이다. 두 번째는 준비되지 않은 통일로 인한 동독 산업의 몰락과 대량 실업으로 침체했던 1990~2005년까지이다. 특히 통일로 인한 두 번째 저성장기는 1970년대 초반에 비해 충격의 세기가 훨씬 더 강했다. 저성장의 징후가 특정 지역에 국한되는 것이 아니라 국가적 차원에서 심각하게 대두되었기 때문이다. 이를 극복하기 위해 정부는 기반시설에 대한 과감한 투자, 낙후지역에 대한 통합적 지원방식 도입, 지방정부가 정책을 과감하게 추진할 수 있도록 분권의 강화, 정책 효과에 대한 지속적인 모니터링 등을 추진했다.

도시 차원에서 베를린이 저성장을 극복한 정책 경험을 요약하면 첫째, 강화된 지방분권을 반영하여 베를린 시가 도시재생정책을 적극적으로 기획하고 모니터링하면서 성과를 발굴하고 추가적인 지원을 받는 전략이 눈에 띤다.

둘째, 도시재생의 작은 성과에도 큰 의미를 부여하고 희망의 메시지를 만들어가는 것이다. 베를린 도시재생 사례의 대부분은 투입한 자원에 비해 성과가 매우 미미하다. 특히 사회통합도시 프로그램의 경우 예산이 적고 사업 규모도 작은 경우가 많다. 하지만 사례 지역 주민뿐 아니라 베를린 시에서는 이를 매우 가치 있고 큰 성과라고 평가한다. 아주 작은 지표의 변화에도 의미를 부여하고 더 좋은 지역사회가 될 수 있다는 희망에 공감한다는 것이다.

셋째, 비전과 공간정책을 시민과 함께 작성하면서 새로운 성장에 대한 공감대를 형성한 점이 새롭다. 2030 베를린 비전에서는 새로운 성장의 비전을 시민과 함께 제시했다. 이는 베를린에서 추진하는 20개 이상 대형 도시개발 프로젝트의 방향성 및 당위성과 연계되어 향후 베를린 공간구조 개편이 효율적으로 이루어질 수 있는 근거가 된다.

넷째, 무엇보다도 저성장이라는 이슈를 공격적이고 전략적으로 다루었다는 점이다. '미래 베를린의 지속가능한 발전을 위해서 어떠한 비전과 전략이 필요한가?' 이것이 베를린이 고민하는 핵심이다. 미래 베를린을 위해 시정부는 통합 유럽 대도시로서 경쟁력을 강화하는 전략을 추진하고 있다. 베를린은 이제 더 이상 연방정부의 지원에 의지하는 노쇠한 도시가 아니라 새로운 도약을 준비하는 역동적인 도시로 거듭나고 있다.

독일과 베를린의 사례에서 나타난 것처럼 저성장이란 도시의 변화 과정에서 발생하는 여러 가지 현상 중 하나이다. 다만 도시가 어떻게 대응하느냐에 따라 그 기간이 길어지거나, 경우에 따라 헤어나기 어려울 수도 있을 것이다. 독일은 1970년대 루르 공업지역과 1990년대 통일 이후 베를린을 포함한 동독 도시에서 나타났던 저성장에 대해 국가적 차원에서 다양한 정책 수단을 동원하여 진정성 있게 대응했다. 또한 지방정부와 민간 등 현장에서 저성장을 극복해야 하는 주체들은 국가정책과 연계하여 지역재생을 함께 고민하면서 사업을 추진해왔다. 이렇게 다양한 주체가 함께 진정성을 가지고 공동의 목표를 달성하기 위해 꾸준하게 나아간다면, 어떠한 형태의 저성장이라도 해결할 수 있지 않을까? 비록 통일이라는 천문학적 비용이 요구되는 예측하지 못하는 사건이 발생하더라도 말이다.

제 3 부

저성장시대, 서울의 대응 전략과
부문별 도시정책 방향은?

New Paradigm for
Seoul's Urban Policy
in the Low Growth Era

제7장 저성장기 주택시장의 변화와 서울의 정책 과제

남원석 (서울연구원 연구위원)
박은철 (서울연구원 연구위원)

1 | 저성장기 주택시장, 무엇이 문제인가?

2008년 글로벌 금융위기를 지나면서 서울시 주택매매시장은 가격 안정기에 진입한 듯하다. 정부가 부동산 활성화를 위한 각종 대책을 내놓았지만, 과거 활황기로 돌아가는 것은 현실적으로 어려운 일이라는 데에 대체로 동감하는 분위기다. 더욱이 저성장, 저출산·고령화 등 사회경제적 요인이 배경으로 자리 잡고 있어 구조적 변화로 받아들여야 하는 상황이라고 할 수 있다. 따라서 현재의 주택시장을 과거 수준으로 무리하게 되돌리려 하기보다는 이 같은 구조적 변화에 어떻게 효과적으로 적응할 수 있을 것인가를 고려할 필요가 있다. 그런데 여기서 '적응'은 단순한 순응의 의미를 넘어선다. 새로운 환경에서 나타날 수 있는 문제에 적극적으로 대응함으로써 변화된 환경이 제약 요인으로 작용하지 않도록 한다는 의미에서 '적응'을 이해하는 편

- 이 장에서 전개되는 글은 필자들이 집필에 참여한 남원석·박은철 외(2015), 카이스트 미래전략대학원(2015)의 원고 일부를 보완하고 재구성한 것으로, 이들 문헌에서 인용한 사항들은 특별히 출처를 언급하지 않았다.

이 타당할 것이다.

그렇다면 저성장을 배경으로 나타나고 있는 현재의 주택시장 변화에 직면하여 어떠한 방식으로 적응할 것인지가 중요한 과제로 부상하게 된다. 하지만 저성장기 주택시장에 적응하기 위해서는 저성장기에 나타날 수 있는 주거문제가 무엇인지를 규명하는 것이 선행되어야 한다. 문제에 대한 규명 없이 저성장기에 대한 적응 과제를 상정하는 것은 불가능하기 때문이다.

저성장기 주거문제를 판별하기 위해 이 글에서는 크게 두 가지 접근을 하고자 한다. 첫째, 최근에 진행되고 있는 주택시장의 성격 변화를 바탕으로 향후 서울에서 나타날 수 있는 주거문제를 도출하고자 한다. 현재의 주택시장 상황은 과거 고도성장기의 주택시장과는 그 성격이 다르므로, 이로부터 향후 저성장기 서울의 주거문제를 유추하는 것이 가능할 것이다. 둘째, 서울보다 먼저 주택시장의 활황기를 경험하고 안정기에 접어든 일본 도쿄의 사례를 검토하고자 한다. 도쿄의 주택시장 변화와 정책 대응 사례는 서울이 향후 경험하게 될 문제나 저성장기에 추구해야 할 정책 방향을 도출하는 근거로 참고할 만하다. 이러한 두 가지 접근은 저성장기 서울이 당면하게 될 주거문제를 규명하고 서울의 정책 방향을 도출하는 데 중요한 토대가 될 것이다.

이 글은 다음과 같은 순서로 전개된다. 우선 2절에서는 현재 진행되고 있는 서울의 주택시장 변화 양상을 살펴보고 향후 주택시장 변화를 전망할 것이다. 이러한 전망을 토대로 3절에서 향후 예견되는 서울의 주거문제를 구체화하고, 4절에서 일본 도쿄의 경험으로부터 서울에 대한 시사점을 도출하고자 한다. 마지막으로 5절에서는 앞에서 논의한 서울의 주택시장 변화 전망과 예상되는 주거문제, 그리고 일본 도쿄의 주택시장 변화와 정책 대응 경험 등을 종합적으로 검토하여 향후 서울시가 지향해야 할 주택정책의 방향을 제시할 것이다.

2 | 서울의 주택시장 변화와 전망

지속적인 주택 공급으로 양적 부족 문제 완화

서울의 주거수준은 지속적인 주택 공급을 통해 상당히 개선되어왔다. 〈표 7-1〉에서 보는 바와 같이 그동안은 주택의 양적 부족 문제에 대응해 대량 공급이 이루어졌다. 2000년 이후에는 다소 줄어들었지만, 2000년 이전만 해도 매년 10만 호 내외의 주택이 공급되었다. 이에 따라 주택보급률은 100%에 근접하고 있으며, 향후 수년 내에 주택의 양적 부족 문제는 어느 정도 해소될 것으로 예상된다.

주택의 양적 충족뿐만 아니라 질적 수준도 높아졌다. 양질의 신규주택 공급 확대에 힘입어 1인당 주거면적은 1995년 15.9m²에서 2010년 23.3m²로 늘어났다. 또한 최저주거기준 미달 가구 비중도 2000년 26.3%에서 2010년 14.4%로 감소했다(통계청 통계개발원, 2011: 294~296).

표 7-1 서울시 주택 관련 주요 지표 추이

구분	1990	1995	2000	2005	2010	2014
주택 공급량(인허가 기준, 만 호)	12.0	10.4	9.7	5.2	6.9	6.5
주택보급률(구)	-	68.0	77.4	89.7	96.7	103.8
주택보급률(신)	-	-	-	93.7	97.0	97.9
1,000인당 주택 수(호)	-	168.9	199.4	315.9	347.1	-
1인당 주거면적(m²)	-	15.9	18.6	21.8	23.3	-
자가 점유율(%)	38.0	39.7	40.9	44.3	41.1	40.2
최저주거기준 미달 가구 비중(%)	-	-	26.3	15.5	14.4	-
공공임대주택 재고율(가구 수 기준, %)	-	-	-	-	4.7	6.3

주: 1) 주택보급률(신)은 다가구주택의 구분 거처 수 및 1인 가구 수를 반영한 수치이다.
　　2) 주택보급률과 1,000명당 주택 수는 주거용 오피스텔을 제외한 수치이다.
자료: 통계청, 인구주택총조사; 통계청 통계개발원(2011); 서울시 내부자료; 국토교통통계누리, www.stat.molit.go.kr

한편 자가 점유율은 2005년 44.3%를 정점으로 점차 감소하면서 임차가구 비중이 늘고 있다. 이에 대응해 서울시는 임차가구의 주거 안정을 위해 공공임대주택 공급정책을 지속적으로 추진해왔다. 공공임대주택 재고율은 2010년 4.7%(16.4만 호)에서 2014년 6.3%(23.2만 호)로 계속 늘어나, 2014년 현재 임차가구 10가구 중 1가구가 공공임대주택에 거주하고 있다.

저성장기 진입에 따른 신규주택 수요 감소

이 과정에서 서울의 주택매매시장은 주택의 양적 부족에 따른 수요 초과를 배경으로 과열 양상을 띠었다. 〈그림 7-1〉에서 보는 바와 같이 1990년대 초반과 외환위기가 있었던 1990년대 후반을 제외한 거의 대부분의 시기에 주택매매가격이 상승했다. 특히 2000년대 초·중반에는 1980년대 후반의 가격 급등기에 준하는 주택매매가격의 상승이 이루어졌다.

그러나 2008년 글로벌 금융위기 이후 서울의 주택매매시장은 안정세에 접어든 형국이다. 한국감정원의 발표에 따르면, 가격 급등이 이루어진 2006년의 주택매매가격은 전년 대비 18.9%나 상승한 반면, 2010년 -1.1%, 2012년 -4.8%, 2014년 1.1% 상승하여 매우 대조적인 양상을 보이고 있다. 물가상승을 고려하면 2010년 이후의 실질 주택매매가격은 하락하고 있다고 볼 수 있지만, 과거와 같은 가격의 급격한 변화는 나타나지 않고 있다.

이러한 변화는 2004~2008년, 2009~2014년 서울의 주택매매가격 변동률을 비교할 때 더욱 확실하게 드러난다. 한국감정원의 주택매매가격지수는 2004~2008년에는 48.7% 상승한 반면, 2009~2014년에는 2.1% 감소한 것으로 나타났다.

한편 향후 신규주택 수요의 규모는 점차 감소할 것으로 예상된다. 이미 1990년대 들어 서울의 인구는 지속적으로 줄어들고 있으며, 통계청의 장래

그림 7-1 서울시 주택매매가격지수 추이(좌) 및 서울시 주택매매가격 변동률 추이(우)

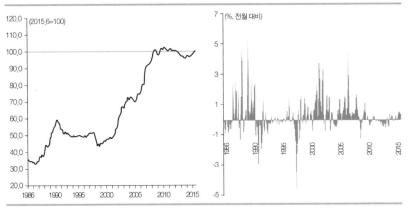

자료: 한국감정원, www.kab.co.kr

인구추계에 의하면 전국적으로 2016년 이후 생산가능인구(15~64세)가 감소할 것으로 예상된다. 최근 산업연구원(2015)은 이와 같은 인구 전망에 기초하여, 우리나라 경제성장률이 2010년대 후반 2%대, 2020~2040년 1%대에 그칠 것으로 내다봤다(산업연구원, 2015). 이러한 경제성장의 둔화는 내수침체를 유발할 가능성이 높으며, 최근 문제가 되고 있는 가계부채의 증가는 소비부진을 더욱 심화시킬 것으로 전망된다.

이러한 전망은 국토교통부의 주택종합계획(2013~2022)에서도 유사하게 드러난다. 이 계획에서는 2013~2022년간 전국의 신규주택 수요를 연평균 39만 호로 추정했다. 신규주택 수요의 규모가 과거 1990년대에는 52만 호, 2000~2012년에는 49만 호였음을 고려하면 상당히 줄어든 편이라고 할 수 있다.

더욱이 민간 연구기관인 주택산업연구원은 2015년 34.5만 호에서 2022년 29.5만 호까지 신규주택 수요가 줄어들 것으로 추산하여 정부 안보다 수요 위축이 더 심각할 것으로 예측했다(주택산업연구원, 2015). 저출산·고령화 등 인구학적 변화나 저성장과 같은 경제적 요인과 더불어 주택의 양적 안정세가 지속되는 현 상황에서 과거와 같은 대량의 신규주택 수요가 형성되기는 어려울 것이다.

서울의 상황도 마찬가지이다. 2014~2023년간 주택수요를 분석한 연구에 따르면, 2014년 연 5.6~6만 호에서 2023년 연 5~5.4만 호로 점진적인 수요 감소가 점쳐지고 있다(박은철 외, 2014: 118~119). 연평균 5.4~5.8만 호의 주택 공급이 필요한 것으로 추정되었는데, 이는 연간 6만 호 이상 공급되었던 과거에 비해 줄어든 양이라고 할 수 있다.

주택매매가격은 안정세 지속 예상

이처럼 주택수요의 감소가 예상되는 상황에서 향후 서울의 주택매매가격은 어떻게 될까? 일단 현재와 같은 저성장 상태가 지속된다면, 거시경제 부문의 환경 개선을 통해 주택시장을 활성화시키는 것을 기대하기 어려울 것으로 판단된다. 주택시장 내부적으로도 수요가 공급의 확대를 크게 추동하기에는 한계가 있을 것으로 보인다. 〈그림 7-2〉와 같이 서울의 연령별 인구 추이를 살펴보면, 1990년대 이후 30대 이상이 되어 자가 취득기에 접어든 베이비붐 세대는 수적으로 감소하거나 일정한 수준을 유지하고 있다. 저성장을 배경으로 자가 취득기 인구의 감소 또는 정체가 현재와 같이 지속된다면 주택매매가격의 상승을 예상하기는 쉽지 않다. 따라서 현실적으로 서울에서 주택매매가격이 급등할 가능성은 크지 않을 것으로 전망된다.

그렇다고 해서 주택매매가격이 급락할 가능성도 보이지 않는다. 서울의 1,000인당 주택 수는 347.1호(2010년)로 〈표 7-2〉에 소개된 여러 해외 도시들에 비해 낮은 수준이다. 서울은 지속적인 주택공급 정책으로 인해 양적인 부족 문제가 해소되고 있지만, 점차 여러 형태로 분화하는 가구들의 다양한 수요를 충족시킬 만큼 주택재고가 충분하다고 볼 수는 없다. 이런 맥락에서 실수요자들을 위한 주택개발 압력은 일정 정도 유지될 것으로 보이며, 단기

그림 7-2   서울시 연령별 인구 분포 추이

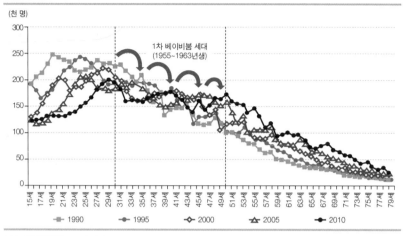

자료: 국가통계포털, www.kosis.kr

표 7-2   주요 도시별 1,000인당 주택 수 비교

구분	서울 (2010)	뉴욕 (2010)	런던 (2011)	파리 (2012)	도쿄 (2013)
1,000인당 주택 수(호)	347.1	412.4	399.6	605.7	579.1

자료: 김선웅 외, 『서울과 세계 대도시: 밀레니엄 이후 도시 변화 비교』(서울연구원, 출간 예정).

적으로는 글로벌 금융위기 이후 다소 장기화된 시장 침체가 어느 정도 회복
되는 경향도 나타날 것으로 전망된다. 전반적으로 볼 때, 주택시장에서 수요
의 위축이 나타나겠지만 일정 수준의 공급 압력 또한 존재할 것이므로, 주택
매매가격이 급락할 가능성은 크지 않을 것으로 생각된다.[1]

결과적으로 서울의 주택매매가격은 급등하거나 급락하기보다는 일정한
안정세가 지속될 가능성이 더 높아 보인다. 대외 환경은 저성장의 지속 등

---

1   물론 경제 상황이 지금보다 더욱 악화되어 가구의 구매력을 크게 훼손하거나 가계부채가 사회경제
적 위험 요인으로 확대·발전한다면 상황은 달라질 수 있다.

다소 부정적인 요인이 작용하지만 주택시장 내부적으로는 긍정적 요인과 부정적 요인이 공존하고 있기 때문에, 급격한 가격 변동보다는 추세적인 가격 하락 또는 물가상승률 내외 수준에서 안정적인 가격 변화가 예상된다.

월세 위주의 주택임대차시장으로 변화

최근 서울의 주택매매가격은 안정세가 유지되고 있지만, 이 과정에서 주택임대차시장은 전세 거래를 중심으로 가격 불안이 지속되고 있다. 매매가격의 안정화에 따른 시세차익의 감소 혹은 매매가격의 하락 가능성 등을 우려하는 매매 수요자들은 주택 구입을 유보하면서 전세 거주를 선호하는 한편, 임대인들은 전세보다 월세를 선호하기 때문에 전세주택의 수급 불균형이 나타나고 있는 것이다.

그 결과, 서울시 전세가격은 〈그림 7-3〉과 같이 2012년 8월 이후 2015년 11월까지 39개월 연속 상승하는 추세이다. 특히 2011년에는 전년 대비 10.3%라는 높은 상승률을 보였고, 2010년과 2013년에도 각각 6.2%, 6.6% 상승했다.

그림 7-3 서울시 주택전세가격지수 추이(좌) 및 서울시 주택전세가격 변동률 추이(우)

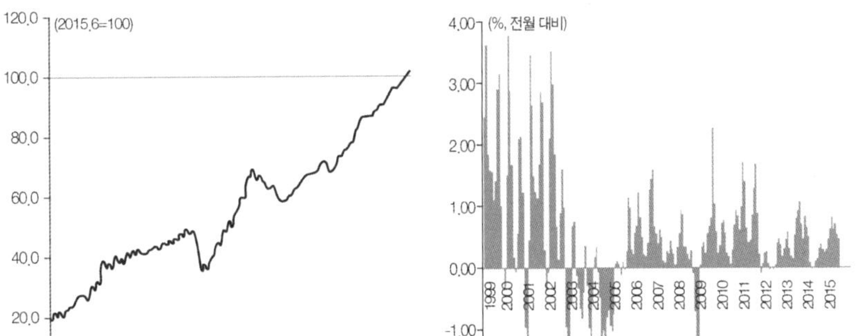

자료: 한국감정원, www.kab.co.kr

이러한 전세가격은 앞의 주택매매가격과 마찬가지로 글로벌 금융위기 전후를 비교할 때 보다 확실하게 드러난다. 한국감정원의 전세가격지수는 2004~2008년간 13.6% 상승한 반면, 2009~2014년에는 39.2%까지 증가하여 최근의 전세가격 상승폭이 더 큰 것으로 나타났다.

이 같은 전세가격의 지속적인 상승은 월세 거래의 증가를 동반한다. 주택매매를 통한 시세차익을 기대하기 어렵고, 저금리로 인해 운용수익을 추구하는 임대인들에 의해 월세 거래가 늘어나고 있는 것이다. 임차인들은 월세보다 전세를 선호하지만, 전세 공급이 제한적인 상황에서 월세 거래를 받아들일 수밖에 없는 상황이 된 것이다. 〈그림 7-4〉와 〈그림 7-5〉에서 확인할수 있듯이, 전·월세 거래 중 전세 거래 비중은 2011년 1월 69.5%에서 2015년 6월 57.9%로 감소한 반면, 월세 거래 비중은 2011년 1월 30.5%에서 2015년 6월 42.1%로 증가했다. 아직은 전세 거래량이 더 많지만, 머지않은 장래에 월세 거래량이 전세 거래량을 추월할 것으로 전망된다.

한편 월세가격은 전세가격에 비해 안정적인 상태가 유지되고 있다. 전세 거래와 달리 수요에 비해 공급이 많기 때문인 것으로 보이는데, 실거래가격 기준으로 2011~2014년간 연평균 2.5% 상승했다.[2] 물론 월세 거래를 세분화해서 보면, 임대보증금 규모가 큰 소위 '반전세'가 월세 거래에 포함되면서 대형 아파트를 중심으로 월세가격 상승이 두드러지게 나타났고, 단독·다가구주택, 연립·다세대주택 등 저층주택에서는 월세가격의 안정세가 유지되고 있다.

전세 수급 불균형에 의한 전세가격의 지속적인 상승과 월세 거래의 증가로 대별되는 현재의 시장 상황은 주택재고의 양적 안정세, 주택의 시세차익 감소 등 주택 관련 요인뿐 아니라 경제의 저성장 국면 진입, 저금리 기조 등

---

2 중위값 기준으로는 연간 0.6% 상승했다(남원석·박은철 외, 2015: 63).

그림 7-4　서울시 전세 거래량 및 거래 비중

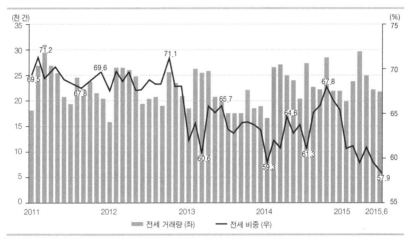

자료: 서울부동산정보광장, land.seoul.go.kr

그림 7-5　서울시 월세 거래량 및 거래 비중

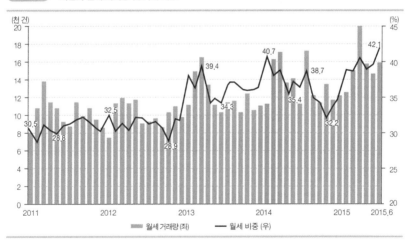

자료: 서울부동산정보광장, land.seoul.go.kr

을 배경으로 한다는 점에서 일시적인 현상으로 간주하기 어렵다(〈표 7-3〉 참조). 오히려 주택시장이 새로운 변화 단계에 접어들었음을 알리는 신호로 이해하는 편이 타당할 것이다. 따라서 주택수요 감소에 따른 매매가격의 안정,

표 7-3 주택임대차시장 변화의 주요 내용

구분		전세 위주의 시장 ⇨ ⇨ ⇨	월세 위주의 시장
시장 여건		· 고도성장, 고금리 · 주택가격 급등 · 주택금융 미발달 · 전세가격의 높은 변동성	· 저성장, 저금리 · 주택가격 안정 · 주택금융 등 시장 인프라 정비 · 월세가격 안정 및 전세가격 지속 상승
주요 행위자	임대인	· 전세보증금을 활용한 수익활동 · 시세차익에 대한 기대로 비교적 저렴하게 전세 공급	· 주택금융 발달로 전세보증금 활용 감소 · 시세차익보다 임대운용수익에 초점
	임차인	· 전세보증금을 통한 자본축적 및 주택구입자금 으로 활용 · 저렴한 주거 서비스 혜택	· 모기지 등 주택금융을 활용한 주택 구입 · 월세 지출에 따른 임대료 부담 증가 · 보증금 지불을 위한 금융자산 불필요

자료: 남원석·봉인식 외(2014) 수정.

전세가격 상승과 월세 거래 증가는 저성장을 배경으로 나타나는 주택시장 변화의 핵심 요소가 될 것이다. 이 과정에서 전세주택은 고액 보증금 위주로 거래되고, 상당수의 민간임대주택은 월세로 전환될 가능성이 높다.

3 ㅣ 저성장기 서울의 주거문제

임차가구의 임대료 부담 증가

전세가격의 지속적인 상승과 월세 거래의 증가는 임차가구의 임대료 부담을 가중시키는 원인이 될 것이다. 앞에서 언급했듯이, 현재는 월세가격이 전세가격에 비해 안정세를 보이지만, 월세 거래가 늘어날수록 가구의 입장에서는 소득 대비 임대료 부담이 늘어날 수밖에 없다. 특히 월세화가 더욱 가속화되면 저소득 가구일수록 소득 대비 임대료 부담 비율(Rent to Income Ratio: RIR)의 증가폭이 보다 커질 것으로 예상된다. 〈그림 7-6〉에서 보듯이,

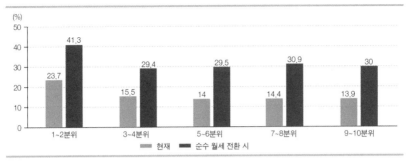

그림 7-6   서울시 가구의 현재 RIR과 순수 월세 전환 시의 RIR 비교

주: 현재 RIR은 임대보증금을 기회비용 측면에서 예금이자율을 적용하여 산출한 것이며, 순수 월세 전환 시의 RIR은 임대보증금의
    월세전환이율을 적용한 것이다.
자료: 박은철 외(2014).

소득 1~2분위 가구들은 현재도 RIR이 가장 높은 수준이지만, 월세화가 지속
적으로 진행된다면 다른 소득계층에 비해 RIR의 증가폭이 더 커질 가능성이
있다.

임대료 부담이 늘어난다는 것은 해당 가구의 소비 제약을 야기할 수 있다
는 점에서 저소득 가구는 월세 거래 증가에 취약할 수밖에 없다. 이에 따라
과거에는 최저주거기준 미달 주택과 같이 주택의 열악한 질적 수준이 주거
문제의 주축이었지만, 향후에는 가구의 임대료 부담 문제가 핵심적인 주거
문제로 부상할 전망이다.

주거를 둘러싼 세대 간 갈등 내재

주거문제는 세대(世代)별 이해관계의 차별화로 인해 더욱 복잡한 양상으
로 발전할 가능성이 있다. 현재와 같은 주택시장의 성격 변화는 과거 주택시
장의 활황기에 비해 주거를 둘러싼 세대별 이해관계나 주택수요를 더욱 분
화·차별화시킬 것으로 전망된다. 단적인 예로, 과거 주택시장 활황기에는
전세가격을 크게 인상해야 할 동기가 적었다. 그러나 주택매매시장이 안정

그림 7-7   현 주택시장 상황이 지속될 경우에 예상되는 영향

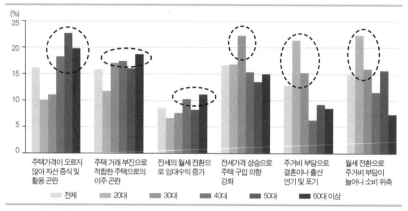

자료: 남원석·박은철 외(2015).

화되면서 은퇴자, 노인들이 주축을 이루는 다주택 보유자들은 생활의 안정을 위해 전세가격을 인상하거나 일정 수준 이상의 월세 소득을 얻고자 하며, 이로 인해 안정적인 주거 확보를 필요로 하는 청년세대와의 갈등이 발생할 수 있다. 특히 청년층은 저성장에 따른 일자리 감소, 고용 불안 등의 영향으로 그 어떤 세대보다 주거에 취약한 집단이 될 가능성이 있다.

이 같은 세대별 이해관계의 차별화는 2015년 서울 시민 1,680가구를 대상으로 실시한 설문조사 결과에서도 드러난다(남원석·박은철 외, 2015). 우선 세대에 따라 주거이동 시 선호하는 주택 유형을 살펴보면, 연령대가 낮을수록 임대주택으로의 이주 의향이 높은 것으로 나타났다. 60대 이상은 11.9%, 50대는 20.8%, 40대는 18%, 30대는 45.2%, 20대는 57.8%가 향후 임대주택으로의 이주 의향을 드러냈는데, 이는 곧 20~30대 청년층이 관여된 세대 간 갈등의 발생 가능성을 보여준다.

또한 매매가격 안정, 전세가격 상승, 월세 거래 증가 등 현 주택시장 상황이 지속될 경우 가구에 미치는 영향에 대해 20대, 30대, 40대 이상이 서로 다르게 인식하고 있었다. 〈그림 7-7〉에서 보는 바와 같이, 20대는 월세 전환 등

주거비 부담 증가에 따른 소비 위축, 결혼·출산의 연기 또는 포기 등을 우려하고 있었다. 30대는 20대의 우려 사항과 더불어, 한편으로는 전세가격 상승에 따라 주택 구입 의향이 강화될 것으로 전망하고 있었다. 40대 이상은 주택가격의 안정으로 인한 자산의 증식·활용 곤란, 주택 거래 부진에 따른 적합한 주택으로의 이주 어려움을 걱정하는 응답이 많았다. 이런 점에서 향후에는 세대별 주택수요의 다양성을 고려한 주택정책이 필요하게 될 것이다. 만일 주거를 둘러싼 세대 간 갈등구조가 계층 문제와 얽히면서 복잡한 양상으로 전개될 경우, 주거문제가 사회통합을 저해하는 요인으로 비화할 가능성도 배제하기 어렵다.

재고주택의 거래 부진

주택매매시장의 안정화가 지속되면 주택수요는 주로 신축주택 위주로 집중될 것이며, 단독·다세대주택 등 저층주택보다는 아파트 위주로 거래될 가능성이 높다. 이 경우 재고주택이나 저층주택의 거래가 줄어들면서 가격 정체나 하락이 나타날 수 있으며, 주택을 노후 대비용으로 소유하고 있는 은퇴(예비)자나 노인에게 심각한 경제적 타격을 입힐 수 있다. 재고주택 또는 저층주택의 가격이 하락하면 은퇴자, 노인 등은 보유주택을 자금조달을 위한 수단으로 활용하는 데 어려움이 발생한다. 특히 복지제도가 충분하지 않은 우리나라 상황에서는 안정적인 노후 생활을 위협하는 요인이 될 수도 있다.

실제로 〈그림 7-8〉과 같이 2011~2014년간 서울의 주택매매 실거래 현황을 살펴보면, 아파트 위주로 주택거래가 이루어지고 있으며, 경과 연수가 오래된 주택일수록 거래가 부진한 상황이 지속되고 있다. 거래 부진으로 인한 재고주택의 가격 하락은 청년세대와 노인세대의 갈등을 더욱 심화시킬 수 있다. 시세차익에 대한 기대가 사라진 상황에서 노인세대가 안정적인 노후

그림 7-8 주택 유형 및 경과 연수에 따른 서울시 매매 거래 건수의 분포

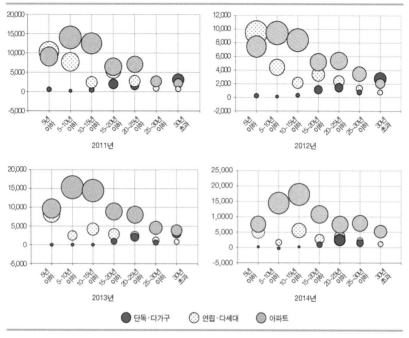

2011년

2012년

2013년

2014년

● 단독·다가구　◎ 연립·다세대　◎ 아파트

자료: 남원석·박은철 외(2015).

생활을 이어가려면 월세 수입에 대한 의존도를 높일 수밖에 없기 때문이다. 이러한 악순환이 발생하지 않도록 하는 것이 향후 중요한 정책 과제가 될 것이다.

공공임대주택 공급의 위축 우려

저성장이 지속되면 저소득층의 임대료 부담이 늘어나지만, 공공임대주택 공급정책은 다분히 위축될 가능성이 있다. 그동안 중앙정부는 한국토지주택공사(LH공사)를 통해 공공임대주택을 대량으로 공급해왔다. 지방정부보다는 공기업을 활용하는 것이 공급 목표를 달성하는 데 효율적이라고 판단했기

때문이다. 그 결과, 우리나라의 공공임대주택 재고는 2014년 현재 117.7만 호(전체 가구 수의 6.3%)까지 증가했다.

하지만 향후 공공임대주택의 공급은 과거만큼 활발하게 이루어지기는 어려운 상황이다. 주택매매시장이 안정되면서 LH공사의 재무구조가 악화되어 교차보조가 어렵게 되고, 복지재정 소요가 증가함에 따라 주택 예산 확보에 어려움이 예상된다. 또한 수도권 택지개발사업이 축소됨에 따라 공공임대주택의 대량 공급 가능성이 줄어들 것이기 때문이다.

이 같은 공공임대주택 공급의 위축 가능성에서 서울시도 자유롭지 않다. SH공사를 주축으로 공공임대주택 공급정책을 지속적으로 추진한 결과, 2014년 기준 전체 가구 수 대비 재고 비중이 6.3%까지 늘어났지만, 가용토지 부족, 지역 주민들의 반대, 재원 부족 등으로 추가적인 공공임대주택 공급은 여의치 않은 상황이다.

이미 공공임대주택(사회주택) 재고율이 10%를 상회하는 서유럽 국가 및 대도시 등과 비교할 때, 서울의 공공임대주택 재고는 충분한 수준이라고 볼 수 없다. 하지만 저성장이 지속되면 공공임대주택 공급 여건은 공급 주체의 역량 위축과 맞물리면서 더욱 악화되고, 공공임대주택 재고의 비약적인 증가를 기대하기 어려울 것으로 예상된다.

지역 간 주거수준의 양극화

주택수요 감소, 소비 위축, 주택매매시장의 안정 등은 사회 전반적으로 개발수요를 감소시킬 것이다. 서울의 경우, 이미 재개발·재건축사업의 시행 인가 건수가 2007년을 정점으로 감소하는 추세에 있다. 향후 재개발 등 주거지 정비사업은 사업성이 양호하고 손실 리스크가 적은 특정 지역에서만 진행될 것이며, 그 외의 주거지역은 노후화가 지속되면서 주거환경이 악화될

그림 7-9 　주거지 쇠퇴의 순환구조

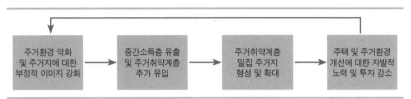

| 주거환경 악화
및 주거지에 대한
부정적 이미지 강화 | → | 중간소득층 유출
및 주거취약계층
추가 유입 | → | 주거취약계층
밀집 주거지
형성 및 확대 | → | 주택 및 주거환경
개선에 대한 자발적
노력 및 투자 감소 |

자료: 봉인식·장윤배·남원석 외(2014) 수정.

가능성이 크다. 〈그림 7-9〉에서 설명하듯이, 열악한 주거환경이 지속되면 해당 주거지에 대한 부정적 이미지가 강화될 것이다.

주거비 지불 능력이 있는 가구들은 쇠퇴하는 주거지역을 떠나고 저소득층이 다시 그 빈자리를 채우게 되면서 노후 주거지역은 취약계층 밀집지역으로 확대·재생산될 가능성이 높다. 일단 주거취약계층 밀집지역으로 고착화되면, 주택 및 주거환경 개선에 대한 자발적 노력이나 투자가 줄어들게 되고, 이는 다시 주거환경 악화, 부정적 이미지 강화로 이어지는 악순환이 예상된다. 저성장을 배경으로 이러한 일련의 과정이 심화되면 결국 주거수준, 주거환경 측면에서 공간적 분리가 발생하여 지역 간 주거수준의 양극화를 확대시킬 수 있다.

가구·주택·주거지 차원의 격차와 갈등 예상

이상의 주거문제들을 정리하면, 가구 차원에서는 월세 거래 증가에 따른 저소득 가구의 임대료 부담 증가, 주거를 둘러싼 이해관계 분화에 따른 세대 간 갈등이 예상된다. 주택 차원에서는 거래 부진에 의한 재고주택의 가격 정체 또는 하락, 공공임대주택 공급의 지속가능성 약화가 우려되며, 주거지 차원에서는 개발수요의 감소로 노후주거지가 양산되면서 주거수준의 공간적 불균형이 발생할 가능성이 크다.

그런데 이 세 가지 차원의 문제들은 서로 별개의 것이라고 보기 어렵다. 예를 들어 재고주택의 가격 정체 또는 하락은 저소득 임차가구의 임대료 부담을 늘리고 세대 간 갈등을 심화시키는 원인이 될 수 있으며, 임대료 부담 능력이 부족한 가구들이 늘어나고 이들이 특정 지역에 집중할 경우, 쇠퇴지역의 양산을 더욱 가속화시킬 수 있다. 이때 쇠퇴지역 내 재고주택은 가격 하락을 피하기 어렵다. 이런 점에서 저성장 시기의 주거문제는 가구, 주택, 주거지라는 세 가지 축을 중심으로 발생하는 다양한 격차와 갈등이 서로 복잡하게 얽히면서 나타난다.

4 | 버블 붕괴 이후 도쿄의 주택시장 변화와 정책 대응

일본 도쿄의 사례는 버블 붕괴 이후 주택시장의 변화와 그에 따른 정책 대응을 살펴보고, 서울과의 비교를 통해 시사점을 도출할 것이다. 도쿄 주택시장의 변화는 가격, 공급, 수요, 거래로 구분하여 그 특성을 검토하고, 도쿄의 주택정책은 중앙정부의 정책과 연계하여 추진되는 경우가 많으므로 중앙정부의 주택정책을 중심으로 논의할 것이다.

가격: 1980년대 초반 수준으로 하락한 주택지 가격

일본은 1990년대 초반의 주택 버블 붕괴 후 2006~2008년을 제외하면 지속적인 주택가격 하락을 겪어왔다. 도쿄도 예외가 아니어서 〈그림 7-10〉에서 보는 바와 같이 1986~1991년간 도쿄권(도쿄 도, 사이타마 현, 지바 현, 가나가와 현)의 주택지 가격은 134% 상승했지만, 그 후 2006년까지 15년 동안 약 59% 하락했다.[3] 주택 버블 붕괴로 1991년의 가격 정점 대비 절반 이상의 가

그림 7-10   일본 및 도쿄 도의 주택지 가격지수 추이

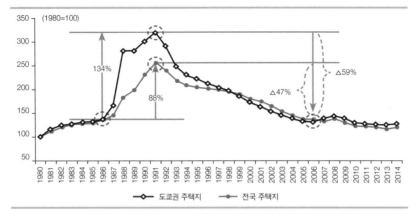

자료: 일본 국토교통성, www.mlit.go.jp

그림 7-11   도쿄권 1조당 월 임대료 추이

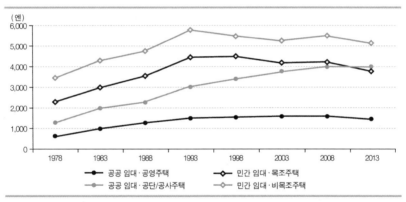

주: 1조는 일본식 주택의 방바닥에 까는 다다미 한 장(180cm×90cm)의 면적을 가리킨다.
자료: 일본 국토교통성, www.mlit.go.jp

격 하락이 진행된 셈인데, 최근의 주택지 가격은 1980년대 초반과 거의 같은 수준이다.

───────

3   버블 경제는 시중 자금의 과잉 유동성, 베이비붐 세대의 자가 수요층 진입 등을 배경으로 형성되었으며, 버블 경제의 부작용을 우려한 정부의 급격한 수요 억제정책이 추진되면서 버블 붕괴가 촉발되었다.

민간임대주택의 임대료 역시 〈그림 7-11〉과 같이 버블 형성기인 1980년대 후반에 크게 상승했다가 버블 붕괴 후 하락이 진행되었으며, 현재는 안정적인 국면에 있다. 임대료 안정에는 버블 형성기에 시세차익을 노리고 과도하게 공급된 임대주택, 다량의 빈집 등이 영향을 미친 것으로 보인다.

공급: 자가(自家) 착공 증가

버블 붕괴 이후 전국적인 주택 공급의 부진에도 불구하고 도쿄권에서는 1990년대 중반부터 공급이 활기를 띠기 시작했다. 2000년대 들어서는 도쿄권이 전국 착공량 대비 35% 내외 수준을 유지하면서 과거 고도경제성장기나 버블 경제기와 다름없는 비중을 보였다.

이를 자가와 임대주택으로 구분해서 살펴보면, 자가 착공은 〈그림 7-12〉와 같이 1990년대 중반부터 2000년대 중반까지 매우 활발하게 이루어져 착공량이 버블 경제기에 필적하거나 이를 상회하는 수준에 이르렀다. 반면 임대주택 착공은 〈그림 7-13〉과 같이 버블 붕괴 이후 급감했지만, 자가 착공 호수가 임대주택 착공 감소분보다 훨씬 많아 버블 붕괴 후 도쿄권에서는 주택 착공 호수가 증가하는 경향을 보였다.

이처럼 버블 붕괴 후 도쿄권에서 자가 착공이 활발하게 이루어진 것은 지가 및 주택가격의 하락과 밀접한 관련이 있다. 지가 및 주택가격 하락이 도쿄권 내 자가 수요를 늘리고 주택건설을 용이하게 했기 때문이다. 여기에 경기침체에 직면한 민간 기업들이 도심의 유휴지, 생산성이 낮은 토지, 사원용 사택 등을 적극적으로 처분하면서 도심부에 다량의 택지 공급이 가능해진 것도 주요 원인이 되었다.

또한 중앙정부와 지방정부의 도심 거주 촉진정책도 자가를 중심으로 한 주택 공급 증가에 영향을 미쳤다. 중앙정부는 1975년에 제정한 '대도시지역

그림 7-12   도쿄권 자가 착공 추이

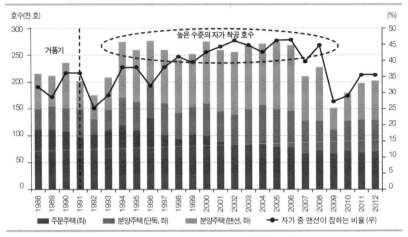

자료: 일본 국토교통성, www.mlit.go.jp

그림 7-13   도쿄권 임대주택 착공 추이

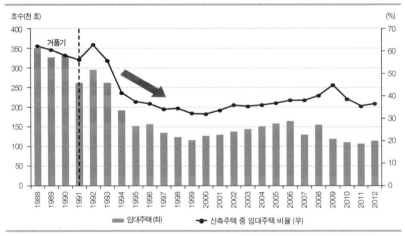

자료: 일본 국토교통성, www.mlit.go.jp

의 주택 및 주택지의 공급촉진에 관한 특별조치법'을 개정하여 광역적인 관점에서 주택 및 택지의 공급을 촉진하기 위한 계획체계를 마련했고, 도심 거주를 촉진하기 위해 도시계획 및 건축기준에 대한 다양한 규제 완화를 추진했다. 더불어 도쿄 도 내 기초지자체인 특별구에서도 주택기본조례를 제정하여 독자적인 임대주택 공급, 민간임대주택의 임대료 보조, 주택부설제도,[4] 마을 만들기 연계 등을 시행했다.

수요: 청년층 및 자녀양육가구의 유입 등 인구 증가

도쿄 도 인구는 1980년대 중반부터 1990년대까지 거의 일정하게 유지되다가 2000년대 들어서 증가세로 전환되어 2014년까지 15년간 약 130만 명이 증가했다. 반면 도쿄 주변의 가나가와 현, 사이타마 현, 지바 현에서는 1990년대까지 인구가 증가하다가 2000년 이후 15년간은 증가 속도가 둔화되었다. 도쿄권 전체로 보면, 2000년 이후 도쿄 도의 인구 증가가 두드러지고 있다고 할 수 있다.

특히 도쿄 도 특별구는 1965년부터 1995년까지 인구 감소가 계속되다가 이후 증가세로 전환되어 2010년 인구가 과거 대비 최고치를 기록했다. 또한 도쿄 내 특별구를 제외한 지역도 인구가 계속 증가하고 있으며, 1960년을 정점으로 인구 감소가 현저했던 도심 3구(지요다 구, 미나토 구, 주오 구)의 인구도 1995년 이후 증가세로 돌아서는 등 2000년 이후 인구의 도심 회귀 현상이 본격화되었다.

연령별로 살펴보면, 도쿄 도 특별구의 경우 인구 감소가 이어지던 1995년까지는 15~19세, 20~24세를 제외한 전 연령대에서 순유출이 지속되었으나, 1995년 이후에는 20대 후반과 30대 인구의 순유입이 나타났다. 같은 기간 도심 3구는 청년층과 자녀양육가구의 유입이 두드러진 가운데, 거의 모든 연령

---

4 신규 개발되는 오피스 빌딩 등에 일정 비율의 주택건설을 의무화한 제도이다. 예를 들어 도쿄의 미나토 구에서는 연면적 3,000 m² 이상의 건축물 건축 시 호당 50 m² 이상의 주택을 건설하되, 주택의 총면적은 연면적의 10% 이상이어야 하는 제도를 운영한 바 있다.

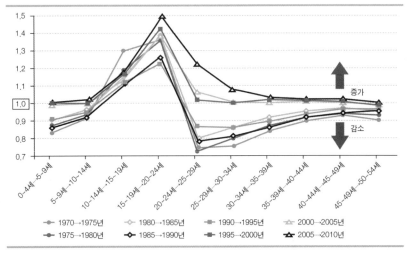

그림 7-14 도쿄 도 특별구의 연령별 인구 변화

주: 전기 대비 비율로, 1보다 크면 인구 순유입.
자료: 일본 도쿄도청, www.metro.tokyo.jp

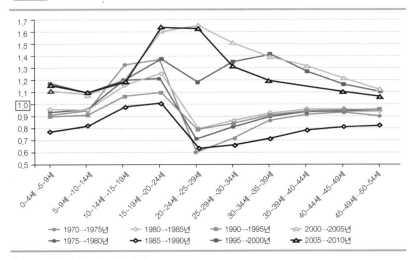

그림 7-15 도쿄 도 도심 3구의 연령별 인구 변화

주: 전기 대비 비율로, 1보다 크면 인구 순유입.
자료: 일본 도쿄도청, www.metro.tokyo.jp

대에서 인구 증가가 나타났다.

이러한 인구 유입은 도쿄 내 주택취득 환경의 개선과 관련이 깊을 것으로 판단된다. 지가 하락과 더불어 기업의 유휴지 처분으로 대량의 택지가 발생했고, 분양주택 건설이나 자가 취득을 유도하는 금융지원이 더해져 주택을 비교적 저렴한 비용으로 취득할 수 있는 환경이 조성된 것이다. 또한 이 같은 인구 유입은 도쿄 내 주택 착공을 다시 촉진함으로써, 주택의 공급과 수요 사이에 일종의 순환관계를 형성했다고 볼 수 있다.

거래: 재고주택 거래 부진

일본에서는 제2차 세계대전 이후 주택의 양적 부족 문제에 대응하기 위해 지속적으로 주택 공급을 확대해왔다. 그 결과 1963년까지는 주택 수가 가구 수를 밑돌았지만, 1968년 주택 수가 가구 수를 상회하여 주택 부족 문제가 어느 정도 해결되었다. 그 후 주택 수와 가구 수의 차이는 점차 확대되었으며, 2013년에는 가구당 주택 수가 1.16호까지 증가했다.

그러나 주택 수가 가구 수를 상회하면서 빈집이 늘어나고 있다. 1963년 빈집은 52.2만 호로 주택 수 대비 2.5%였으나, 2013년에는 빈집이 820만 호까지 증가하여 주택 수 대비 13.5%까지 늘어났다. 이러한 전국적인 빈집 증가 추세에서 도쿄도 예외일 수 없다. 2013년 도쿄의 주택 수는 735만 호, 가구 수는 649만 가구로, 가구당 주택 수가 1.13호(주택보급률 113%)에 이르고 있다. 빈집은 2013년 81.7만 호로, 1988년 41.1만 호에 비해 25년간 약 2배 늘어난 수치이다. 전체 주택재고 대비 빈집 비율은 1988년 8.5%에서 2013년 11.1%로 증가했다.

그런데 도쿄의 빈집이 타 지역의 빈집과 다른 점이 있다면, 주택시장에서 거래될 수 있는 임대용 및 판매용 주택이 다수를 차지하고 있다는 사실이다.

빈집을 임대·판매용 주택, 2차 주택(별장 등), 기타로 구분하면, 지방에서는 상품화되지 않는 '기타 주택'의 비중이 높은 반면, 도쿄는 임대·판매용 주택이 약 80%(65.2만 호)를 차지하는 것으로 나타났다. 도쿄의 빈집 다수가 임대·판매용 주택이라는 점은 현재 일본의 재고주택 거래가 얼마나 부진한지를 보여주는 근거라고 해도 무방할 것이다.

일본은 버블 붕괴 이후 주택재고를 활용하는 데 정책 방향이 맞춰졌지만 신규 공급 위주의 정책적 관성이 한동안 유지되면서 재고주택 시장을 육성하지 못했다. 재고주택은 증가했지만 인구 감소와 고령화 등으로 주택수요가 늘어나지 않으면서 재고주택 거래를 위한 시장 환경이 만들어지지 않았던 것이다. 이처럼 재고주택 거래시장이 충분히 발달하지 못하면서 일본은 크게 두 가지 문제에 직면하게 되었다. 하나는 재고주택 거래가 활성화되어 있지 않은 상황에서는 재고주택 철거를 통한 신규 공급이 다수를 점할 수밖에 없으며, 이는 소비자의 주택 취득 비용을 증가시키고 주택 거래를 제약하는 요인이 된다.

다른 하나는 재고주택 거래에 대한 기대가 감소할 경우 주택 소유자에 의한 리모델링 등 주거수준 개선 목적의 투자가 소홀해질 가능성이 높다. 실제로 일본의 평균 주택 수명은 27년(2008년)인 반면, 미국은 64년(2007년), 영국은 84년(2008년)에 이른다. 이에 일본 정부는 2000년대 이후 빈집의 효과적인 활용과 재고주택 거래가 원활하게 이루어질 수 있는 시장 환경 정비를 중요한 정책 과제로 설정하고 관련 계획 및 정책을 시행하고 있다.

정책: 주택재고 활용 및 시장 기능 중시에 초점

일본 정부는 버블 붕괴 이후 1990년대 후반을 지나면서 신규 공급 위주 및 중앙정부 주도의 주택정책을 주택재고 및 시장 기능 중시 정책으로 전환

표 7-4   일본 공공주택 개혁의 주요 내용

구분	개혁 전	개혁 후
공영주택	· 국가가 결정한 착공 호수 목표 달성을 위해 보조금 배분	· 입주 대상 제한, 소득별 임대료 차등화 · 지역주택교부금 신설(포괄보조금) (지역의 계획에 근거하여 교부) · 신규 건설 거의 중단, 재건축으로 공급
주택금융공고	· 장기 저리 자금을 공공이 직접 융자	· 2007년 폐지, 주택금융지원기구로 개편 (민간 주택담보대출의 유동화 지원) · 국가 예산의 차입 중단
도시기반 정비공단 [구(舊) 일본주택공단]	· 대도시에서 대량 공급(신도시 개발 등)	· 2004년 폐지, 도시재생기구로 개편 (민간임대주택 및 도시재생 지원) · 공공임대주택(공단주택) 공급 중단

했다. 이미 주택의 양적 부족 문제가 해소되었고, 저출산·고령화가 진행되는 가운데 정부 주도의 주택 공급정책으로는 다양한 주택수요에 효과적으로 대응하기 어려운 실정이었다. 또한 버블 붕괴 이후 실물경제의 장기침체에 따른 국가 재정 상황의 악화도 이러한 정책 기조 변화에 영향을 미쳤다.

주택재고와 시장 기능을 중시하는 쪽으로 정책 기조가 전환되면서 개별 정책에서 여러 가지 변화가 나타났다. 우선 공공주택 정책은 공적 자금으로 신규주택을 공급하는 방식에서 지방정부의 재량을 확대하고 민간 기능을 지원하는 쪽으로 전환했다. 저소득층을 위한 대표적인 공공임대주택 유형인 공영주택은 1996년 입주 대상의 소득기준을 하향 조정하여 입주 대상을 제한하는 한편, 2005년 포괄보조금의 일종인 지역주택교부금을 통해 재원을 조달하도록 함으로써 주택 공급에 대한 지방정부의 재량권을 확대했다. 그 영향으로 신규주택 건설은 거의 중단된 상황이며, 기존 재고주택의 재건축을 통한 공급이 이루어지고 있다.

자가 취득 자금을 저리로 융자해주는 주택금융공고는 2007년 폐지되어 주택금융지원기구로 개편되었다. 직접 융자사업이 대폭 축소되면서 민간 부문의 주택담보대출 채권을 유동화하는 역할을 맡고 있다. 또한 신도시 개발,

공단주택 공급 등을 맡아온 도시기반정비공단[구(舊) 일본주택공단]은 2004년 도시재생기구로 개편되어 민간의 도시재생 및 민간임대주택 공급을 지원하는 역할을 담당하고 있으며, 공공임대주택의 일종인 공단주택의 신규 건설도 중단했다.

둘째, 시장 기능 중시와 관련해서 민간 부문에 대한 보조금 지원을 통해 저소득 가구를 위한 저렴주택 재고를 확보하는 정책이 시행되고 있다. 대표적인 것이 2007년 신설된 지역우량임대주택이다. 1990년대 초반부터 시행된 특정우량임대주택 등의 사업이 재편된 것으로, 민간사업 주체에 대해 사업비 및 임대료의 일부를 지원하여 저소득 가구가 입주할 수 있도록 하는 정책이다. 지역우량임대주택과 더불어 빈집을 활용하여 저렴주택을 공급하는 사업도 시행되고 있다. 공영주택의 신규 공급이 부진한 상황에서 빈집을 활용하여 저렴주택을 공급하려는 취지에서 마련된 정책이다. 정부가 빈집의 개량 비용을 지원하는 대신 주택 소유자는 공영주택 수준의 임대료를 입주자에게 부과해야 한다.

셋째, 재고주택의 질적 수준 향상과 그를 통한 거래 활성화를 유도하기 위해 일본 정부는 2012년 '재고주택 및 리폼[5] 종합계획'을 수립하여 시행 중이다. 이 계획에서는 재고주택 거래와 리폼이 활성화될 수 있는 시장 환경 조성, 재고주택의 질적 수준 향상 촉진, 재고주택 거래 및 리폼과 관련한 주체의 역량 강화 등을 주요 목표로 설정하고 있다. 이를 통해 국민이 큰 부담 없이 주택을 확보할 수 있도록 주거 선택의 폭을 넓히고, 재고주택의 거래를 촉진시켜 자산가치의 유지, 자원의 순환 이용 등의 효과를 기대하고 있다. 2020년까지 재고주택 거래 및 리폼 시장의 규모를 현재보다 2배(약 20조 엔 규모)

---

5 리폼(reform)은 누수에 따른 보수, 외벽 교체, 주택설비 교체 및 보수, 주거면적 확대(증축), 에너지 절약 성능 향상, 내진 성능 강화, 무장애주택 개·보수 등을 포괄한다.

로 확대할 계획이다.

넷째, 고령화가 진전되면서 이에 대응하는 정책 수단을 확충해왔다. 고령화가 사회적 문제로 확산됨에 따라 정부는 2001년 '고령자 거주 안정 확보에 관한 법률'을 제정하여 고령자 주거문제에 본격적으로 대응하기 시작했다. 이 법률은 고령자가 일상생활을 영위하기 위해 양호한 주거환경과 주거 안정을 확보할 수 있도록 지원하는 데 목적이 있으며, 고령자용 임대주택 등록, 임대료 체납 보증, 주택과 생활지원 서비스가 결합된 지원주택 공급, 주택개량 공사에 대한 융자 등의 지원을 포괄하고 있다.

한편 주택재고 및 시장 기능 중시로 주택정책 기조가 변하면서 법체계 역시 변화했다. 가장 상징적인 변화는 2005년 '주택건설계획법'이 폐지되고 '주생활기본법'이 제정된 것이다. 정부가 공공 부문과 민간 부문의 5년간 주택공급 목표량을 설정하여 달성 여부를 평가하는 주택건설 5개년 계획은 1966년 제1기 계획이 시행된 이후 제8기(2001~2005년)를 마지막으로 종료되었다. 주생활기본법에서는 주택재고를 효과적으로 활용하여 주거생활의 안정을 확보하고 주거수준을 향상시키는 데 목표를 두고 있으며, 10년마다 주생활기본계획을 수립하도록 했다. 이 계획에서는 주택의 신규 공급보다 재고주택 관리, 가구의 주거 안정, 주택시장 환경 정비 등과 관련된 정책목표와 성과지표를 제시하고 있다.

유사점보다 차이가 많은 서울과 도쿄의 주택시장

버블 붕괴 이후 도쿄의 주택시장과 현재 서울의 주택시장을 비교하면, 유사점보다는 차이점이 더 많다. 우선, 가격 측면에서 서울은 도쿄와 달리 급격한 가격 하락을 경험하지 않고 있다. 서울의 주택매매가격은 2004년부터 2009년까지 꾸준히 상승했는데, 저점이었던 2004년과 고점이었던 2009년을 비교하면 주택가격은 55% 상승했고(약 1.55배), 이후에는 2013년까지 소폭 감소(-6.5%)한 후 안정세를 유지하고 있다. 가격 상승폭에 비해 하락폭이 적다 보니 서울의 주택매매가격은 소득에 비해 여전히 높은 수준을 유지하고 있다.[6]

또한 주택수요 측면에서 인구이동을 살펴보면, 최근 20년 동안 서울에는 10대 후반에서 20대까지의 인구만 순유입했다. 30대 이상의 인구는 매년 지속적으로 순유출이 일어나고 있는 상황이다. 반면에 도쿄는 1990년대 중반 이후 주택 취득 환경이 개선되면서 인구 증가와 함께 청년층, 자녀양육가구 등 젊은 세대의 유입이 진행되어 서울과는 대조적인 양상을 보이고 있다.

주택 공급 측면에서 도쿄는 지가 및 주택가격 하락, 기업의 유휴지 처분 등의 영향으로 버블 붕괴 후에도 자가 착공 호수가 증가하는 양상을 보이고 있다. 반면, 서울의 주택 공급은 활황기였던 2000년대 전반기 수준에 이르지는 못하는 상황이다. 주택 인허가 물량은 2015년을 제외하면 2011년부터 감소하는 추세이며, 전국 대비 비중은 2010년부터 하향세이다. 아파트 분양 물량은 2011년부터 다소 증가하는 추세를 보이고 있으나, 전국 대비 비중은 2000년대 중반 이후 크게 변화하지 않고 있다.[7]

마지막으로 주택 거래와 관련해서 최근 4년간(2011~2014)의 추이를 보면, 서울은 경과 연수가 오래된 주택일수록 매매 거래가 부진한데, 특히 15년을 초과하는 주택의 매매 거래가 상대적으로 활발하지 못하다. 또한 단독·다가구주택, 연립·다세대주택 등 저층주택일수록 아파트에 비해 매매 거래가 부

---

6 2015년 3월 기준 서울시의 PIR(연소득 대비 주택가격)은 한국감정원의 경우 7.7배, 국민은행의 경우 8.9배로 추정하고 있다. 전반적으로 2012년 이후 다소 감소하고 있지만 크게 줄어들고 있지는 않다.
7 최근 주택 공급량이 늘어난 것은 정부의 규제 완화에 의한 일시적 경기 호조를 배경으로 향후 매매시장 위축 가능성에 대비한 건설사들의 밀어내기식 공급 행태가 작용한 것으로 판단된다.

그림 7-16 **서울과 버블 붕괴 이후 도쿄의 주택시장 상황 비교**

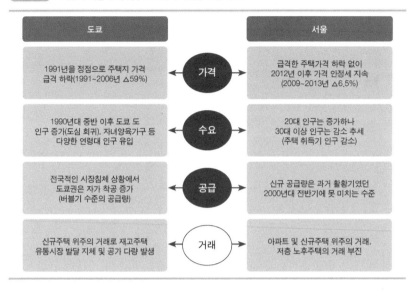

도쿄		서울
1991년을 정점으로 주택지 가격 급격 하락(1991~2006년 △59%)	**가격**	급격한 주택가격 하락 없이 2012년 이후 가격 안정세 지속 (2009~2013년 △6.5%)
1990년대 중반 이후 도쿄 도 인구 증가(도심 회귀), 자녀양육가구 등 다양한 연령대 인구 유입	**수요**	20대 인구는 증가하나 30대 이상 인구는 감소 추세 (주택 취득기 인구 감소)
전국적인 시장침체 상황에서 도쿄권은 자가 착공 증가 (버블기 수준의 공급량)	**공급**	신규 공급량은 과거 활황기였던 2000년대 전반기에 못 미치는 수준
신규주택 위주의 거래로 재고주택 유통시장 발달 지체 및 공가 다량 발생	**거래**	아파트 및 신규주택 위주의 거래, 저층 노후주택의 거래 부진

진하다. 경과 연수가 오래된 주택일수록 거래가 부진하다는 점에서 서울과 도쿄의 유사점을 찾을 수 있지만, 서울은 아파트 중심의 매매 거래가 활발하다는 점이 또 다른 특징이라 할 수 있다.

주택가격, 공급, 수요, 거래에서 서울과 도쿄를 비교하면, 〈그림 7-16〉과 같이 거래 측면에서는 유사점을 찾을 수 있지만, 가격, 공급, 수요에서는 차이를 드러내고 있다.

서울과 도쿄의 주택시장에서 차이점과 유사점을 고려할 때, 서울에 대한 시사점은 크게 두 가지 측면에서 살펴볼 수 있다. 우선, 차이점과 관련해서 서울은 도쿄와 달리 주택의 주 수요층이자 지역사회 활성화의 주축이 될 수 있는 30대 이상 인구의 순유출이 지속될 가능성이 있다. 하지만 현시점에서 30대 이상 인구의 유출을 제어하기는 쉽지 않을 것으로 판단된다. 도쿄는 버블 붕괴 후 지가 하락 등으로 저렴해진 주택가격이 인구의 도심 회귀를 불러 일으키는 요인으로 작용했지만, 서울에서 이와 같은 조건이 쉽게 형성될 것

같지 않기 때문이다. 높은 주택가격이 지속되는 상황에서 인구 유출의 억제나 인구의 순유입을 기대하기는 어려울 것이며, 신규 공급이나 재개발을 통해 주택수요에 대응하는 것도 한계가 있을 것이다.

서울 인구의 유출에 대해 정책적으로 개입하는 것이 타당한지, 그에 따른 효과가 실제로 나타날 수 있을지 등을 두고 많은 논란이 있을 수 있다. 하지만 서울은 도쿄와 달리 높은 주택가격이 지속되고 있기 때문에, 가구 또는 세대별 주택수요에 대응하기 위해 더 많은 정책적 노력이 필요한 상황이다. 이런 점에서 일본의 주택정책 시행 경험을 토대로, 저렴한 주택의 공급을 늘리고, 민간 임대시장의 안정화를 꾀하는 등 서울시 차원의 다각적인 정책개발이 요구된다.

한편 유사점과 관련하여 검토할 문제는, 아파트 위주의 거래로 인해 노후 저층주택의 쇠퇴와 가치 저하가 나타날 수 있다는 점이다. 이미 일본에서는 이와 유사한 현상이 현실화되었고, 1990년대 중반부터 주택재고를 중시하는 정책 기조로 전환하여 재고주택의 거래 활성화를 위한 계획 수립 및 정책 시행이 이루어지고 있다. 빈집 발생 수준이나 재고주택 거래 측면에서 서울은 도쿄보다 아직 심각하지 않지만, 현재와 같은 시장 상황이 지속되면 향후 서울의 주택정책에서도 재고주택의 효과적 관리와 거래 활성화가 중요한 과제로 부각될 것이다.

5 ㅣ 저성장기 서울의 주택정책을 위한 네 가지 제언

이하에서는 저성장기 서울의 주택정책이 어떤 방향을 견지해야 할 것인가를 논하고자 한다. 저성장기에 예견되는 서울시 주거문제와 일본 도쿄의 사례를 종합해볼 때, 현 단계에서 고민해야 할 주택정책의 방향은 크게 세

가지로 정리할 수 있다.

하나는 주거지원을 더욱 강화하는 것으로, 월세 거래의 확대에 따른 주거비 부담 증가, 노후주거지의 확산 가능성 등을 고려할 때 향후 주거지원의 필요성은 더욱 커질 것이다. 특히 주거지원의 대상과 관련하여 소득계층 중심에서 벗어나 소득계층과 세대를 통합적으로 다룰 수 있는 지원체계와 수단을 마련할 필요가 있다. 또한 주거지원의 적용 범위도 개별 주택뿐만 아니라, 노후 저층 주거지의 주거수준과 해당 지역에 거주하는 가구의 사회적·경제적 상태를 종합적으로 개선·지원하는 방향으로 그 지평을 확대해야 할 것이다.

여기에 더하여 재고주택 관리를 체계화하는 것도 중요하다. 제한된 주택수요가 신규주택에 집중될 경우 나타날 수 있는 여러 가지 부작용을 최소화할 필요가 있기 때문이다. 거래 부진이 지속되면, 재고주택의 거래에 대한 기대가 감소하고 주택 상태 개선에 대한 투자가 줄어든다. 이에 따라 재고주택의 노후화가 빠르게 진행될 수 있으며, 주택가격이 하락할 가능성도 높아진다. 이런 점에서 재고주택 관리와 관련된 정책 수단을 정비해나가는 노력 또한 저성장기에 필요한 정책 과제가 될 수 있다.

마지막으로 지방정부 주도의 주택정책을 확립하고 저렴주택의 공급 주체를 다원화하는 등의 분권화가 검토되어야 할 것이다. 현재와 같은 중앙정부 주도의 주택정책, 공공 부문 중심의 저렴주택 공급으로는 변화하는 주택시장 상황에 효과적으로 대응하기 어렵기 때문이다. 저성장기 서울의 주택정책에 부합하는 과제를 구체적으로 제시하면 다음과 같다.

소득계층과 세대를 아우르는 주거지원을 강화하자

임차수요가 많은 서울의 특성을 고려할 때 자가 소유가 아니더라도 안정적으로 거주할 수 있는 여건을 마련하는 것이 중요하다. 특히 전세가격 상승 및 월세 거래 확산을 감안하여 임차가구의 주거비 부담을 경감시킬 수 있는 방안을 마련할 필요가 있다. 이를 위해 공공임대주택, 주거 급여, 주택 개량 등 여러 정책 수단들의 지원 대상, 지원 규모 등을 재점검하여 촘촘한 주거 안전망을 구축해야 할 것이다. 주거 안전망을 통해 비주택 또는 거리에서 생활하는 경우가 발생하지 않도록 하고, 이미 비주택 또는 거리에서 생활하는 가구는 적절한 주택 확보가 가능하도록 지원해야 한다.

더불어 그동안 주거지원 대상에서 크게 고려되지 못했던 청년층을 대상으로 하는 정책을 체계화하여 세대 간 주거지원의 형평성을 기하려는 노력이 필요하다. 청년층을 대상으로 하는 현행 정책에서 사각지대가 없는지 검토할 필요가 있으며, 청년가구의 주거소요를 감안한 공공임대주택의 새로운 공급 모델을 개발하는 것도 고려해야 할 것이다.

또한 세대 간 갈등 완화를 위해 중고령층이 보유하고 있는 민간임대주택에 공적 자금을 지원하거나 세제 혜택을 부여하는 조건으로 청년층을 입주시키는 등의 민간임대주택 활용 방안을 모색할 필요가 있다. 또한 노인가구, 자녀양육가구, 청년가구 등 다양한 세대들이 동일 단지 내에서 필요한 서비스를 받으면서 공동으로 거주할 수 있는 세대 혼합형 주택단지의 개발도 검토할 필요가 있다.

노후주거지의 주택 및 생활 여건 개선에 주력하자

주거지원 강화와 관련해서 고려해야 할 또 하나의 정책은 지역사회를 기반으로 하는 주거지원이라 할 수 있다. 기존의 주거지원이 주거소요가 있는 가구에 대해 적절한 주택을 제공하는 소위 '점(點)'적인 접근이었다면, 이제는 공간을 고려한 '면(面)'적인 접근으로 확장해보자는 것이다. 앞에서 언급했듯이, 저성장이 지속되면 개발수요가 제한되면서 노후주거지의 고착화가 예상되는데, 이러한 상황에서는 마을 또는 지역 전반의 주거환경이나 주거 수준을 개선하여 다양한 소득계층이 함께 거주할 수 있는 조건을 만드는 것이 중요한 과제이다.

이를 위해서는 주거지원을 주축으로 도시재생사업, 고용 및 복지 서비스 등 다양한 분야가 서로 연계된 복합적 지원이 뒷받침되어야 한다. 지하방, 옥탑방, 최저주거기준 미달 주택, 비주택 등 열악한 거처가 다수 분포하고 있는 지역을 중심으로 행정적·재정적 지원을 집중시키는 정책을 개발할 필요가 있다. 빈집 및 노후주택 리모델링 지원, 소규모 공공임대주택 또는 사회주택 공급, 임대료 지원, 복지 서비스 및 일자리 연계 등 각종 지원책을 해당 지역에 집중시켜 주거환경을 개선하고 거주가구의 사회적·경제적 지위를 향상시킬 필요가 있다.

재고주택의 유지·관리 지원을 확대하자

신규 공급 위주의 주택정책에서 벗어나 재고주택의 유지·관리를 강화하는 정책을 확대할 필요가 있다. 주택매매시장 안정기에는 주택 거래가 빈번하지 않아 주거이동이 활발하지 않게 되며, 이렇게 되면 재고주택의 품질 및 성능 수준을 향상시켜 가구의 거주 편의성을 높이는 것이 주택을 신규로 공급하는 것보다 정책적으로 우선시될 수밖에 없다.[8]

이를 위해서는 구조안전, 보건위생 등에 취약한 주택재고를 상시적으로 파

---

8 2010년 인구주택총조사 결과에 따르면, 서울시 소재 주택 중 30년 이상 경과된 주택은 17.7만 호로 전체 주택재고의 7.2%이다. 그러나 2024년이 되면, 30년 이상 경과된 주택이 111.4만 호로 약 93.7만 호가 더 늘어난다. 특히 아파트의 비중이 33.1%에서 48.8%까지 늘어나는 등 시간이 지나면서 30년 이상 경과된 노후주택의 유지·관리 문제가 점차 크게 부각될 것이다.

악하고, 건축물대장을 통해 해당 주택의 수선이력을 확인할 수 있는 주택정보관리체계를 확립하는 것이 필요하다. 또한 재고주택의 성능과 품질을 향상시키기 위해 구체적인 정책 수단을 확충할 필요가 있다. 주택개량사업이나 소규모 정비사업 등 현행 정책 수단에 대한 재검토를 바탕으로, 관련 정책에 대해 주민들의 참여를 강화하는 방향으로 정책을 재설계해야 할 것이다. 특히 자력으로 주택을 개량하기 어려운 저소득 가구에 대해서는 공공의 개량 자금 지원을 더욱 강화할 필요가 있다. 더불어 영국의 HIA(Home Improvement Agencies)[9]와 같이 지역을 기반으로 활동하는 주택개량 조직 및 이들의 네트워크를 활성화하고, 과도한 비용 부담이 발생하지 않도록 저렴한 자재와 중간기술을 개발하는 노력도 함께 이뤄져야 할 것이다. 그 밖에 재고주택의 유지·관리에 대한 상담 및 정보 제공 서비스 개발, 주택개량을 둘러싼 각종 분쟁 해소 대책 마련 등도 고려할 필요가 있다.

재고주택의 유지·관리 활성화는 재고주택의 성능과 품질 향상으로 이어져, 가구의 거주 여건을 개선할 뿐만 아니라 주택시장에서 재고주택의 유통이 활발하게 이루어지는 효과도 나타날 것이다.

지방정부의 정책 권한을 확대하고 부담가능주택의 공급 주체를 다원화하자

주택정책의 분권화는 크게 두 가지 측면에서 검토될 수 있다. 하나는 정책 수립 및 집행 과정에서 중앙정부와 지방정부의 관계이고, 다른 하나는 부담가능주택(affordable housing)의 공급 주체로서 공공 부문과 민간 부문의 관계

---

9   HIA는 지역사회를 기반으로 활동하는 주택개량 조직들로, 영국 전역에 200여 개가 활동하고 있다. 주택개량뿐만 아니라 개량 관련 상담 및 정보 제공, 주택 에너지 효율 개선, 복지급여 상담, 잔손보기 등의 서비스도 제공한다. 자가 거주가구뿐만 아니라 사회주택 및 민간주택의 임차가구도 서비스를 받을 수 있다(www.foundations.uk.com).

이다. 전자는 그동안 중앙정부 주도로 수립·시행해온 주택정책을 지방정부 중심의 상향식으로 전환하는 것이다. 주택재고의 양적 안정세로 택지개발을 통한 대량 공급의 필요성이나 가능성이 크게 감소하는 상황에서 지역별 수요에 민감하게 반응할 수 있는 주체는 지방정부일 수밖에 없다. 따라서 중앙정부는 국가 전체의 정책 목표와 방향을 제시하고, 지방정부는 해당 지역의 주택공급계획에 의거하여 국가의 재원을 배분하는 상향식 정책수행 방식이 확립돼야 할 것이다.

부담가능주택의 공급 주체와 관련해서는 기존의 공공 부문 중심에서 민간 부문까지 포괄하는 공급 주체의 다원화가 필요하다. 점차 질적으로 다양화되고 있는 주거문제에 대해 공공 부문의 역량만으로 대응하는 데는 한계가 있다. 따라서 부담가능주택의 공급을 공기업뿐만 아니라 다양한 민간(비영리) 조직도 담당하게 함으로써 사회 전체적으로 저렴한 주택의 공급 역량을 향상시키는 접근이 필요하다. 이렇게 되면 기존의 공공임대주택 정책은 서유럽 등에서 볼 수 있는 사회주택정책으로 확장될 것이며, 이런 점에서 서울시는 사회주택을 공급하는 민간(비영리) 임대사업자를 적극적으로 발굴하여 육성할 필요가 있다. 특히 민선 6기부터 시행해온 공공토지 임대정책, 빈집 살리기 프로젝트 등의 정책을 확대하여 민간의 사회주택 공급을 활성화하는 수단으로 활용하는 노력이 필요하다.

이 글은 저성장기 서울의 주택시장이 어떻게 변화하며, 어떤 주거문제가 나타날 것인지 살펴보고, 그에 따른 주택정책의 방향 설정에 대해 논의했다. 현재 진행되고 있는 주택시장의 변화가 일시적 현상이 아니라면, 과거 고도성장기 정책은 더 이상 의미를 갖기 어렵다. 따라서 저성장기 주택시장에서 나타날 수 있는 문제들을 다양한 측면에서 파악할 필요가 있으며, 이에 근거하여 주택의 대량 공급 이후 시대에 부합하는 정책 방향과 정책 수단을 새로이 강구하는 노력이 활발히 이뤄져야 할 것이다.

표 7-5　　저성장기 서울시 주택정책의 방향과 과제

관련 주거문제	정책 방향	주요 과제
임대료 부담 증가, 청년 주거 불안 가중, 세대 간 갈등 잠재	소득계층과 세대를 아우르는 주거지원	· 월세 확대에 대비한 주거 안전망 구축 · 청년 등 정책 소외가구에 대한 주거지원 강화 · 중고령층 보유 민간임대주택의 정책적 활용 · 세대혼합형 공공주택단지 개발
주거수준의 지역적 불균형	노후주거지 거주가구의 주거 및 생활 여건 개선	· 주거지원을 축으로 복지 및 고용 지원, 주거지 정비, 마을 만들기 등과 연계 [점(點)적 접근 → 면(面)적 접근]
재고주택 거래 부진에 따른 주택가치 저하 및 노후생활 불안	재고주택의 유지·관리 강화	· 재고주택 실태 파악 등 정보관리체계 구축 · 재고주택의 개량지원을 통한 성능·품질 향상 유도 　(자금지원, 개량조직 육성, 상담 서비스, 기술개발 등)
임대료 부담 증가, 공공임대주택 정책의 지속가능성 약화	지방정부 주도 주택정책과 부담가능주택 공급 주체의 다원화	· 지방정부가 수요 파악을 토대로 실질적 정책을 추진하 고 중앙정부는 재원을 배분하는 상향식 체계 구축 · 사회주택 공급 활성화 및 민간 공급 주체 육성

　저성장기 서울의 주택정책에 대해서는 앞에서 언급한 것들 외에도 다양한 정책 방향과 과제가 논의될 수 있다. 논자의 시각에 따라 상이한 주거문제들이 거론될 수 있기 때문이다. 앞으로 이러한 노력이 풍부해질수록 저성장에 대응하는 서울의 주택정책 방향은 더욱 구체화될 것이다. 이 글이 그 출발점이 되었으면 한다.

제8장 서울의 재개발 변화 전망과 대응 방향

맹다미 (서울연구원 연구위원)

1 | 기로에 선 재개발

2015년 서울시는 '뉴타운·재개발 수습방안'의 일환으로 245개 재개발구역을 해제했다. 고도성장기를 거치는 동안 노후주거지 정비의 유일한 수단이었던 재개발사업이 추진과 해제의 기로에 서게 된 것이다. 1980년대 초 합동재개발방식이 도입된 지 30여 년 만에 처음 있는 일이다.

2008년 글로벌 금융위기 이후 부동산 경기침체를 겪으면서 주택재개발은 사업성을 확보하기가 어려워졌다. 그동안 재개발사업은 소유자가 중심이 되어 기존 동네를 철거한 후 중대형 아파트를 고밀도로 건설하고, 이를 고가로 분양하여 개발이익을 극대화했다. 그러나 이미 높아진 지가로 사업비용이 크게 증가하면서 주민이 부담해야 할 비용이 늘어났고, 높은 분양가로 인해 일부 지역에서는 미분양 사태가 발생하기도 했다. 사업성이 담보되지 않은 재개발사업의 추진 여부가 기로에 서게 된 것이다.

주민들 또한 재개발이 더 이상 자산 증식으로 이어지지 않고, 오히려 경제적으로 부담된다는 것을 알게 되었다. 삶의 터전을 잃는 것에 대한 위기의식

그림 8-1 서울시 재개발정책의 변화

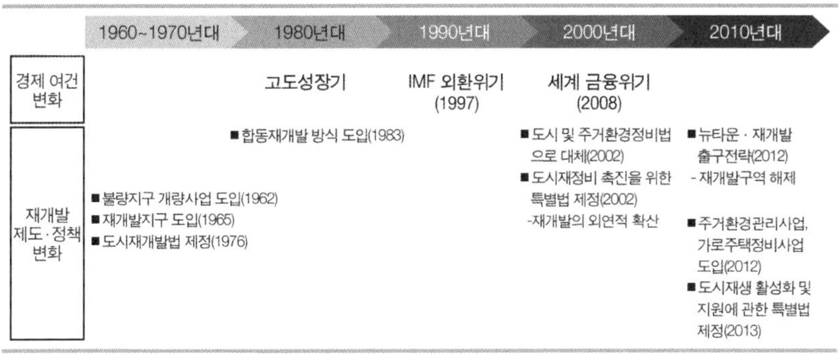

	1960~1970년대	1980년대	1990년대	2000년대	2010년대
경제 여건 변화		고도성장기	IMF 외환위기 (1997)	세계 금융위기 (2008)	
재개발 제도·정책 변화	■불량지구 개량사업 도입(1962) ■재개발지구 도입(1965) ■도시재개발법 제정(1976)	■합동재개발 방식 도입(1983)		■도시 및 주거환경정비법으로 대체(2002) ■도시정비 촉진을 위한 특별법 제정(2002) -재개발의 외연적 확산	■뉴타운·재개발 출구전략(2012) -재개발구역 해제 ■주거환경관리사업, 가로주택정비사업 도입(2012) ■도시재생 활성화 및 지원에 관한 특별법 제정(2013)

도 커져 주민들 스스로 재개발구역의 해제를 요청하기도 했다. 소유자 입장에서 재개발은 더 이상 황금알을 낳는 거위가 아니었다.

지난 40여 년간 재개발은 합동재개발부터 뉴타운사업에 이르기까지 쉼 없이 달려오면서 서울의 주거지를 변화시켰다. 부동산 경기침체와 '용산 참사', '뉴타운·재개발 수습방안'과 도시재생사업 도입에 이르기까지 재개발은 사회적·경제적 변화의 전환점에 서 있다. 특히 경제 기조가 고도성장에서 저성장으로 바뀌면서 재개발사업은 과거와 같이 작동하지 않고 있으며, 앞으로는 더욱 그럴 것이다. 낡고 노후한 기성 주거지를 정비하는 유일한 방식이었던 '재개발'의 구조조정이 필요한 시점이다. 여기서는 고도성장기 재개발의 문제점과 저성장기 서울의 재개발이 직면하고 있는 정책 과제를 살펴보고, 향후 재개발의 정책 방향을 제안하고자 한다.

2 | 고도성장기 재개발, 무엇이 문제였나?

서울의 주거지는 도시가 성장하면서 함께 변화해왔다. 1970년대 서울의 인구가 폭발적으로 증가하면서 최우선의 과제는 신규주택을 공급하는 것이었다. 이를 위해 1973년 주택개량 재개발사업과 1983년 민간 자본 중심의 합동재개발방식이 도입되었고, 고도성장기를 거치면서 재개발사업은 활발하게 추진되었다. 1973년부터 2003년까지 30년간 서울에서 사업 시행이 완료된 주택재개발구역 면적은 10.1km^{2}에 달한다(장남종·양재섭, 2008: 20). IMF 경제위기 이후 침체되었던 부동산 시장을 활성화하고자 2002년에는 뉴타운 사업[1]을 도입했다. 서울에서는 3차 뉴타운까지 총 26개 지구 23.8km^{2}에 걸쳐 지정되었는데(서울시 균형발전본부 내부자료, 2008년), 이는 서울시 전체 면적의 4%에 달하는 면적이었다.

고도성장기 재개발은 재정 여건이 여의치 않았던 공공 부문을 대신하여 민간 부문이 주택을 공급하고 주거환경을 개선하기 위해 만들어진 산물이었다. 전면철거형 재개발은 공공이 많은 재원을 들이지 않고 빠른 시간에 노후·불량 주거지를 정비하는 성과를 거두었다. 재개발의 대표적인 성과로는 다음 세 가지를 들 수 있다.

첫째, 재개발을 통해 도로, 공원 등 새로운 정비기반시설이 공급되었다. 재개발사업을 추진할 때 사업 시행자가 도로, 공원 등 기반시설을 기부채납하도록 법으로 규정하여 공공의 예산 부담 없이 지역에 필요한 도로, 공원 등 기반시설을 확보할 수 있었다.

둘째, 재개발사업을 통해 기성시가지 내 신규주택이 공급되었다. 압축적인 도시성장은 급격한 인구와 주택수요의 증가를 초래했다. 서울시 내에는 개발가용지가 한정되었기 때문에 재개발은 신규주택을 공급하는 역할을 수행해왔다. 2003년부터 2012년까지 신규로 공급된 주택 중 재개발에 의해 공급된 주택이 전체 공급량의 71%를 차지했다. 이 기간 동안 재개발사업에 의해 건설된 주택은 총 53만 2,647호로, 매년 약 5만 호가 재개발을 통해 지속

---

1   추후 재정비촉진사업으로 명칭이 변경되었다.

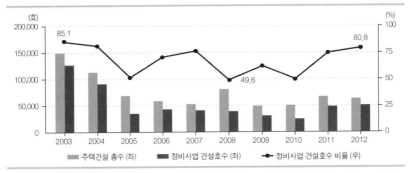

그림 8-2　재개발사업에 의한 주택 공급 현황

주: 주택재개발사업, 주택재건축사업 등을 포함한 수치이다.
자료: 서울특별시(2015: 25) 재정리.

적으로 공급되었다(서울특별시, 2015: 25).

셋째, 주택재고와 주거환경의 질이 전반적으로 향상되었다. 재개발은 노후·불량주택을 철거하고 새로운 아파트를 건설하여 개별 주택의 질을 향상시켰다. 또한 도로, 상하수도, 공원 등 기반시설과 주차장, 복지시설 등 주민편익시설을 공급하면서 주거환경의 질을 향상시키는 데 기여했다. 재개발은 노후주거지의 환경 개선을 위한 유일한 해법으로, 서울시 전역에 걸쳐 범용적으로 활용되었다.

그러나 사업성을 높이기 위해 기존 주택을 철거하고 중대형 위주의 대규모 아파트 단지를 조성하는 과정에서 기존 거주민의 삶의 터전이 사라졌다. 또한 민간 자본으로 공공시설을 설치하도록 하여 공공성보다 사업성 위주로 재개발이 추진되면서 여러 가지 문제가 발생했다. 한편 고도성장기 재개발은 다음과 같은 문제점을 가지고 있다.

개발논리에 따라 민간이 주도한 명목상 '공공사업'

재개발은 공공사업에 해당한다. '도시 및 주거환경정비법'(이하 도정법)에서는 재개발사업을 '도시 기능을 회복'하기 위해 정비구역에서 기반시설을 정비하거나 주택 등 건축물을 개량 혹은 건설하는 사업으로 정의하고 있다. 이 같은 법적 정의는 재개발이 단순히 개인의 주거환경을 개선하는 사익 추구가 아니라 공익을 위한 공공사업이라는 근거를 제시한다. 공공사업이기 때문에 공공관리자제도를 도입하고, 재개발 임대주택을 의무적으로 건설하도록 하며, 지방자치단체가 정비기금을 확보하여 사용하는 등 공공이 재개발에 개입하고 있는 것이다.

고도성장기 재개발방식은 토지 소유자로 구성된 조합이 사업 시행자가 되어 사업을 추진한다. 사업은 조합이 단독으로 시행할 수도 있고 요건을 갖춘 자와 공동으로 시행할 수도 있다. 조합은 일정 비율 이상의 소유자 동의를 얻으면 토지를 수용할 수 있고 사업을 추진하는 권한을 가진다. 동시에 조합은 사업 시행자로서 공공시설을 설치하여 기부채납하고, 임대주택을 제공해야 하는 의무도 가진다.

한편 공공은 재개발사업 추진 단계별로 인허가와 같은 행정적 절차와 사업 추진에 대한 전반적인 관리·감독 등의 역할을 수행한다. 하지만 공공은 재개발이 완료되면 지방세, 임대주택, 기반시설 등을 추가로 얻게 된다. 이렇게 공공이 조합(사업 시행 주체)으로부터 거의 무상으로 기반시설과 임대주택을 받는 것은 재개발사업이 공공사업이므로 이에 대한 개발이익을 환수하고 공공성을 지향하기 위해서이다. 그러나 고도성장기에 만들어진 이러한 시스템은 최근과 같이 저성장 기조를 보이는 상황에서는 오히려 사업성을 악화시키는 요인이 되기도 한다. 서울에서 재개발사업을 추진하고 있는 33개 구역의 관리처분계획을 보면, 기부채납한 공공시설의 면적이 전체 구역 면적의 약 15%를 차지했다[서울시 정비(예정)구역 실태조사 내부자료, 2013년]. 이는 전체 구역 면적의 85%로만 사업을 계획했음을 보여주는 수치이다.

실질적으로 공공에서 부담하는 비용은 임대주택 매입비이다. '2025 서울시

| 표 8-1 | 재개발사업 추진 주체별 역할과 개발이익 |

구분	중앙정부	서울시	자치구	조합
사업 추진상 역할	· 관련 법 제정·개정 · 정책입안 · 기본계획 검토 · 정비계획 검토	· 기본계획 입안·승인 · 정비계획 입안·승인	· 정비계획 수립 및 입안 · 추진위 설립 승인 ※ 단계별 인허가	· 정비사업 추진
개발이익	· 국세를 통한 개발이익 일부 환수	· 지방세를 통한 개발이익 일부 환수 · 주택 공급, 주거환경 개선 효과 · 임대주택 확보 · 기반시설 확보		· 신규주택 확보 및 주거 환경 개선 · 시세차익 발생을 통한 개발이익

자료: 서울특별시(2012: 211).

도시·주거환경정비 기본계획(주거환경정비사업 부문)'에 따르면, 2008년부터 2012년까지 재개발 및 재건축 임대주택 매입에 소요된 예산은 1조 3,323억 원으로 연평균 2,664억 원이 소요되었다(서울특별시, 2015: 301). 이렇게 소요된 비용 중에서 재개발 임대주택은 서울시가 주택 인수비용을 부담하고, 토지는 무상으로 받는다. 그러나 재개발 임대주택의 인수가격은 실제 공사비의 63~84% 수준으로 책정된다(맹다미·장남종·임희지, 2014: 126~128). 결국 임대주택도 민간에 의존해서 공급되고 있음을 알 수 있다. 따라서 재개발은 명목상으로만 '공공사업'이고, 실질적으로는 민간이 사업 시행 주체가 되어 공공시설을 설치하면서 추진하는 사업이라고 할 수 있다.

주거환경 개선의 미명 아래 서민 주거지가 중산층 주거지로

고도성장기 재개발사업은 노후하고 열악한 주거환경을 개선한다는 명목으로 기존의 부담가능한 소형 주택을 없애고 중대형 평형 위주의 아파트를 공급했다. '2025 서울시 도시·주거환경정비 기본계획'에 따르면, 서울에서는 2006년부터 2010년까지 멸실된 소형 저렴주택 수가 재개발을 통해 신규 공급된 주택의 2배 이상인 것으로 나타났다. 특히 뉴타운사업이 시행되었

그림 8-3   재개발·재건축구역 사업 전후 주택 규모 비교

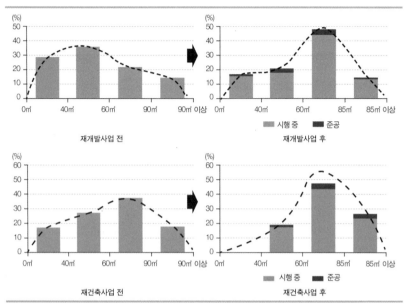

주: 2010년 이후 지정된 재개발 10개 구역, 재건축 18개 구역 중 저층주택을 대상으로 한다.
자료: 서울시 주거정비과 내부자료(2010,12,31 기준).

던 2010년에 멸실된 주택 수는 약 4만 9,000호로, 2006년 1만 3,000호에 비
해 약 4배 가까이 늘어나 소형 저렴주택 재고를 크게 감소시켰다(서울특별시,
2015: 7).

한편 2010년 이후에 지정된 재개발·재건축구역 28개소를 분석한 결과,
기존에 30~80m² 규모의 단독, 다가구, 다세대 등 소형 주택이 밀집했던 지역
은 재개발 후 60~85m² 규모의 아파트로 변했다(서울시 주거정비과 내부자료,
2010년). 과거 다양한 주택 유형과 규모, 주택가격으로 구성되었던 지역이 천
편일률적인 국민주택 규모의 아파트 단지로 바뀐 것이다. 이는 기존 거주민
이 지불할 수 있는 주택 규모와 유형이 아니라 분양시장에서 선호하는 평형
대의 아파트를 건설하여 사업성을 높였음을 알 수 있다.

재개발사업 이후 기존 거주민은 경제적 부담으로 인해 재정착하지 못하

고 외부 중산층이 대대적으로 입주하는 결과를 초래했다. 2007년과 2011년 서울시 연구에 따르면, 뉴타운사업 구역 내 거주 조합원의 재정착률은 길음4구역 22.4%(서울특별시, 2007: 187), 가재울2구역 41.7%, 미아6구역 26.8%, 노량진1 재개발구역 23.3%(서울특별시, 2011: 144)로 조사되었다. 높은 분담금과 주거비 부담으로 인해 소유자도 재정착하기 어렵게 된 것이다. 세입자의 상황은 더욱 어렵다. 재개발구역 내 세입자 가구는 전체 가구의 60~70%를 차지하지만, 의무적으로 공급되는 임대주택은 전체 주택 공급물량 중 17%에 불과하다.[2] 임대주택 수가 제한적이다 보니 세입자가 재정착하기는 더욱 어렵다. 이에 따라 재개발사업 완료 후 소유자와 세입자를 포함하여 기존 거주민이 재정착하는 비율은 10%에 남짓하다(이용건, 2012).

기존에 다양한 유형의 소형 주택이 중대형 아파트로 대체되면서 개발밀도는 증가했지만, 주택 규모가 커져 신규주택 수는 멸실된 가구 수에 비해 적게 공급되었다. 2000년 이후 지정된 재개발구역을 대상으로 기존 세대 수와 건립가구 수를 비교해보면, 공급 세대 수가 기존 세대 수의 87% 수준에 그친 것으로 나타났다(장남종·신상영, 2011: 60~61). 이렇게 볼 때 재개발로 인한 주택의 실질적인 추가 공급 효과는 크지 않다. 결국 재개발사업이 서민 주거지를 개발하여 중산층에게 새로운 아파트 단지를 제공해왔던 것이다.

재개발 후 중대형 위주의 아파트 공급으로 추가분담금과 관리비가 늘게 되면서 영세 가옥주와 세입자들은 재정착하기가 더욱 어려워졌다. 사업구역에 정착하지 못한 원주민은 주변지역으로 이주하게 된다. 이로 인해 주변지역의 소형·저렴주택에 대한 수요가 늘어나고 임대료 및 주택가격이 상승하게 되어 원주민의 주거비 부담은 가중된다.

---

2 이는 도시 및 주거환경정비법과 서울시 도시 및 주거환경정비조례에서 의무적으로 설치해야하는 비율에 맞춰서 공급된 물량이다.

도시 및 주거환경정비법에서는 재개발사업 대상의 물리적인 조건(정비기반시설이 열악하고 노후·불량 건축물이 밀집)과 목적(주거환경을 개선하기 위해)을 명시하고 있다. 그러나 실질적인 수혜 대상에 대한 언급은 없다. 암묵적으로 기존 거주민의 주거환경 개선을 의미하지만, 현실에서는 재개발을 통해 서민들의 삶터가 새로운 중산층의 삶터로 대체되고 있는 것이다.

재개발을 서울 전역으로 확대한 뉴타운사업

재개발사업 초기에는 급격한 인구 유입으로 형성된 무허가 불량 주거지가 정비 대상이었다. 하지만 불량 주거지에 대한 정비가 마무리된 2000년대 이후에는 재개발구역 지정 요건이 완화되면서 상대적으로 기반시설이 양호하고 노후한 주택이 입지한 주거지도 재개발의 대상이 되었다. 재개발구역 지정 기준은 '노후주택 60% 이상', '구역면적 1만m² 이상', '과소필지 비율 40% 이상', '접도율 40% 이하', '호수밀도 60호/ha 이상' 등이었다.[3] 특히 '노후주택 60% 이상'이라는 기준은 구역 지정을 통해 '양호한 주택 40% 이하'가 자동으로 철거되어야 한다는 것을 의미한다(조명래, 2012: 7).

개별 단위사업으로 추진되는 재개발 문제를 해결하기 위해 광역생활권 차원의 뉴타운사업이 도입되면서 재개발구역의 지정 규모는 더욱 확대되었다. 특히 2005년부터 2011년까지 지정된 뉴타운·재개발구역의 수는 401개소로, 지난 40년간 지정된 정비구역의 1/3 정도가 이 기간에 지정되었다. 이는 뉴타운사업이 과열되면서 지구 지정 요건을 완화하여 마구잡이로 구역을 지정했기 때문이다. 특히 성북구, 동대문구, 중랑구, 서대문구 등 강북 지역에 집중 분포하면서 서울시 전역으로 확산되었다.

---

3   2012년 12월 서울시 도시 및 주거환경 정비조례가 일부 개정되기 전 기준이다.

그림 8-4   재개발사업구역 지정 및 사업 시행 인가 추이

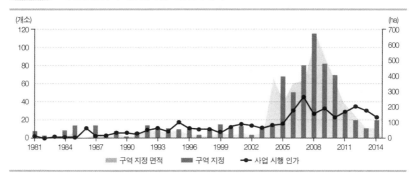

주: 주택재개발, 주택재건축, 뉴타운사업 등을 모두 포함한 수치이다.
자료: 서울시, 2012년도 정비사업 통계자료; 서울시, 2014년도 정비사업 통계자료.

그림 8-5   서울시 재개발사업의 공간 분포

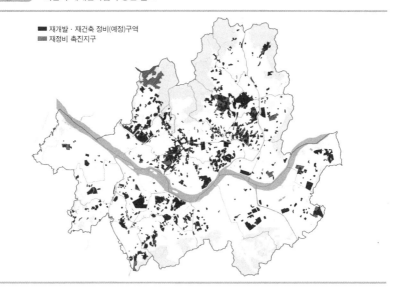

재개발구역별 규모도 상당하다. 1981년 이후 지정된 정비구역 746개소 중
에서 지정 면적이 5만m² 이상 구역은 244개소로 전체의 32.7%를 차지하고,
10만m² 이상인 구역도 81개소(10.8%)에 달한다. 재개발구역의 규모는 뉴타
운사업이 도입되면서 더욱 커졌다. 뉴타운사업은 2002년에 시범 뉴타운사업

표 8-2   재개발구역 면적 현황

면적	1만m² 이하	1만~ 3만m²	3만~ 5만m²	5만~ 10만m²	10만~ 20만m²	20만~ 50만m²	50만m² 이상	계
구역 수(개소)	69	288	145	163	62	15	4	746
비율(%)	9.3	38.6	19.4	21.9	8.3	2.0	0.5	100.0

주: 1981년 이후 지정된 746개 주택재개발 및 재건축사업구역 대상.
자료: 서울시, 2012년도 정비사업 통계자료; 서울시, 2014년도 정비사업 통계자료.

표 8-3   완료된 재개발사업구역의 현황

	계	재개발	뉴타운 재개발	재건축			
				계	공동주택	단독주택	아파트 지구
구역 수(개소)	492	363	28	101	17	9	75
면적(km²)	21.60	15.28	2.06	4.26	0.58	0.27	3.41

자료: 서울시 내부자료(2015년 6월 말 현황).

표 8-4   재개발사업의 개발밀도(용적률)

구분	전체	제2종일반주거	제3종일반주거	준주거
구역 수(개소)	92	68	22	2
평균 용적률(%)	234.6	226.3	255.4	288.2

주: 2003년 1월 이후 지정된 재개발구역 중에서 정비계획이 수립된 92개소를 대상으로 한다.
자료: 서울시 내부자료(2012년).

을 시작으로 2006년 3차 뉴타운까지 총 26개 지구 23.8km²에 걸쳐서 지정되었다. 이 면적은 1973년부터 2003년까지 완료된 서울시 주택재개발 시행 면적의 약 2.4배에 달하는 규모이다(장남종·양재섭, 2008: 20).

고도성장기 전면철거형 재개발의 효과는 빠르고 광범위하게 나타났다. 1980년대부터 2015년까지 완료된 재개발사업은 총 492개 구역으로 21km²에 이른다. 부동산 시장의 활황기에 기대어 민간 기업과 토지 소유자에게 많은 인기를 누렸으며, 사업성을 기반으로 추진되었기 때문에 고밀도로 조성되었다. 재개발을 추진하면 기본적으로 1단계 종상향이 이루어졌고, 완료된 재개발사업의 평균 용적률은 200%를 초과하여 제3종 일반주거지역에 준하는 높은 밀도로 개발되었다.

고도성장기를 겪으면서 서울의 주거지는 재개발사업을 통해 변해왔다. 고도성장기 재개발은 짧은 시간 동안 노후·불량 주거지를 정비하는 성과를 거두었지만, 민간 주도의 개발논리에 따라 사업이 추진되면서 서민들의 주거 불안정을 초래하기도 했다. 또한 구역 단위의 재개발사업에서 광역생활권 단위의 뉴타운사업으로 확대되면서 고도성장기 재개발의 문제가 더욱 심화되었다.

이 외에도 재개발사업으로 인해 기존 커뮤니티가 해체되고 지역경제와 골목 상권이 소멸되면서 기존 주민들의 생활 터전을 붕괴시켰다. 재개발이 완료된 후 폐쇄적으로 조성된 아파트 단지는 주변지역과의 관계를 단절시켰다. 사업 추진 과정 중에는 사업 찬성 또는 반대를 하는 주민들 간에 갈등이 발생했고, 보상과 이주로 인해 토지 소유자와 세입자 사이의 갈등이 심화되었다. 물리적인 주거환경 정비를 위해 치러야 했던 사회적 비용이 너무 컸던 것이다.

3 | 재개발을 둘러싼 최근의 여건 변화

뉴타운·재개발 수습방안과 그 이후 변화

2012년 서울시는 사람 중심의 신주거재생 기본원칙에 의거한 '뉴타운·정비사업 신(新)정책구상'을 발표했다. 당시 뉴타운·정비사업은 서울시 최대의 갈등 현안이었기 때문에, 소유자 중심에서 거주자 중심으로, 사업성과 전면철거 중심에서 주거권을 보장하도록 하는 원칙을 제시했다. 또한 당시 서울시 전체 정비(예정)구역은 총 1,300개 61.6km²에 걸쳐 지정되어 서울시 전체

그림 8-6　서울시 실태조사 이후 해제 현황

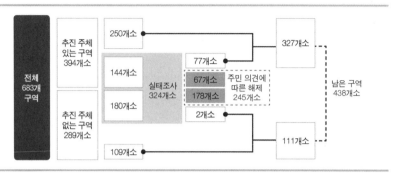

자료: 서울특별시(2015.4.22).

면적의 10%를 차지했다(서울특별시, 2012.1.30). 이와 같은 대규모 구역 지정에 대한 폐해를 줄이고 구역별 맞춤형 해법을 찾고자, 뉴타운·정비사업 수습방안에서는 주민 의견에 따라 사업 추진 여부를 결정할 수 있도록 정비(예정)구역에 대한 실태조사를 시행했다.

총 683개 구역 중 324개 구역에서 실태조사가 진행되었으며, 주민 의견에 따라 245개소가 정비구역에서 해제되었다(서울특별시, 2015.4.22). 해제된 구역 중 추진위원회 또는 조합 등 추진 주체가 있는 구역이 67개소(해제구역 중 28%)를 차지하고, 추진 주체가 없는 구역이 178개소(72%)였다.

정비(예정)구역에서 해제된 지역은 공간적으로 편중된 특성을 보이고 있다. 이들은 종로구, 성북구, 중랑구 등 도심권과 동북권, 영등포구, 관악구 등 서남권 지역에 대부분 분포하고 있다. 해제구역이 다수 입지해 있는 지역은 1979년 이전에 건축되어 지은 지 30년이 넘은 노후 저층주택이 밀집해 있는 곳이다. 이들 지역은 재개발사업의 필요성이 어느 정도 있지만, 사업성이 낮아 해제되었다.

서울시는 해제된 구역에 대한 대안적 정비 모델로 주거환경관리사업과 가로주택정비사업을 유도하고 있다. 실제로 해제구역 중 28개소는 주거환경

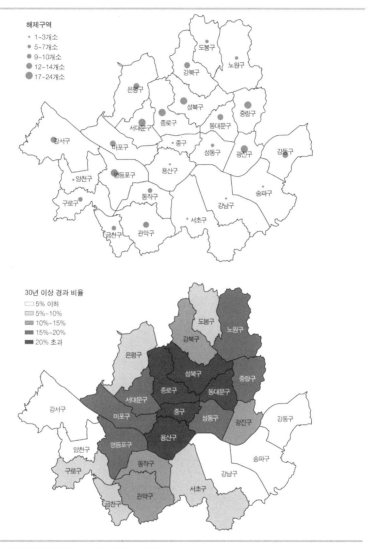

그림 8-7 **자치구별 해제구역 개소 수(위) 및 저층주택 중 30년 이상 경과 비율(아래)**

주: 4층 이하의 저층주택을 대상으로 하여 경과 연수를 조사했다.
자료: 서울시 건축과, 건축물대장(2015년 6월 기준).

관리사업으로 추진 중에 있으며, 창신·숭인, 가리봉 등 뉴타운 지구는 도시
재생활성화구역으로 지정되어 도시재생사업을 추진하고 있다.

그러나 해제구역에서는 재개발에 대한 기대심리가 여전히 남아 있고, 이전 재개발사업 추진에 따른 피로감과 찬반 주민 간의 갈등도 남아 있어 대안사업이 활발히 추진되기는 쉽지 않은 상황이다. 오히려 대부분의 해제구역에서는 개발행위 제한이 풀리면서 건물 신축 활동이 일어나고 있다. 최근 전세난에 힘입어 임대를 위한 도시형 생활주택, 오피스텔, 다세대주택 등이 신축되면서 난개발에 대한 우려가 커지고 있다(≪한국경제≫, 2016.2.29).

한편 해제되지 않고 남은 구역 438개소 중에는 여전히 사업 추진 여부를 결정하지 못한 구역이 다수이다. 재개발을 계속 추진하기로 결정한 구역도 부동산 경기침체로 현금 청산과 미분양이 증가하여 사업 추진이 어려워지고 있는 상황이다.

사업 추진이나 해제를 결정하지 못한 이유는 다양하다. 법적 요건, 특히 노후도 기준을 충족하지 못한 구역도 있고, 부동산 경기침체로 인해 소형 평형을 확대하면서 정비계획을 변경하는 구역도 많다. 부동산 경기를 관망하면서 시기를 조절하는 구역도 다수이다. 또한 추진 주체 간 다툼이나 찬반 주민 간 갈등이 심하거나, 조합과 시공사 간 갈등이 있어 추진 여부를 결정하지 못하는 구역도 상당수에 이른다. 사업을 중단하고 싶어도 과도한 매몰비용으로 오도 가도 못하는 구역들도 있다. 이와 같이 재개발 추진 또는 해제 여부를 결정하지 못하고 관망하는 구역들의 추진 여부는 부동산 경기 상황에 크게 좌우될 것이다.

최근 서울시는 사업 추진이 어렵거나 역사적·문화적 가치가 있어 보존이 필요한 경우 도시계획위원회를 거쳐 시장이 직권으로 정비구역 또는 정비예정구역을 해제할 수 있도록 도시 및 주거환경 정비조례를 개정했다.[4] 직권해제를 통해 재개발 해제구역은 앞으로도 더욱 늘어날 것으로 전망된다.

4　서울시는 2016년 3월 '도시 및 주거환경 정비조례'를 개정했다.

저층 주거지에 대한 인식 변화와 새로운 시도

서울시 전체 면적(605 km²)에서 주거지역은 326 km²(54%)로 절반을 차지한다.[5] 이 중 단독·다가구·다세대주택이 밀집한 저층 주거지는 약 150 km²로 주거지역의 46%를 차지한다.[6] 서울의 저층 주거지는 다세대·다가구주택 건설을 통해 주택 공급에 기여해왔다. 그러나 1~2층 규모의 단독주택이 밀집한 지역이 4~5층의 다세대·다가구주택으로 변화하면서 건물 간의 부조화가 나타나고 지역 특성이 사라지게 되었다(손세관, 2002). 특히 다세대·다가구주택의 건축 규모와 세대 수가 완화되면서 영세필지에 최대의 건폐율과 용적률을 확보하는 과정에서 주거환경이 악화되었다. 이러한 건축규제 완화로 인해 다세대·다가구주택의 용적률은 과거 70%에서 180~200%로 늘어나 밀도가 2.5배 이상 증가했다.[7] 세대 수 증가에 따라 차량도 늘어나면서 좁은 차로와 부족한 주차공간은 저층 주거지의 대표적인 문제로 부각되었다.

2010년대 이후 도시형 생활주택의 공급이 활발해지면서 서울의 저층 주거지도 변화하고 있다. 저층 주거지에 건설된 도시형 생활주택의 이전 용도는 대부분 단독주택이었다. 도시형 생활주택은 주차장 설치기준, 주택 층수 등에 대한 건축규제 완화를 적용받아 건립되는데, 이로 인해 발생하는 주차, 고밀화 등의 주거환경 문제는 기존의 다세대·다가구주택 건축 과정에서 나타난 문제와 유사하다(유영수·김세훈, 2015).

저층 주거지에 내재되어 있는 문제에도 불구하고, 저층 주거지는 중요한 가치를 가지고 있다. 배웅규 외(2011)는 1994년부터 2010년까지 수행된 저층

5　한국토지정보시스템(KLIS)에 의한 주거지역의 면적이다(2015년 9월 기준).

6　KLS(2015)와 서울시 도시생태현황도(2015)를 활용하여 산출했다.

7　제2종 일반주거지역을 대상으로 주택 유형별, 준공 연도별(10년 단위)로 평균 용적률을 산정한 결과이다(서울시 건축물대장, 2015년).

그림 8-8   일조권과 프라이버시 침해 문제(좌) 및 주차 문제(우)

주거지 관련 연구를 심층 분석하여 저층 주거지의 가치를 주거 유형의 다양성, 주민 커뮤니티 유지, 도시 맥락의 유지, 거주자 의견 반영, 저렴주택 공급 가능성, 단계적 변화 가능성 등으로 정리했다. 특히 커뮤니티는 인위적으로 조성할 수 없는 무형의 자산이며, 지역의 역사적·문화적 정체성도 저층 주거지의 중요한 가치라고 할 수 있다.

이렇듯 저층 주거지의 가치에 대한 인식이 달라지면서 새로운 시도도 나타나고 있다. 서울시는 2009년부터 저층 주거지의 정비 및 보전을 위해 살기 좋은 마을 만들기 지구단위계획을 시작으로 2010년 휴먼타운 조성사업을 추진했다. 이후 2012년 개정된 도정법에 주거환경관리사업과 가로주택정비사업이 도입되면서 저층 주거지 관리 및 재개발 대안사업으로 추진되고 있다.

주거환경관리사업은 단독주택 및 다세대주택이 밀집한 저층 주거지를 대상으로 기반시설과 공동이용시설을 확충하여 주거환경을 보전·정비·개량하는 사업이다. 구역 내 기반시설과 주택을 전면철거하는 재개발과 달리 주거환경관리사업은 기존 도시조직과 기반시설을 변경하지 않는다. 주민이 참여하여 원하는 내용으로 계획을 수립하고 이를 바탕으로 공공이 기반시설을 확충하면, 후속적으로 주택개량이 일어나도록 유도하는 것이다.

본격적인 주거환경관리사업이 도입된 2012년 이후 서울에서는 21개 구역

에 대한 주거환경관리사업 정비계획이 결정되었으며, 2015년 12월 말 현재 13개 구역의 공공 부문 사업이 완료되었다. 42개 구역에서는 정비계획이 수립 중이거나 주거환경관리사업 대상지로 선정되기 위해 주민 동의가 진행되고 있다. 주거환경관리사업은 주민이 참여하여 마을 계획을 수립하고, 주민 공동이용시설을 설치하여 주민들 스스로 운영하는 등의 성과를 보이고 있다. 그러나 구역 내 주택의 개·보수나 신축 등 주택개량은 활성화되지 못하고 있는 실정이다(맹다미·장남종, 2015: 65~87).

가로주택정비사업은 기존 도시조직과 가로망을 유지하면서 다수의 필지를 공동으로 개발하여 소규모로 주거환경을 개선하는 사업이다. 사업 추진 절차도 간소화되었고 조합원 수가 적고 의사결정 기간이 짧아 재개발에 비해 사업 추진이 빠르다. 필지 단위로 신축이 어려운 미접도필지, 과소필지에서도 개발이 가능하며 다양한 기반시설과 주민복지시설도 확보할 수 있다. 하지만 용도지역 상향이나 층수 완화가 되지 않기 때문에 일반분양에 의한 수익성이 재개발보다 낮고, 소규모 개발로 인해 미분양 리스크도 높아 사업 추진이 활발하지 못한 실정이다. 2016년 1월 현재 서울시에서는 5개 구역에서만 가로주택정비사업이 추진 중인데, 이 중 1개 구역은 사업 시행 인가를 받았고 4개 구역은 조합 설립 인가 단계에 있다.

재개발구역에서 해제되었거나 대안적 정비사업방식을 추진하려는 저층 주거지는 주거환경관리사업이나 가로주택정비사업을 추진하는 것이 가능하다. 그러나 이러한 방식은 고도성장기 재개발사업과 달리 상대적으로 많은 시간과 노력이 수반되어야 한다. 마을의 주거환경을 개선하기 위해 주민들이 적극적으로 계획 수립에 참여하고, 공공 공간의 개선과 더불어 노후화된 주택을 개량하여 지속가능한 주거환경을 만들어가야 한다. 함께 논의하고 고민하면서 기존의 환경을 조금씩 향상시키는 방식은 모두에게 익숙하지 않지만, 서울에서 다양한 주거지가 지속가능하게 유지·발전되기 위해서는 필수적이다. 이러한 접근방식이 성공적으로 정착하기 위해서는 공공의 역할이 중요하다. 특히 주민이 함께 계획을 수립할 수 있도록 공공이 적극적으로 행정적·재정적 지원을 강화해야 한다.

4 | 저성장기 서울의 재개발정책 과제

재개발사업의 추진 동력 상실

고도성장기에는 재개발 후 분양이 수월하고, 수익에 대한 기대치가 높아 재개발사업이 원활하게 추진되었다. 특히 일반분양에 대한 선호가 높아 분양에 대한 부담이 없었고, 수입이 종전 자산가치를 포함한 지출보다 월등하게 많았다. 또한 개발이익으로 인해 기부채납에 대한 부담도 상대적으로 적어 사업성과 공공 기여를 동시에 확보하는 것이 가능했다.

반면 2008년 글로벌 금융위기 이후 지속되는 경제성장의 둔화는 부동산 경기침체로 이어졌고 연쇄적으로 재개발사업에도 영향을 끼쳤다. 재개발 해제구역이 늘어나고 사업 추진에 어려움을 겪는 구역이 많아지고 있는 것이다. 저성장 기조가 지속된다면 현재 겪고 있는 문제가 더욱 심화될 것으로 예상된다.

저성장기에는 신규 분양수요가 감소하면서 미분양 리스크가 증가하게 될 것이다. 또한 투입된 사업비에 비해 수익이 높지 않아 사업성이 저하되면서 재개발 추진이 어려워지게 된다. 특히 공사비 증가, 기부채납에 따른 공공시설 설치, 임대주택 건설, 사업 지연에 따른 금융비용 증가 등 지출은 증가하는 반면, 종전 자산가치도 이미 오를 만큼 올라 수입은 상대적으로 감소하게 된다.

주택수요와 부동산 시장의 여건이 변하면서 기존에 중대형 평형 위주의 정비계획은 소형 평형의 비율이 높아지게 된다. 또한 조합원 중 현금 청산자가 늘어나면서 일반분양분이 많아지는 등 크고 작은 설계 변경으로 인해 운영비용과 사업 기간은 늘어나게 된다. 이러한 상황은 공사비를 상승시키고 조합원에게 경제적인 부담을 가중시킨다. 이러한 부담을 줄이기 위해 조합과 건설사가 일반분양분의 분양가를 상대적으로 높게 책정하면 오히려 미분양 리스크가 높아지게 된다.

일례로 2015년 서울 아파트 3.3m^{2}당 분양가는 전년보다 평균 3.8% 올랐고, 이 중 재개발·재건축사업구역 아파트의 분양가는 8.1% 올랐다.[8] 또한 2015년 서울의 재개발·재건축구역에서도 미분양이 발생했는데, 이러한 현상은 상대적으로 높은 분양가에 기인한 것이다(≪뉴시스≫, 2016.2.24).

소유자 입장에서는 추가분담금에 대한 부담이 커지면서 현금 청산자가 늘어나게 된다. 시공사 입장에서는 아파트 가격 상승에 대한 전망이 불투명해지고 분양수요가 감소하면서 미분양 리스크가 늘어나 사업이익을 환수하기 어렵게 된다.

---

8 닥터아파드, http://www.DrApt.com; ≪뉴시스≫, 2016.2.24.

그림 8-10 경제성장 둔화로 인한 정비사업 추진의 어려움

재개발은 사업성에 의존하기 때문에 추진 여부는 부동산 경기에 좌우된다. 즉, 재개발은 개발 후 증가할 부동산가치를 기대하고 추진되기 때문에 일반분양을 통한 수익이 기존 부동산가치와 공사비를 포함한 사업비용을 상쇄할 수 있어야 원활하게 추진될 수 있다. 고성장시대에는 부동산수요가 높고 부동산가격 상승에 대한 기대로 분양가도 높게 형성되어 수익이 커진다. 반면에 저성장시대에는 부동산가격 하락과 미분양에 대한 우려로 분양가가 낮게 형성되고 수익성도 낮아져 사업 추진이 어렵게 된다.

지역 간 편차로 주거지 양극화 심화

저성장기에는 주거지의 양극화 현상이 더욱 두드러질 것으로 전망된다. 재개발이 추진되지 않는 지역에서 주택과 기반시설은 지속적으로 노후화될 것으로 예상된다. 전체 주거지의 절반가량을 차지하는 저층 주거지는 주택 유형의 다양화, 기존 거주민의 주거권 보호, 주거환경 개선 등의 측면에서 체계적으로 유지·관리되어야 한다.

그러나 다가구·다세대주택 밀집지역에서는 주차공간이 부족하여 골목길이 주차장으로 변했고, 최소 인동간격으로 지어진 주택에서는 일조권과 사생활 침해 문제가 발생하고 있다. 개별 주택은 시간이 흐를수록 노후화되고, 단열, 난방과 같은 주택 성능의 효율성이 낮아져 주택관리비용이 증가하게 된다. 또한, 교육·복지·문화시설, 어린이 놀이터, 공원 등이 부족하여 자녀

그림 8-11   주거지 양극화 전망

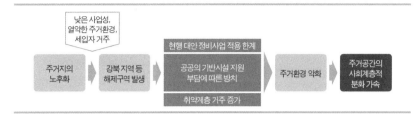

를 가진 육아세대가 거주하기에는 많은 불편이 따른다.

주거환경의 물리적인 개선이 필요하지만, 재개발이 추진되기 어렵거나 다른 대안이 없는 지역은 물리적 환경이 열악해지면서 주거환경이 질적으로 저하될 것으로 예상된다. 특히 사업성이 낮은 강북 지역의 주거지는 재개발의 필요성이 높음에도 사업 추진이 더디거나 진행되지 않을 것이다. 재개발사업의 추진이 여의치 않은 지역에서는 개별 필지 단위의 신축 혹은 주택개량, 합필에 의한 소규모 정비사업이 가능하다. 그러나 도로 등 기반시설의 정비 또는 확충을 동반하지 않는다면, 건물의 규모와 세대 수가 증가하기 때문에 주차공간이 부족해지고 생활도로가 더욱 혼잡해지는 문제를 겪게 될 것이다.

무엇보다 거주하기 불편하고 개선의 여지가 보이지 않는 주택은 시간이 지날수록 저렴주택으로 전락하면서 취약계층의 거주가 늘어날 것으로 보인다. 이러한 주택이 밀집한 지역의 주거환경은 더욱 악화되고, 주거공간의 입지에 따라 사회적·경제적 계층의 분화 현상이 가속화되면서 결국 주거지의 양극화가 심화될 것으로 예상된다.

고도성장기에 끊임없이 사업 동력이 만들어질 것 같았던 재개발도 저성장기에 접어들면서 제동이 걸리게 되었다. 고도성장기를 견인했던 재개발사업의 메커니즘도 이제는 작동하기 어려운 상황에 직면했다. 압축적인 성장을 거친 서울의 주택과 기반시설은 시간이 흐르면서 점진적으로 노후화되고 있다. 전면철거방식의 재개발사업 이외에 노후화된 주거환경을 개선하기 위해 서울에서는 주거환경관리사업, 가로주택정비사업과 같은 대안적인 정비사업을 추진하고 있다. 이러한 방식은 아직 시범적인 단계에 그치고 있어 이를 활성화하기 위해서는 선행되어야 할 과제들이 있다.

저성장기에 접어들면서 재개발사업의 추진 동력은 약화되고 지역 간 편차로 인해 주거지의 양극화 현상은 심화될 것으로 예상된다. 무엇보다 기존 주택, 도로, 시설 등 다양한 시설과 기능이 이미 갖춰진 기성시가지에서는 제약조건에 순응하면서 주거환경을 유지하고 정비·개선하는 방안을 마련하는 것이 필요하다. 저성장기에 적합한 재개발 원칙을 찾고 이를 실현할 수 있는 수단을 강구해야 할 것이다.

5 ｜ 저성장기 서울의 재개발정책을 위한 제언

전면철거형 재개발은 꼭 필요한 곳에서만 추진하자

그간 '뉴타운·재개발 수습방안'을 통해 대규모·대량으로 지정되었던 정비구역 중 일부는 해제되었다. 최근 서울시는 주민 갈등이 심하거나 사업성 저하로 사업 추진이 어렵다고 판단되면 시장이 직권으로 재개발구역을 해제할 수 있도록 했다. 이 같은 정책적 노력을 통해 그동안 무분별하게 지정되었던 재개발구역을 전면적으로 정리하는 것이 필요하다.

전면철거형 재개발은 기반시설과 건축물에 대한 정비가 필요하지만 사업성이 높지 않은 구역에서 선별적으로 적용할 필요가 있다. 이를 위해서는 재개발사업구역을 지정하는 요건을 강화해야 한다. 현재는 경과 연수에 의한 주택의 노후도가 가장 중요한 요건이지만, 향후에는 주택의 성능, 안전 등을 고려한 노후도로 전환해야 한다. 또한 기반시설의 수준에 따른 주거환경의 개선 가능성 여부가 구역 지정에 중요한 요건이 되어야 할 것이다. 특히 구역 전체적으로 기반시설이 정비되어야 주거환경 개선이 가능한 지역에 대해서만 재개발사업을 추진하도록 유도해야 할 것이다.

'선택과 집중'을 통해 재개발사업을 추진하자는 데는 전면철거형 재개발을 최소화하자는 의미와 함께, 공공이 재개발사업에서 제 역할을 수행해야 한다는 의미도 포함되어 있다. 과거 행정감독관의 역할에서 이제는 사업 추진 주체 또는 적극적인 지원 주체로서 공공의 역할을 강화해야 한다. 구역 내 도시 기능 회복과 주거환경 개선이 주변지역에 파급될 수 있도록 공공성을 높여야 할 것이다. 사업성을 확보하지 못해 재개발이 추진되기 어려운 지역은 개별 필지 단위에서의 주택개량이나 신축, 부분적인 기반시설 정비로는 근본적인 문제를 해결하기 어렵다. 이러한 지역일수록 기반시설 설치를 비롯한 사업 추진에 공공의 역할이 강조되어야 한다.

재개발사업을 진정한 의미의 공공사업으로 추진하기 위해서는 공공이 기반시설 설치비용을 지원하고 임대주택의 매입비용을 현실화하는 등 사업 추진에 직간접적으로 개입해야 한다. 그러나 저성장기에는 부동산 관련 세수가 감소하면서 공공이 부담할 수 있는 재정에 한계가 있으므로, 선택과 집중을 통해 꼭 필요한 곳에서만 재개발사업이 추진되도록 해야 할 것이다.

이를 위해서는 공공의 지원에 따른 전제조건으로서 사업 추진에 대한 명확한 원칙과 기준을 마련해야 한다. 즉, 공공 부문이 재정적 지원을 위해 우선순위를 판단하는 객관적 기준을 마련하는 것이 필요하다. 공공이 재정적으로 지원하거나 사업 시행 주체가 되어 재개발을 추진하는 경우에는 원주민 재정착, 주택 공급 방식 등 사업의 내용과 개발이익 환수방법을 새롭게 재편해야 한다(변창흠, 2011).

저성장기에 적합한 사업 메커니즘으로 전환하자

고도성장기 재개발은 수익성을 기반으로 한 민간 동력에 의한 사업이었다. 여기에 제도적으로 용도지역의 상향을 허용해 용적률이 늘어나면서 수익을 극대화할 수 있도록 지원했고, 그에 따른 기부채납까지도 가능했다. 저성장기에는 과거보다 지출과 미분양 리스크가 커지고 수입은 오히려 줄어들면서 기존의 수입·지출 관계가 성립되지 않는 등 재개발 메커니즘이 원활하게 작동하지 않게 된다. 따라서 고도성장기에 맞춰 설계되었던 재개발 메커니즘을 저성장기에 적합하도록 전환해야 한다.

저성장기에 적합한 수입과 지출 구조를 마련할 수 있는 수법을 강구해야 한다. 이를 위해서는 첫째, 고도성장기에 설계된 획일적인 기부채납체계를 저성장 기조에 부합하도록 재설계할 필요가 있다.

고도성장기 재개발에서는 민간의 기부채납방식에 의존해 획일적으로 기반시설을 정비했다. 사업 시행 주체는 공공시설의 기부채납을 통해 용적률 인센티브를 얻어 사업성과 수익을 극대화할 수 있었다. 반면 저성장기에는 수익이 충분하지 않기 때문에 정해진 비율의 기부채납은 사업을 추진하는 데 부담으로 작용한다. 또한 용적률 인센티브가 사업성을 증가시키지 않고 오히려 미분양에 대한 부담으로 작용할 수 있다. 따라서 기존과 같이 획일적으로 기부채납의 방식과 비율을 정하는 것이 아니라, 구역 여건에 따라 부지, 시설, 기금 등 기부채납 방식을 다양하게 적용할 수 있도록 해야 한다. 공공기여 대상도 일률적인 공공시설에서 주민의 다양한 수요를 반영할 수 있는 편익시설, 주민공동이용시설이나 임대주택으로 확대하는 방안이 필요하다. 장기적으로는 용적률 체계와 연계하여 기부채납제도를 저성장기조에 맞도록 정책적으로 재설계해야 한다.

둘째, 재개발사업을 통한 미분양 리스크를 안정시키기 위해 다양한 주체의 사업 참여를 유도하도록 제도적·정책적 기반을 마련해야 한다. 재개발사업 이후 분양에 대한 부담이 없었던 과거와는 달리 최근 사업에서는 미분양에 대한 리스크가 높아 사업 추진을 어렵게 하고 있다. 사업성이 주도하여 공공성을 제공하던 재개발 메커니즘을 이제는 공공성이 주도하여 사업성을 유도하는 체제로 전면 개편해야 한다.

기반시설이 열악하고 노후·불량주택이 밀집한 지역에서 주거환경을 개선하여 '도시의 기능을 회복'하기 위해서는 공공의 역할이 중요하다. 과거 관리자의 역할에 머물렀던 것에서 탈피하여 공공 참여조합원으로 재개발사업에 참여하여 공공의 역할을 강화할 필요가 있다. 공공 참여조합원으로 재개발사업에 직접 참여하여 취득한 신규주택은 임대주택으로 활용할 수 있는 장점이 있다. 공공 참여조합원 제도 이외에 사업을 투명하고 안정적으로 추진하기 위해서 시공, 분양, 금융 등 다양한 전문 민간 부문과 협력하여 추진할 수 있는 방안도 필요하다.

소규모·소단위 재생 등 주거환경 정비방식을 다양화하자

단기간에 많은 수의 구역을 대규모로 전면철거 재개발하던 방식에서 기존의 자원을 재활용하여 자원 소비를 최소화하면서 점진적 변화를 이끄는 소규모·소단위 재생으로 주거환경을 개선해야 한다. 이를 위해서는 먼저 재개발사업의 위상을 재정립할 필요가 있다. 재개발사업을 하나의 독립적인 주거환경 개선 수단으로 접근하기보다는 도시재생의 패러다임 안에서 하나의 수단으로 다루어야 할 것이다. 노후주거지 재생이 필요한 다양한 대상과 범위에 따라 지역 특성에 맞도록 사업방식을 선택할 수 있는 체계를 마련할 필요가 있다.

저층 주거지를 대상으로 하는 대안사업을 지속적으로 발굴하는 것도 필

그림 8-12 저층 주거지 소단위 정비방식의 필요성

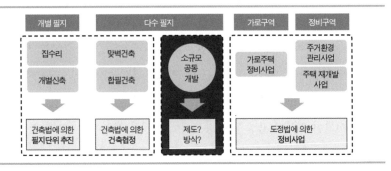

요하다. 현재는 건축법에 의해 개별 필지 단위에서는 집수리 또는 신축을 하고, 여러 필지에서는 건축협정을 맺어 맞벽 혹은 합필 건축을 시행할 수 있다. 구역 단위로는 도정법에 따라 가로구역 단위의 가로주택정비사업, 주택재개발·재건축사업, 주거환경관리사업 등을 적용할 수 있다.

그러나 필지 단위와 구역 단위 사이의 소규모 단독 혹은 공동 개발이 가능한 모델은 제도적인 기반과 행정적·재정적 지원이 부족한 실정이다. 재개발사업 추진이 어려운 지역일수록 필지 단위의 집수리 혹은 주차장 등 기반시설을 공급하는 소단위 개발이 필요하지만, 현실적인 사업 모델이나 제도가없는 실정이다. 따라서 저층 주거지를 마을 단위로 관리할 수 있도록 필지구성별 주거환경 개선을 위한 소단위 정비 모델과 메뉴의 개발이 필요하다.

주거환경을 업그레이드하기 위한 관리체계로 전환하자

고도성장기 재개발은 사업성을 기반으로 많은 사회적 갈등을 유발했고, 일시에 기존 건물과 커뮤니티를 붕괴시키면서 새로운 주거지로 탈바꿈시켰다. 이제는 고도성장기의 유일한 정비 수단이었던 전면철거형 재개발을 무분별하게 추진하는 것을 중단해야 한다. 커뮤니티를 지속 불가능하게 했던 기존 방식에서 벗어나 주민과 공공이 협업하여 시간이 다소 걸리더라도 기존 주거지를 지속가능하게 관리·개선할 수 있는 방식으로 전환해야 한다. 고도성장기에는 높은 사회적·경제적 비용을 지불하면서 지속 불가능한 환경을 창출해냈다면, 저성장기에는 저비용으로 기존 주택재고와 주거환경을 최대한 유지·관리하면서 꼭 필요한 경우에만 재개발을 추진하는 지속가능한 주거지를 구현해야 한다.

저층 주거지에는 이미 거주민이 살고 있고 물리적·사회경제적 생활환경이 조성되어 있기 때문에, 이를 지속가능하게 유지하고 관리하는 것이 첫 번째 방향이어야 한다. 다만 고도성장기에 만들어진 제도로는 지속가능한 주거지로 유지·관리·보전하는 데 어려움이 있으므로, 이를 개선하기 위한 제도적·정책적 틀을 재구축해야 한다.

현재는 저층 주거지를 보전하면서 주거환경을 개선하는 관리체계가 미비하다. 오히려 사업을 통해 주거환경을 개선하도록 유도하고 있다. 관련 사업으로는 도정법에 의한 주거환경관리사업, 건축법의 건축협정, 경관법의 경관협정, 국가균형발전특별법에 의한 도시활력증진사업 등이 있다. 주거환경관리사업은 일반적인 저층 주거지를 대상으로 대상지 선정이 용이하고 민간의 주거환경 개선을 공공이 지원한다는 점에서 다른 사업과 차별성을 갖는다. 그러나 근거법인 도정법이 사업법이기 때문에 사업구역에 한정하여 추진되고 있다. 또한 지속적으로 주거지를 관리하고 주택개량을 활성화하기 위한 주체와 방법, 공공지원 등에 대한 세부 규정이 미흡한 실정이다.

개별 사업에 의한 주거환경 개선도 필요하지만, 주거지 전체를 아우르는 관리 틀 없이 개별 사업으로만 추진되는 것은 오히려 저층 주거지의 문제를 해결하지 못할 수 있다. 따라서 일차적으로 '(가칭) 저층 주거지 관리법'과 같은 새로운 제도를 제정하여 주거생활권 단위의 지속적인 관리체계를 마련해야 할 것이다. 이러한 공간 단위의 관리체계를 기반으로 공공은 주택개량을

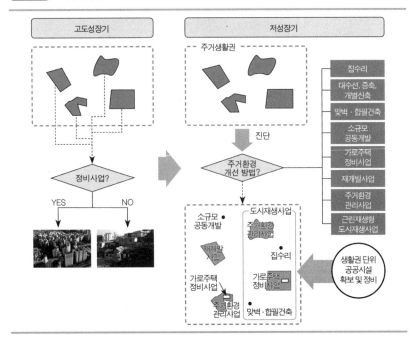

그림 8-13　저성장기 주거환경 개선을 위한 관리체계로의 전환

활성화하도록 시민 교육과 홍보, 행정적·재정적 지원을 병행하고, 기반시설을 정비하기 위한 지원체계를 강화해야 한다.

　고도성장기 재개발이 유일한 주거지 정비 수단이었다면, 저성장기에는 지속가능한 주거지 관리체계를 마련하고, 주택 개·보수부터 신축, 소규모 공동개발, 재개발사업, 근린재생형 도시재생사업까지 다양한 사업을 활용해야한다. 지역의 특성, 필지 및 주택의 상황 등에 맞춰 사업 혹은 관리방식을 선택할 수 있는 체계를 마련할 필요가 있다. 공공은 주거생활권 단위에서 공공시설을 계획적으로 확충하고 정비하는 역할을 수행하고, 민간은 지역 특성에 맞는 사업 혹은 관리방식을 채택하여 주민과 함께 주거환경을 개선하는틀을 구축해야 할 것이다.

　현재 우리가 겪고 있는 사회경제적 상황이 앞으로 어떠한 모습으로 변하

| 표 8-5 | 고도성장기와 저성장기 비교: 재개발 방향 |

구분	고도성장기	저성장기
사업 목적	전면철거재개발을 통한 물리적인 주거환경 개선	다양한 수단을 통한 주거지의 지속적 유지·관리·정비
추진 방식	다수의 구역을 대규모로 지정하고 사업을 단기간에 추진	선택과 집중 소규모, 소단위 정비 점진적 추진
추진 주체	소유자 중심	거주민 중심
사업 메커니즘	소유자의 토지 + 민간 부문 재정부담	공공의 지원 + 주민 참여 + 민간 협력
사업 지향점	개발이익 극대화 기존 커뮤니티 대체	공공성 강화 지속가능한 커뮤니티로

게 될지는 단언하기 어렵다. 그러나 서울의 경제성장 추세와 이미 저성장을 경험한 일본 등 외국의 동향을 살펴보건대, 저성장을 위기이자 기회로 보고, 암울한 미래에 대응할 수 있도록 공공의 정책적 노력이 필요한 시점이다.

고도성장기 서울의 주거지는 도시의 성장 속도만큼이나 빠르게 변화했다. 저성장기에는 여기에 적합한 속도로 숨 고르기를 함으로써 고도성장기에 만들어진 여러 가지 부작용을 되짚어보고, 재도약을 위한 시간으로 삼아야 할 것이다.

고도성장기 재개발사업은 소유자가 중심이 되어 전면철거방식으로 아파트를 건설하고 공공은 행정적으로 관리·감독만 하는 방식으로 추진되었다. 그간의 재개발사업은 수익성을 표방하는 사업구조로 추진되었고, 이로 인한 부작용이 사회적 갈등으로 표출되었다. 저성장기에는 이와 같은 사업성을 위한 단선적인 사업구조에서 벗어나 거주민을 위해 다양한 민간 활력을 유도하고, 공공이 함께 주거지를 지속적으로 유지·관리·정비하는 사업으로 전환해야 할 것이다.

또한 기존 재개발사업 방식과 대안적 정비방식 이외에 저층 주거지를 지속가능하게 할 수 있는 다양한 소단위 정비 수법들이 마련되어야 할 것이다.

이를 통해 과거 전면철거방식으로 정비되어 지속 불가능했던 커뮤니티를 지속가능한 커뮤니티로 유지·개선하면서 주민의 삶의 질을 향상시킬 수 있을 것이다. 고도성장기에는 성장 속도에 발맞추어 개발 일변도 정책으로 주거지를 빠르게 변화시켰다. 그러나 저성장시대에 대응하기 위해서는 다양한 관련 주체가 함께 시간과 노력을 기울여 우리의 삶터인 주거지의 점진적인 변화를 이끌어내는 것이 효과적이며 안전한 방법일 것이다.

제9장 서울의 공공 인프라 수급 변화 전망과 대응 과제

·
·
·

장남종 (서울연구원 도시재생연구센터장)

1 | 저성장기 공공 인프라를 둘러싼 이슈

　최근 서울에서는 상수도 누수 사고, 도로의 땅 꺼짐 사고, 지하철 운행 정지 등과 같은 안전사고가 부쩍 늘어나고 있다. 또한 지어진 지 오래된 학교, 주택의 노후화로 인한 시설의 안전문제가 사회문제로 대두되고 있다. 도심에서는 학생 수가 줄어 문을 닫는 학교가 늘어나는 반면, 고령화가 진전됨에 따라 노인들의 문화와 복지수요는 점점 증가하고 있다. 이러한 공공 인프라의 안전문제와 수요 변화는 고도성장기에 공급된 공공 인프라의 물리적 노후화가 심화되고 저성장기에 접어들면서 저출산·고령화가 빠르게 진행되고 있다는 데에서 그 원인을 찾을 수 있다. 저출산·고령화와 저성장 국면을 맞이한 여건 변화 속에서 공공 인프라의 새로운 정책 방향을 마련할 필요가 있다.

　공공 인프라는 도로, 공원, 시장, 철도 등 도시민의 생활이나 도시 기능의 유지에 필요한 물리적인 요소로서 도시기반시설과 공공시설을 통칭한다. 여기서는 공공 인프라를 도시 기능 유지에 필요한 '도시 인프라'와 도시민의 생활 유지에 필요한 '생활 인프라'로 구분했다. 도시 인프라에는 도로·철도 등

그림 9-1 서울의 도시발전과 공공 인프라 공급의 관계

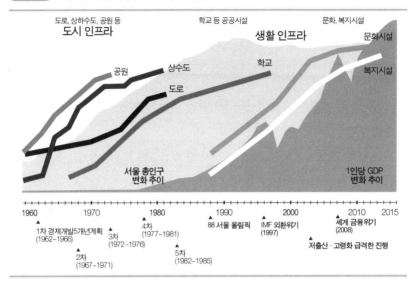

교통시설, 광장·공원·녹지 등 공간시설, 수도·전기·가스 등 유통공급시설, 하천·방화 등 방재시설, 화장장·공동묘지 등 보건위생시설, 하수도·폐기물 처리 등 환경기초시설 등이 포함된다. 생활 인프라는 주민자치센터 등 공공청사, 유치원·학교 등 교육시설, 문화시설, 운동장 등 체육시설, 노인정·사회복지관 등 복지시설 등이 해당한다.

우리나라 도시의 공공 인프라 공급과 확충은 선진국과는 다른 특징을 보인다. 외국 대도시는 상당히 완만한 속도로 도시화가 진행되었기 때문에 공공 인프라의 공급 역시 도시 발달에 따라 장기간에 걸쳐 이루어졌다. 반면 우리나라의 공공 인프라는 일제강점기에 공급된 철도, 항만 등 일부를 제외하고는 1960년대 말부터 급속한 도시화 과정을 거치면서 본격적으로 공급되기 시작했다. 서울에서도 1970년대부터 1990년대 말까지 압축적인 고도성장기를 거치면서 공공 인프라가 집중적으로 공급되었다. 하지만 단기간에 공급·확충된 공공 인프라는 내구연한 역시 한꺼번에 도래하여 노후화에 따

른 안전 및 보수문제에 직면하게 된다.

한편 우리나라는 고령사회로 빠르게 진입하면서 복지·문화 등 새로운 공공 인프라 수요가 급증하고 있어 이에 대한 대응도 필요하다. 더구나 저성장기에 접어들면서 지방정부의 세수가 감소하는 반면 복지 관련 재정수요는 급증하고 있어, 공공 인프라의 신규 투자에 대한 재정적 여력은 앞으로 더 줄어들 전망이다.

서울의 공공 인프라는 노후화로 인한 보수비용의 증가, 경기 둔화에 따른 세수 감소, 새로운 복지수요 증가에 필요한 예산 확보 등 새로운 국면을 맞이하고 있다. 따라서 고도성장기 공공 인프라 공급의 정책 기조를 저성장기에 맞게 전환할 필요가 있다.

이 글에서는 저성장기를 맞아 공공 인프라의 수요와 공급방식이 어떻게 변화하고 있으며, 무엇을 준비해야 하는지 살펴보고자 한다. 저성장기를 맞이하여 어떤 여건 변화가 나타나고 있으며, 이로 인해 공공 인프라의 기존 공급방식에는 어떤 한계와 문제점이 있는지를 살펴본다. 또한 우리보다 먼저 저성장을 경험한 일본의 사례를 검토하여 우리에게 주는 시사점을 도출하고자 한다. 끝으로 저성장기 공공 인프라의 수요 변화와 과제를 도출하고, 새로운 정책 방향을 제시하고자 한다.

2 ᅵ 고도성장기의 인프라 수급방식과 여건 변화

인구 증가에 따른 도시 인프라와 생활 인프라의 공급 확대

해방 이후 1960년까지는 사회적 혼란과 전란에 시달린 고난의 시기였다. 1960년대부터가 이를 딛고 일어서 근대화라는 이름으로 경제적 기틀을 다지

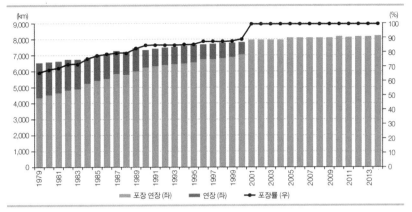

자료: 서울시 통계, http://stat,seoul,go,kr/

는 시기라고 할 수 있다. 이 시기부터 우리나라는 산업화와 도시화가 가속화되었고, 서울로의 인구 유입도 급속하게 이루어졌다. 서울의 주민등록인구 증가 추이를 보면, 1953년에 약 100만 명이던 인구가 1961년 약 258만 명으로 증가했다. 1970년에는 500만 명을 넘어섰고 1988년에는 인구 1,000만의 대도시가 되었다. 이러한 급격한 인구 증가는 주택 부족문제와 함께 도로, 공원, 상하수도, 폐기물 처리 등 도시 기능 유지에 필요한 도시 인프라의 수요를 증폭시켰다. 이와 함께 학교, 파출소, 동사무소(주민센터) 등 시민 생활을 지원하기 위한 생활 인프라 수요도 폭증했다.

서울시는 먼저 경제성장과 도시 기능에 가장 중요한 도로 확충에 힘을 쏟았다. 1960년에 1,337km에 불과했던 도로 총연장 길이는 1965년에 1,440km를 거쳐 1970년에는 5,292km로 10년 사이에 약 3배 가까이 증가했다. 이것은 서울시가 1960~1970년대 부족한 택지공급과 시가지 정비를 위해 토지구획정리사업을 대대적으로 시행한 결과였다. 1980~1990년대에도 도로 확충은 지속되어 도로 총연장 길이는 1980년에 6,610km, 1990년에 7,375km를 거쳐 2000년에는 7,888km에 이르렀다. 특히 1970년 약 70%에 불과하던 도

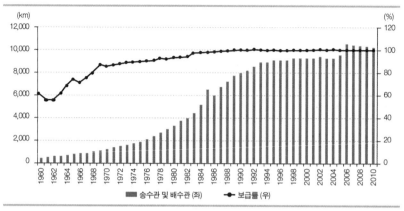

그림 9-3 | 상수도 보급률 및 송수관 및 배수관 길이

자료: 서울시 통계연보(각 연도); 서울시 통계, http://stat.seoul.go.kr/

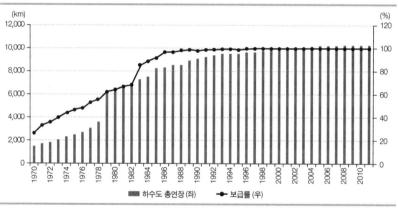

그림 9-4 | 하수도 보급률 및 총연장

자료: 서울시 통계, http://stat.seoul.go.kr/

로포장률이 1980년 약 80%, 1990년 약 85%, 2000년에는 거의 100%에 도달했다.

도시 인프라 중에서 도시민의 삶의 질에 매우 중요한 역할을 하는 상하수도의 보급 추이를 보면, 1961년 56%에 불과하던 상수도 보급률이 1969년에 80%를 넘어설 정도로 급증했다. 1970년대까지 지속적으로 이루어진 토지구

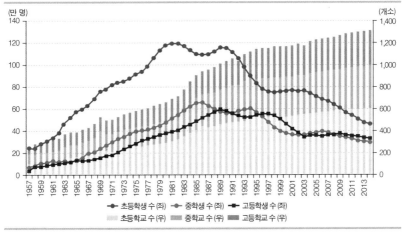

그림 9-5 ┃ 학생 수 변화에 따른 학교 수 변화 추이

(만 명)

(개소)

━●━ 초등학생 수 (좌) ━●━ 중학생 수 (좌) ━■━ 고등학생 수 (좌)
▨▨▨ 초등학교 수 (우) ▨▨▨ 중학교 수 (우) ▨▨▨ 고등학교 수 (우)

자료: 서울연구원(2013); 서울시 교육통계연보(각 연도).

획정리사업 등을 통해 서울의 상수도 보급률은 완만하게 증가하여 1978년에 90%를 넘었고, 1990년에는 거의 100% 수준에 이르렀다.

상수도 보급에 비해 하수도 보급은 상당히 늦은 편이었다. 1970년에 하수도 보급률은 27.9%로 같은 해 상수도 보급률 85.6%의 약 1/3 수준에 불과했다. 이는 생활하수나 빗물 대부분이 하수관거가 아니라 지상에 그대로 노출되었다는 것을 의미하며, 당시 서울의 열악한 위생수준을 보여준다. 하수도 보급률은 1977년에야 50%를 넘겼으며, 1980년대 이후 급속하게 확충되기 시작했다. 1980년대 중반 들어 서울의 하수도 보급률은 90%를 넘어섰고, 1997년 100%를 달성했다(서울연구원, 2010).

한편 인구 증가에 따른 학령인구 증가는 학교시설의 공급을 필요로 했다. 서울의 초등학교 학생 수는 통계가 집계된 첫해인 1957년 24만 명을 시작으로 1960년대 급속하게 증가했다. 서울의 초등학교 학생 수는 1980년대 초까지 꾸준한 증가율을 보여 1982년 118만 명으로 정점을 찍었고, 중·고등학교의 학생 수 역시 증가했다. 1983년 이후 초등학교 학생 수는 계속해서 감소하고 있지만, 초등학교 수는 최근까지도 증가했다.

경제성장과 산업 발달에 따른 도시 인프라 확충

1970년대 중반 이후 서울 도심에서는 도심재개발사업을 통해 고층 오피스 건물이 들어서기 시작했다. 청량리, 영등포, 영동 등의 부도심이 형성되었고, 부천·의정부·성남·안양 등이 서울의 위성도시로 자리 잡게 되었다. 도심의 현대화와 부도심의 형성, 그리고 외곽의 위성도시 건설로 과거 청계천과 종로를 중심으로 했던 서울은 한강을 중심으로 강북과 강남으로 구분되고, 그 주위로 위성도시를 거느린 거대도시로 탈바꿈했다.

서울의 산업 발달은 물류 유통과 유동인구의 증가를 가져왔고, 이는 도로 개설과 대중교통의 확충을 필요로 했다. 1974년에 지하철 1호선이 건설되면서 대중교통은 버스에서 지하철 중심으로 전환되었다. 1980년대 아시안게임(1986년)과 서울 올림픽(1988년) 등 국제 행사는 서울의 주요 간선도로망을 확충하는 계기가 되었다. 이 시기에 한강을 정비하면서 양안에 올림픽대로와 강변북로가 건설되었다. 또한 지하철 2호선 순환선이 완공되었으며, 이어서 3·4호선이 개통되었다. 1990년대에는 도심부의 교통체증을 개선하기 위해 내부순환로가 개설되었으며, 지하철 5호선, 2·3·4호선의 연장선이 개통되어 수도권 전철망을 갖추게 되었다.

소득수준 향상에 따른 생활 인프라 공급의 질적 변화

1980년대 아시안게임과 올림픽 개최는 서울이 국제도시로 변모하는 계기가 되었다. 그간의 인프라 공급을 통해 생활 서비스 수준이 향상되면서 시민들의 여가활동과 문화수요는 더욱 증가했다.

그림 9-6　행정구역 변화와 공원 면적 및 1인당 면적

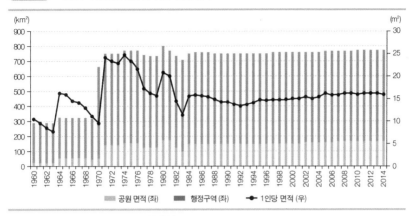

자료: 서울시 통계, http://stat.seoul.go.kr/; 서울연구원(2010).

서울의 공원 면적은 1960년대부터 1980년까지 서울시 행정구역이 변경되면서 큰 폭의 증감을 반복해왔다. 1963년 3차 도시계획구역 확장으로 행정구역 면적이 증가하면서 공원 면적이 증가했다. 이후 1970년까지는 지속적으로 감소했으나, 1971년 북한산 국립공원이 공원 면적에 포함되면서 총 공원 면적은 141.22km^{2}로 증가했다. 이후 1983년에는 107.75km^{2}까지 감소했는데, 이는 광명시가 서울시 행정구역에서 분리되고 '자연공원법'이 제정되면서 국립공원이 공원 면적에서 제외되었기 때문이다.

1980년 이후 서울시는 기성시가지 내 공원·녹지 면적을 늘리기 위해 택지개발사업과 주택재개발사업 시 일정 비율 이상의 공원·녹지 면적을 확보하도록 했다. 1980년대 중반부터 현재까지 서울의 공원 면적과 1인당 공원 면적은 완만한 증가세를 보여 2014년 총 공원 면적은 167.64km^{2}에 이르며, 1인당 면적은 16.17m^2 수준이다.

소득수준이 향상되고 문화수요가 증가하면서 서울시는 문화시설 확충에도 힘을 쏟기 시작했다. 문화시설 공급은 특히 1980년대의 국제 행사를 유치하면서 괄목할 만한 성과를 거두었다. 문화시설은 공연장(영화관, 공연시설), 전시

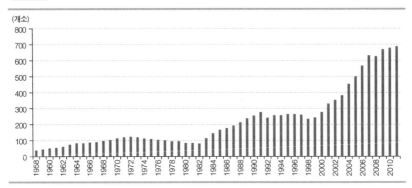

그림 9-7 공연장 수 변화 추이

자료: 서울시 통계, http://stat.seoul.go.kr/

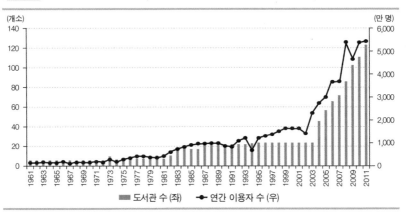

그림 9-8 공공 도서관 및 연간 이용자 수 추이

■ 도서관 수 (좌)   ● 연간 이용자 수 (우)

자료: 서울연구원(2010).

시설(박물관, 미술관, 화랑) 및 지역문화시설(구민회관, 청소년회관) 등으로 나눌 수 있는데, 1958년 40곳에 불과했던 공연장이 1988년에는 200개를 넘어섰다.

2000년 이후 서울시가 정책적으로 문화예술 창작 활성화를 위한 창작공간을 개설하기 시작하면서 문화시설은 비교적 짧은 시간에 급속도로 확충되었다. 공연장은 2000년 279개에서 2011년 687개로 늘어났으며, 2000년 대비 2.5배 증가했다.

고도성장기 서울의 공공 인프라 공급방식과 특징

고도성장기 서울시가 공공 인프라를 공급하던 방식의 특징은 다음과 같이 요약할 수 있다.

첫째, 서울은 세계에서 유례를 찾기 힘든 압축적인 고도성장기를 경험했고, 인구 증가, 경제성장, 소득수준 향상 등에 따라 필요한 공공 인프라를 단기간에 압축적으로 공급했다. 서울이 갖추어야 했던 공공 인프라는 급격한 경제성장과 도시발전에 따라 20~30년의 짧은 기간에 공급되었다. 먼저 경제성장을 견인할 수 있는 도로, 상하수도 등 도시 인프라가 공급되었고, 다음으로 공공시설, 학교 등 도시민의 생활을 지원하는 생활 인프라가 공급되었다. 이후 생활수준이 향상되면서 여가·문화 등 복지 관련 인프라가 확충되었다.

둘째, 중앙정부 차원에서는 부족한 재원과 행정 역량을 극복하기 위해 선택과 집중 방식으로 자원을 배분했다. 지방자치제도가 실시되기 이전에 고도성장기를 겪은 서울은, 중앙정부의 역할과 권한을 위임받아 수위 도시의 면모를 갖추기 위해 공공 인프라 확충에 주력했다.

셋째, 압축성장 과정에서는 도시개발사업을 통해 필요한 공공 인프라를 확보하거나 재원을 마련했다. 토지구획정리사업에서는 감보율과 체비지 등을 통해 시가지 조성과 공공 인프라 확충에 필요한 재원을 조달했다. 또한 노후불량주택지 재개발사업에서는 도로, 공원 등 필요한 정비기반시설을 민간으로부터 기부채납을 받는 방식으로 확보하고, 이에 상응하는 용적률 인센티브를 제공했다.

넷째, 공공 인프라 확충은 먼저 도시계획시설로 지정하고, 예산이 확보되면 해당 시설을 공급하는 방식으로 이루어졌다. 이에 따라 관련 시설에 대한 예산이 확보되지 않으면 도시계획시설 지정 후 장기간 집행하지 못하는 경우가 늘어났고, 토지 소유자들의 재산권 행사가 제한되면서 고질적인 민원이 되었다. 또한 공공 인프라의 신규 확충에만 치중하다 보니 기존 공공 인프라의 유지·관리를 위한 노력은 상대적으로 소홀히 한 측면이 있었다.

고도성장기 공공 인프라의 공급방식은 동원할 수 있는 공공재원이 부족한 상황에서 늘어나는 시설수요에 대응하기 위해 일정 부분 불가피한 면이 있었다. 그러나 최근 저성장이라는 전환기를 맞이하여 저출산·고령화에 따른 공공 인프라의 수요 변화를 겪고 있는 상황에서 고도성장기의 양적인 공공 인프라 공급방식이 유효한지에 대해서는 재고해볼 필요가 있다.

3 | 저성장기 공공 인프라의 정책 과제

기존 인프라 시설의 노후화 및 안전문제 급증

1960~1990년대 고도성장기에 공급된 도로·산업단지 등 공공 인프라의 노후화 문제는 시민의 안전을 위협하는 요소가 되고 있다. 서울은 고도성장기 이후 점진적으로 인구가 감소하고 있으며, 기존 공공 인프라를 유지·관리하는 데 필요한 재정적 여력도 충분하지 않은 상황이다. 특히 복지 관련 예산이 증가하고 있는 시점에서 공공 인프라의 유지·관리 예산을 확보하는 것은 쉽지 않은 상황이며, 실제 예산 비중도 줄어들고 있다. 고도성장기에 공급된 공공 인프라의 안전문제와 시설관리의 어려움으로 인해 공공 인프라 정책은 새로운 국면을 맞이하고 있다.

공공 인프라의 안전과 성능에 대한 서울 시민들의 평가도 만족스럽지 못한 것으로 나타났다. 한국건설산업연구원에서 서울 시민을 대상으로 수행한 설문조사 결과를 보면, 공공시설의 안전수준에 대해 '안전하지 않다'는 응답이 약 30%에 달한다. 또한 서울시 주요 공공시설의 성능수준에 대해서도 35.1%

그림 9-9   서울시 도시 인프라 노후화

도로면적 34% 노후화…서울서 운전하기 무섭다

쩍쩍 갈라지고 곳곳 구멍…안전 빨간불

지난해 말 서울 소공동 롯데백화점 본점 앞 왕복 8차선 도로. 평일과 주말을 가리지 않고 차들이 쉴 새 없이 오가는 아래로 아스팔트가 거미줄 모양으로 이리저리 금이 가 있다. 마치 가뭄에 갈라진 논바닥을 보는 듯하다. 비가 내리면 물이 고일 정도로 파인 '포트홀'도 눈에 들어온다. 하루 동안 이 길을 지나는 차량이 줄잡아 10만대. 아스팔트가 차량 무게를 견디지 못해 균열을 일으킨 것이다.

통행량은 국도보다 5배나 많아 더 위험

해마다 늘어나는 노후 포장도로 면적 (단위=%)

*SPI가 6 이하인 포장도로 비율.
자료=서울시

2009년	2010년	2011년	2012년	2013년	2014년
23.3	25.5	28.2	21.1	27.5	34.1

자료: 《매일경제》, 2016.1.4.

가 '우수하지 않다'고 응답했다(한국건설산업연구원, 2015).

최근 지하 동공 발생 사고나 지하철 노후화로 인한 운행 중단 사건이 발생하면서 시민 안전에 대한 불안감은 더욱 고조되고 있다. 특히 1970~1980년대 집중 공급된 인프라 시설이 일시에 노후화되고 있어, 향후 시설 보수 및 안전에 필요한 비용은 상당히 증가할 것으로 예상된다.

지하철 1~4호선 총연장 137.9km 중 20년 이상 된 연장은 116.5km(84.5%)에 이르며, 총구간의 74%가 내진성능 미달 구간인 것으로 나타났다. 또한 서울 도심 내 도로 함몰 사고는 매년 약 30%씩 증가하고 있으며, 30년 이상 된 노후 하수관로는 연평균 260km씩 증가하고 있다. 10년 후에는 하수관로 중 사용 연수 30년 이상의 노후 하수관로가 약 70% 이상에 이를 것으로 전망된다. 상수관로의 경우에도 사용 연수 20년 이상 된 관로가 44.5%를 차지하여 노후관로가 연평균 438km씩 증가하고 있다. 교량 또한 2015년 현재 사용 연수 30년 이상 된 교량이 122개소(26%)로 매년 9개씩 증가하고 있으며, 안전등급 D, E의 교량이 증가하고 있다.

하지만 각종 공공 인프라 시설에 대한 서울시의 시설 안전 및 성능수준 진단과 대응은 미흡한 실정이다. 특히 노후시설물에 대한 안전 예산은 답보 상태이거나 오히려 줄어들고 있어, 중기재정계획에 따르면 2015년 5,522억

표 9-1   중기 시설물 안전 예산 현황

(단위: 억 원)

구분	연도별 예산 계획					
	2015년	2016년	2017년	2018년	2019년	계
도로시설물관리	1,066	1,049	969	907	907	4,900
교량관리	896	546	515	515	376	2,850
터널시설관리	139	105	105	105	105	559
수방대책사업	1,102	1,095	961	650	430	4,240
하수관로보수보강	684	6	-	-	-	690
하수관로종합종비	1,355	1,671	1,828	1,723	1,785	8,363
산림재해방지	280	212	219	228	238	1,179
계	5,522	4,684	4,597	4,128	3,841	22,781

자료: 서울시, 2015~2019 서울시 중기지방재정계획; 한국건설산업연구원(2015: 59).

원에서 2019년 3,841억 원으로 축소될 전망이다.

서울시는 서울메트로, 시설물관리공단을 비롯한 공기업의 경영 합리화를 목적으로 중복 기능 통폐합, 근무 형태 변경, 고객 서비스 개선 등을 감안하여 인원 감축 및 인사이동을 추진해왔다. 2005년 162명이었던 서울시 내 도로시설물 담당 인력은 2014년 106명으로 축소되어 약 35%가 감축되었다. 도로시설물의 노후화로 싱크홀과 같은 사고가 연쇄적으로 발생하고 있지만, 시설 노후화와 안전 관리를 위한 인원 및 재원은 부족한 실정이다.

교통시설뿐 아니라 대형 건축물의 노후화에 따른 안전 대책도 시급하다. 서울의 건축물 65만 동 중 20년 이상 경과한 건축물은 69%에 이르고, 40년 이상 된 건축물도 약 23%에 달한다. 건축물 노후화 및 대형화에 대한 체계적인 안전관리가 이루어져야 하지만, 해당 업무를 담당하는 공무원은 소수에 불과하다. 시설물 관리에 대한 재원뿐만 아니라 인력 충원을 위한 재원도 마련되어야 한다.

시설물 안전투자에 대한 예산 현황을 보면, 도로시설물 안전투자는 2009년

그림 9-10 서울지하철(1~8호선) 사고 건수 추이

자료: ≪연합뉴스≫, 2016.1.16.

3,000억 원을 웃돌았으나 다음 해 1,000억 원 수준으로 급감했다. 교통안전시설 확충을 위한 투자 역시 2009년에서 2010년 사이 35%나 감소했다. 지하철에서는 2011년에 8건의 사고가 발생하면서 지하철 노후시설의 관리·개선에 대한 수요가 급증했고, 이에 따라 예산투자가 증가했다. 서울 지하철의 사고 원인으로는 '노후화'가 가장 많이 꼽히고 있으며, 특히 1~4호선의 노후화가 심각하다.

유휴 공공시설의 증가 문제

서울시 주민등록인구는 1992년 1,097만 명을 정점으로, 이후 소폭의 증감을 반복하면서 감소하고 있다. 2014년 통계청이 발표한 시도별 장래인구추계자료에 따르면, 서울의 인구 감소 추세는 앞으로도 계속 이어져 2040년 916만 명에 이를 것으로 전망된다. 또한 우리나라의 합계출산율은 2013년 1.19명으로 OECD 국가 중 최하위 수준이며, 서울의 합계출산율은 0.97명으로 전국 평균보다도 낮다.

그림 9-11   서울시 주민등록인구와 합계출산율 변화 추이

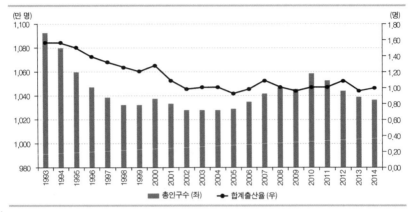

자료: 서울시 통계, http://stat.seoul.go.kr/

그림 9-12   서울시 조출생률과 초등학생 수

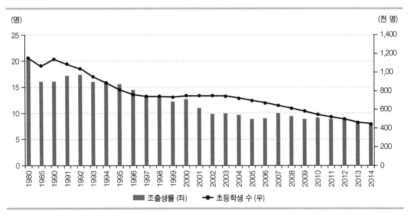

자료: 서울시 통계, http://stat.seoul.go.kr/

이 같은 인구구조 변화는 출산율 감소로 인해 산부인과 병원이 문을 닫거
나, 학령인구 감소로 학교시설이 남아도는 등 공공시설의 유휴화 문제를 낳
고 있다. 특히 고도성장기에는 학령인구의 급속한 증가에 대응하여 학교시
설이 공급되었으나, 학생 수가 감소하면서 일부 도심지역에서는 폐교까지 논
의되고 있다. 2014년 서울의 초등학생 수는 약 46만 명으로 1994년 90만 명

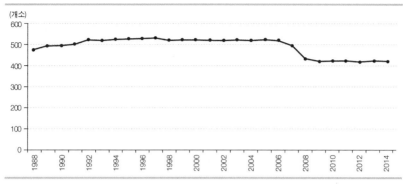

그림 9-13 | 동사무소(주민센터) 개수 추이

자료: 서울시 통계, http://stat.seoul.go.kr/

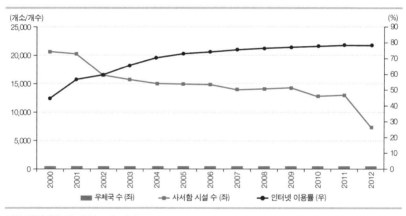

그림 9-14 | 우체국, 사서함 수 및 인터넷 이용률

자료: 서울시 통계, http://stat.seoul.go.kr/

보다 44만 명(49.2%)이 줄었다. 20년 사이에 초등학교 학령인구가 절반 수준
으로 감소한 것이다. 저성장기에는 인구구조와 사회경제적 여건 변화에 대응
하여 적정 규모의 인프라 공급과 효율적인 관리를 위해 지금까지와는 차별
화된 전략이 필요하다.

출산율이 감소함에 따라 초·중·고교의 학생 수도 감소하고 있다 초·중·
고 학생 수는 1990년 227만 명으로 정점을 찍은 후 지속적으로 감소하여

2014년에는 1990년의 47%인 106만 명에 이르고 있다. 기존 학교시설의 학급 수가 줄어들면서 유휴공간이 증가하고 있으며, 폐교 위기에 놓인 학교도 발생하고 있다. 늘어나는 생활 서비스와 복지수요를 지역 차원에서 해결하기 위해 학교 내 유휴공간을 주민들에게 개방하거나 학교 내 주차장을 지역 주민들의 주차공간으로 활용하는 방안 등이 논의되고 있다.

한편 정보산업의 발달로 공공행정 간편화가 진전되면서 동사무소(주민센터) 중에서도 유휴공간이 발생하고 있다. 동사무소(주민센터)의 행정업무 수요는 과거에 비해 감소했지만, 인구·거리 기준의 소규모 민원발급체제를 유지하면서 비효율적으로 운영되어왔다. 하지만 최근 복지·문화에 대한 행정수요가 늘어나면서 인구 2만 명 이하의 소규모 동사무소를 통폐합하여 3만 명 이상의 주민을 관할하도록 하고, 명칭도 '주민센터'로 변경하여 활용되고 있다. 2006년부터 2009년까지 100여 개의 동사무소가 통폐합됨에 따라 행정 서비스가 광역화되었고, 사용하지 않는 청사는 지역문화·복지시설 등으로 전환하여 활용되고 있다.

새로운 공공 인프라의 수요 증가

2015년 주민등록인구에 따른 서울의 65세 이상 고령인구는 126만 명으로 전체 인구의 12.3%를 차지하며, 고령인구는 유례없이 빠른 속도로 늘어나고 있다. 2014년 통계청의 장래인구추계에 따르면, 서울의 고령인구 비중은 2019년에 14.3%로 고령사회에 진입하고, 2026년에 20.0%로 초고령사회를 거쳐 2040년에 30.4%에 이를 것으로 전망된다.

고령인구의 급속한 증가는 노인을 위한 복지 인프라 수요를 지속적으로 증가시킨다. 그동안 노인복지관, 경로당, 노인교실 등 노인여가복지시설은 지속적으로 공급되어 2014년 3,701개소가 설치되었다. 그러나 늘어나는 고

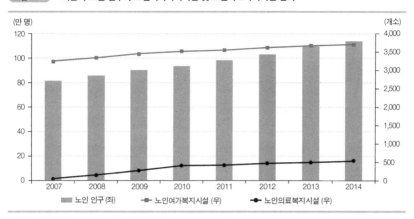

그림 9-15　서울시 노인 인구와 노인여가복지시설 및 노인의료복지시설 변화

(만 명) ... (개소)

| | 2007 | 2008 | 2009 | 2010 | 2011 | 2012 | 2013 | 2014 |

■ 노인 인구 (좌)　━■━ 노인여가복지시설 (우)　━●━ 노인의료복지시설 (우)

자료: 서울시 통계, http://stat.seoul.go.kr/; 통계청, http://kostat.go.kr/

령인구를 위한 보건·의료·요양 관련 복지시설은 여전히 부족한 실정이다. 노인의료복지시설은 2014년 현재 532개소로 증가하고 있지만, 좀 더 적극적인 대응이 필요하다. 2019년에 고령사회를 거쳐, 2026년에 초고령사회 진입에 대비하여 늘어나는 노인 관련 복지수요에 대해 지금까지와는 다른 접근방법과 대책을 마련할 필요가 있다.

미집행 도시계획시설 문제

고도성장기 공공 인프라의 안정적인 공급은 경제성장과 시민의 삶의 질 향상을 위해 시급한 과제였다. 정부는 장래 필요한 공공 인프라 시설용지를 안정적으로 확보하기 위해 민간 토지를 도시계획시설로 먼저 지정하고, 추후 예산을 확보하여 집행해왔다. 서울시에서도 도로, 공원·녹지, 학교 등 필요한 시설용지를 도시계획시설로 먼저 지정하여 공공 인프라를 확보해왔다.

그러나 도시계획시설을 먼저 지정하는 경우, 예산을 확보하여 집행하기 전까지 토지 소유자의 사유재산권 행사를 일부 제한할 수밖에 없다. 이에 따

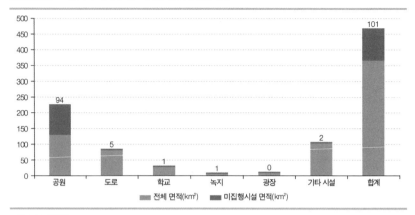

그림 9-16   서울시 도시계획시설 미집행시설 면적 및 비율

자료: 서울시(2012).

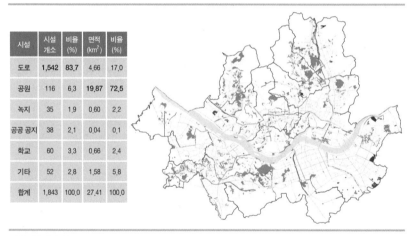

그림 9-17   서울시 도시계획시설 미집행시설 수, 면적, 비율

시설	시설 개소	비율 (%)	면적 (km²)	비율 (%)
도로	1,542	83.7	4.66	17.0
공원	116	6.3	19.87	72.5
녹지	35	1.9	0.60	2.2
공공 공지	38	2.1	0.04	0.1
학교	60	3.3	0.66	2.4
기타	52	2.8	1.58	5.8
합계	1,843	100.0	27.41	100.0

자료: 서울시(2012).

라 장기간 예산을 확보하지 못해 발생하는 장기 미집행 도시계획시설에 대한 민원이 지속적으로 제기되어왔다. 장기 미집행 도시계획시설 용지의 일부 토지 소유자들은 자신들의 사유재산권 행사에 제한을 규정한 도시계획법 제4조에 대해 법적 소송을 제기하여 1999년에 헌법 불합치 판결을 이끌어냈

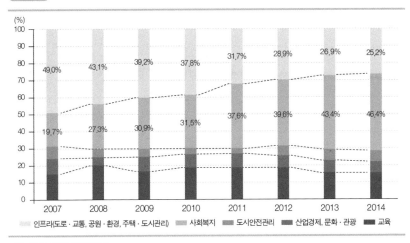

그림 9-18 서울시 최근 8년간 사업 부문별 예산 배분 추이

자료: 한국건설산업연구원(2014).

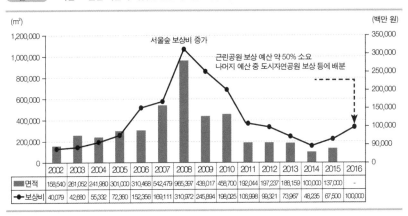

그림 9-19 지난 15년간 서울시 미집행 공원에 대한 재정 여건 변화

	2002	2003	2004	2005	2006	2007	2008	2009	2010	2011	2012	2013	2014	2015	2016
면적	158,540	261,052	241,980	301,000	310,468	542,479	965,397	438,017	458,700	192,044	197,237	188,159	100,000	137,000	-
보상비	40,079	42,680	55,332	72,360	152,356	169,111	310,972	245,894	198,025	106,998	99,321	73,967	48,235	67,500	100,000

자료: 서울시(2016).

다. 이로 인해 관련 법률이 개정되어 장기 미집행 도시계획시설에 대한 일몰
제도가 도입되었다.

　미집행시설의 실효 시점이 도래하는 2020년까지 5년이 채 남지 않은 시점
에서 서울시는 도시계획시설의 미집행 문제에 시급하게 대응할 필요가 있

다. 이 중에서도 미집행 비율이 70%에 달하는 공원시설에 대한 미집행 문제가 가장 심각하다. 중앙정부에서도 지자체로 하여금 장기 미집행 도시계획시설을 5년마다 검토하여 불필요한 미집행시설을 해제하도록 하고 있으며, 도시계획시설에 대한 신규 지정은 재정계획을 반영하지 않을 경우 엄격하게 제한하고 있다.

장기 미집행 도시계획시설의 실효 문제는 2001년 관련 법률이 개정되면서 이미 예고된 일이었다. 그동안 서울시는 도시계획시설의 실효 문제에 대해 소극적으로 대응해왔다. 서울의 공공 인프라 관련 예산은 2009년 이래 지속적으로 감소하여 도로·공원·주택 등의 예산 비중이 2007년 49.0%에서 2014년 25.2%로 축소되었다. 최근 서울시의 미집행 공원에 대한 예산이 증가세로 돌아서고 있지만, 미집행 문제를 해결하기에는 턱없이 부족한 실정이다.

공공 인프라의 새로운 정책 방향 설정 필요

최근 서울시는 저성장과 함께 인구 감소·고령화·1인 가구의 증대 등 인구·사회적 변화를 겪고 있다. 여건 변화에 맞춘 적정한 인프라의 공급과 효율적인 관리를 위해서는 지금까지와 다른 인식 전환이 필요하다. 고도성장기에는 막대한 재정 투입을 통해 인프라를 설치했고, 이를 바탕으로 급속한 경제성장을 이룬 것이 사실이다. 그러나 저성장기에는 과거와 같은 물량 위주의 공공 인프라 공급은 더 이상 기대하기 어렵다. 현재의 사회경제적 여건이 지속되는 상황에서 한정된 재원을 활용해 노후화된 인프라를 유지·관리하는 문제와 높아지는 생활수준을 지원하기 위해 필요한 인프라의 신규 공급하는 문제에 대해 새로운 접근과 고민이 필요한 때다.

서울의 모든 인프라를 단기간에 재정비하는 것은 불가능하다. 수십 년 단위로 계획을 세우고 단계적으로 대응해야 한다. 인프라가 사용 불가능 상태가 되고 난 후에는 이미 늦다. 지금부터라도 인프라의 유지를 위한 검토와 대응을 시작하지 않으면 안 된다. 인프라 위기 상황이 닥치기 전에 인프라 정비를 위한 중장기적 비전을 갖고 정책 방향을 재정립할 필요가 있다.

4 | 일본의 공공 인프라 정책 변화와 시사점

공공 인프라 정책 전환의 필요성 대두

일본의 총인구는 2010년에 1억 2,806만 명을 정점으로 감소하기 시작했다. 일본 국립사회보장·인구문제연구소에 따르면, 일본 인구는 향후 2050년에 약 9,700만 명으로 감소하고, 2100년에는 5,000만 명까지 감소할 것으로 예측하고 있다.[1] 이러한 인구 감소는 경제성장의 둔화를 초래하고, 공공 인프라의 수요와 공급에도 영향을 미칠 것으로 보인다.

아베 내각은 도쿄로 인구가 집중하는 일극집중(一極集中) 현상에 대응하여 지방도시를 활성화하고 인구 감소를 막는 것을 주요 정책 과제로 삼고 있다. 50년 후에도 일본 전체 인구 1억 명을 유지할 수 있는 안정된 인구구조를 갖는 것을 목표로 하고 있다. 또한 '경제재정 운영과 개혁 기본방침 2014'를 발표하여 급속한 인구 감소와 고령화에 대한 위기의식을 국민들과 공유하고 있다. 2014년에 '마을·사람·일(まち·ひと·しごと) 창생본부'를 발족시켜 인구 감소를 극복하고 활력 있는 사회를 만들기 위한 '마을·사람·일(まち·ひと·しごと) 창생총합전략'을 수립했다.

장기적인 관점에서 인구 감소는 공공 인프라의 수요 감소를 의미한다. 경

---

1   일본 국립사회보장·인구문제연구소의 2012년 1월 추계 자료 기준.

제성장을 견인해온 공공 인프라에 대한 투자 감소는 경제성장에도 영향을 미칠 것이다. 2040년 일본의 총인구는 1억 명 미만으로 감소하고, 일본의 산업화를 이끌어온 단카이 시니어 세대인 고령인구 비율이 40%에 육박할 것으로 예측된다. 전후 경제성장을 이끌어온 단카이 세대와 단카이 시니어 세대의 은퇴 시점 이후 일본의 경제 여건은 더욱 악화될 전망이다.

버블 붕괴 이후 1990년대 중반 경기부양을 위해 공공사업에 국비를 투자하고 다수의 시설을 공급했다. 그러나 시설의 활용방안을 충분히 검토하지 못한 채 양적인 공급에만 치중하여 적절히 활용되지 못하는 경우가 많았다.[2] 시설이 노후한 상태로 방치되거나 유지·관리 비용만 지출되는 문제가 발생했다. 이에 따라 일본 정부는 저이용 시설의 활용도를 높이고 인구 감소와 고령화에 대응할 수 있도록 공공 인프라를 적정 규모로 조정하고 효율적인 관리방안을 마련하고 있다.

저성장기 이후의 공공 인프라 정책 변화

일본은 1960~1970년대 막대한 공공투자를 통해 인프라를 정비했다. 그러나 성숙기에 접어든 현시점에서 과거와 같이 공공 인프라의 갱신을 통한 경제성장은 기대하기 어렵다. 일본 정부는, 고도경제성장기에 집중적으로 정비했던 공공 인프라의 노후화가 진행되면서 막대한 유지·관리 비용이 필요함을 인식했다. 전국에 있는 공공 인프라를 단기간에 갱신하는 것은 실질적으로 불가능하기 때문에 장기 계획을 세우고 단계적으로 대응해가고 있다.

일본의 공공 인프라 투자는 제2차 세계대전으로 황폐화된 도시의 전재복

---

2 이와 같이 국가나 지방자치단체가 공공사업을 통해 공급한 시설이 활용되지 못한 채 유지·관리 비용만 증가하는 비효율적인 사례를 비판하는 '하코모노 행정(ハコモノ行政)'이라는 용어가 있다.

구에서 출발했다. 1950년대 후반에는 도시 내 산업 기반을 중심으로 한 공공 인프라 투자가 이루어졌다. 1973년 오일쇼크를 계기로 안정적 경제성장에 접어든 후에도 일본 정부는 경기부양책의 일환으로 국채를 대량 발행하여 공공 인프라에 투자했다. 정부의 재정 여건이 점차 악화되면서 1980년경 일시적으로 공공 인프라에 대한 투자가 억제되었지만, 1985년 이후 엔고로 경제불황이 본격화되면서 공공 인프라에 대한 투자가 다시 확대되었다.

버블 붕괴 이후인 1995년도를 정점으로 공공 인프라 투자는 감소세에 접어들었다. 경제재건·재정개혁을 목표로 내건 하시모토 정부(1996~1998년)가 정책 방향을 전환한 것이다. 이후 오부치 정부(1998~2000년)는 경기부양을 위해 재정개혁을 일시적으로 중단하고 인프라 투자를 확대했으나, 고이즈미 정부(2001~2006년)는 2002년 이후 인프라 투자 예산을 삭감했고, 이와 같은 추세는 현재까지 유지되고 있다.

1990년대 후반부터 2000년 초반까지 일본은 공공 인프라 투자의 전환기를 맞이했다. 고도경제성장기에는 인프라 투자에 의한 경제적 파급효과가 나타났으나, 2000년대 이후 인프라 투자가 증가해도 1인당 GDP는 감소하는 경향이 나타났다. 일본은 인프라 투자 증가가 더 이상 경제성장에 기여하지 않는 성숙기 사회로 접어든 것이다. 이에 따라 인프라에 대한 투자는 감소한 반면, 정비를 필요로 하는 노후 인프라의 갱신 수요는 점차 증가하고 있다. 일본 정부와 지자체는 2020~2040년 인프라 갱신을 위한 막대한 재원을 확보해야 하는 상황에 놓여 있다.

공공 인프라의 노후화와 유지·관리 비용 증가

고도경제성장기에 집중 공급된 일본의 공공 인프라는 약 50년 이상 경과하여 노후화가 진행되고 있다. 시설이나 구조물이 시간이 지나면서 노후화

표 9-2   건설 후 50년 이상 경과한 사회 인프라 시설의 비율

구분	2013년	2023년	2033년
도로·교량	약 18%	약 40%	약 67%
터널	약 20%	약 31%	약 50%
하천관리시설	약 25%	약 43%	약 64%
하수도관	약 2%	약 9%	약 24%
항만안벽	약 8%	약 32%	약 58%

자료: 国土交通省(2015a).

되는 것은 당연한 것이지만, 기능이 저하되거나 안전상 문제가 발생할 수 있으므로 적절한 유지·관리 대책을 마련하는 것이 필요하다. 일본 사회가 공공 인프라 노후화에 관심을 갖게 된 계기는 2012년 중앙자동차도로에서 발생한 터널 천정판 낙하 사고였다.[3] 인프라의 노후화가 안전사고로 이어지면서 50년이 경과한 인프라 시설에 대한 재정비 필요성을 깨닫게 되었다.

인프라의 노후화 문제는 최근에도 계속되고 있다. 50년 이상 경과한 인프라 비율을 보면, 도로·교량은 2013년 약 18%에서 2023년 약 40%, 2033년에는 67%까지 증가할 것으로 예상된다. 터널은 2013년 약 20%에서 2033년에는 절반인 50%까지 증가할 전망이다. 하천관리시설, 하수도관, 항만 안벽 등도 지속적인 노후화가 예상되므로 유지·관리 방안이 필요한 실정이다.

시설의 노후화가 가속화되면서 갱신과 유지·관리에 필요한 비용 역시 늘어나고 있다. 일본 국토교통성은 『2009년도 국토교통백서』를 통해 도로, 항만, 공항, 공공임대주택, 하수도, 도시공원, 치수, 해안의 8개 분야를 대상으

---

3   이 안전사고는 2012년 12월 2일 야마나시 현(山梨県) 오쓰키 시(大月市)에 위치한 사사고(笹子) 터널(상행선)의 약 1.6km 부근에서 터널 내부 환기 덕트에 설치된 천정판이 떨어져 9명이 희생된 대형 사고였다. 일본 정부는 이 사고를 계기로 이듬해인 2013년 7월에 '안전성 향상 3개년 계획'을 발표했다.

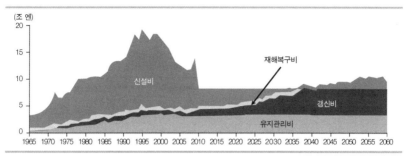

그림 9-20   일본의 장래 공공 인프라 유지·관리 및 갱신비의 추계

자료: 知的資産創造(2010).

로 장래의 유지·관리비, 갱신비를 추계했다. 이 보고서에 따르면 저성장기 인프라의 유지·관리 비용은 지속적으로 증가하는 반면, 신규 공급을 위한 비용은 크게 줄어들 전망이다(〈그림 9-20〉 참조).

중앙정부 차원의 공공 인프라 정책

일본 국토교통성에서는 2013년 전국의 공공 인프라를 대상으로 '인프라 장수명화 계획'을 수립했다. 인프라를 정기적으로 점검하고 장수명화 계획을 통해 관리비용을 절감할 수 있도록 했다. 또한 관련 정보를 데이터베이스화하여 유지·관리(maintenance) 사이클을 구축하도록 했다. 중앙정부는 방재·안전 교부금 등의 재정지원, 매뉴얼 제공 등의 기술적 지원을 통해 지방자치단체를 지원하고 있다.

또한 사회자본 유지관리전략 소위원회, 기술자 자격제도 소위원회를 설치하여 국토교통성과 지방자치단체의 중점 시책과 유지·관리 및 갱신 비용의 장래추계 결과 등을 조사·심의하고 있다. 이는 사회자본의 점검·진단에 관한 자격제도 확립, 원활한 유지·관리를 위한 체계 마련, 지방자치단체의 지원시책 검토, 유지·관리 및 갱신에 필요한 정보 공유 등을 목적으로 한다. 이

밖에도 국토교통성 소관의 공공 인프라 중 일부 시설에 대해서는 정기 점검을 의무화하고, 모니터링 기술을 개발하는 방안을 검토하고 있다.

2015년에는 '제4차 사회자본 정비중점계획'을 수립했다. 이 계획에서는 공공 인프라의 전략적 유지·관리 및 갱신, 재해 리스크 저감, 인구 감소와 고령화에 대비한 지속가능한 지역사회 형성, 민간 투자를 통한 경제성장 기반 강화 등 4개의 중점 목표와 13개 정책을 체계화했다. 특히 공공 인프라를 효율적으로 활용하기 위한 유지·관리를 기본방침으로 삼았다. 기존 시설을 전략적으로 유지·관리하고 효율적으로 활용하며, 인프라의 설치 목적에 맞게 '선택과 집중'할 것을 강조하고 있다. 또한 사람의 생명이나 재산을 지키기 위한 안전·안심 인프라, 삶의 질 향상에 중점을 두는 생활 인프라, 생산효과를 확대하기 위한 성장 인프라 등으로 구분하여 차별화된 관리 방안을 마련하고 있다.

공공 인프라 정비 및 재원조달

향후 인구 감소와 저성장에 따른 세수 감소는 정부의 재정 여건을 악화시킬 것으로 전망된다. 고도성장기와 같은 공적 자금으로 공공 인프라를 정비하는 것은 어려울 것이다. 이에 따라 공공 인프라 정비에 필요한 재원 중 일부에 대해 PPP(Public Private Partnership), PFI(Private Finance Initiative) 등 민간 자금을 활용하는 방안이 적용되고 있다.[4] PFI는 주로 교육·문화시설과 의료시설, 청사·기숙사 등의 정비에 활용되고 있다.

공공 인프라 정비에 필요한 재원 부족을 극복하기 위해 민간 자금을 활용하는 방법이 있다. 특히 2006년 이후에는 투자자로부터 자금을 모아서 공공

---

4 PPP는 공공과 민간이 연계해서 공공서비스를 제공하는 방법이고, PFI는 민간이 대상 사업에 대한 자금을 조달하는 방법이다.

그림 9-21　일본 지역별 공공 인프라 PFI 실적(1999~2015)

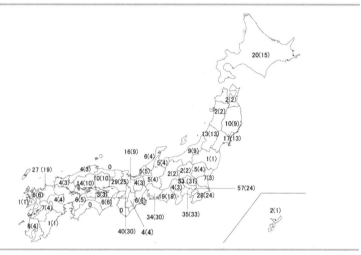

자료: 일본 내각부, PFI 추진 현황 자료(2016).

표 9-3　일본 공공 인프라 분야별 PFI 실적(1999~2015)

분야	사업 주체별			
	국가	지방	기타	합계
교육·문화(교육시설, 문화시설 등)	2	143	37	182
생활·복지(복지시설 등)	0	22	0	22
건강·환경(의료시설, 폐기물 처리시설 등)	0	86	3	89
산업(상업진흥시설, 농업진흥시설 등)	0	14	0	14
마치즈쿠리(도로, 공원, 하수도시설, 항만시설 등)	10	76	1	87
안심(경찰시설, 소방시설, 행형시설 등)	9	15	0	24
청사·기숙사(사수청사, 공무원 기숙사 등)	41	12	4	57
기타(복합시설 등)	7	45	0	52
합계	69	413	45	527

자료: 일본 내각부, PFI 추진 실적 자료(2016).

인프라에 투자하는 '인프라 펀드'가 등장했다. 이 펀드는 주로 오스트레일리아와 영국에서 조성되었고, 1990년대 이후 계속해서 규모가 확장되고 있다.

이 펀드는 주로 연금자금, 생명보험회사, 개인, 대학의 기부기금 등으로부터 조성되며, 특히 연금이 많은 비중을 차지하고 있다. 인프라의 수익 특성과 연금자금의 운용 수요가 잘 부합하기 때문이다. 인프라 투자는 '장기 투자(10년 이상) 성격을 가지는 지역 독점의 안정적 사업으로 장래 수익이 예상되며, 인플레이션에도 강한' 특징이 있다. 연금은 장기적으로 안정적인 금융상품에 투자하려는 경향이 있기 때문에 인프라 투자를 선호하게 된다. 일본의 연금운용 잔고는 미국에 이어 세계 2위 규모이지만, 공공 인프라에는 거의 투자되지 않고 있다. 향후 공공 인프라 정비를 위한 공공재원으로 활용할 수 있는 잠재력이 크다고 할 수 있다.

일본은 전국적으로 공공 인프라 관련 PFI 사업이 매우 활발하게 진행되고 있다(〈그림 9-21〉 참조). 특히 지방정부 차원에서 추진되고 있는 PFI 사업은 2015년 말 현재 전체 527건 중에서 413건으로 78.4%에 달한다. 도쿄에서 추진되고 있는 PFI 사업은 35건 실적을 보이고 있다.

도쿄 도(東京都)의 공공 인프라 정책

도쿄는 2020년 올림픽·패럴림픽 개최를 앞두고 있다. 1964년 올림픽 개최 당시 일본은 고속도로를 중심으로 공공 인프라를 대폭 정비하여 경제성장을 견인한 바 있다. 1958년 도쿄(東京)-고베(神戶) 간 고속도로계획 발표, 1963년 메이신 고속도로 일부 구간 개통, 1962년 수도고속도로 개통, 1964년 10월 신칸센 개통 등이 이에 해당한다. 2020년 도쿄 올림픽을 앞두고 도쿄도는 올림픽의 성공적인 개최를 위해 공공 인프라 정비를 추진하고 있다.

도쿄 도 장기 비전(2014)

2014년 수립된 '도쿄 도 장기 비전'에는 이용자 중심의 도시 인프라 정비

방향과 인프라를 다음 세대에 물려줄 수 있는 도시 실현에 대한 내용을 담고 있다. 이용자 중심의 도시 인프라 정비를 위해 올림픽에 대비하여 환상도로를 개통함으로써 도로교통 네트워크를 확충하는 방안이 담겨 있다. 도로뿐만 아니라 수도권 공항의 수용 규모를 확대하고, 철도와 버스는 장애인을 위한 시설을 갖추며, 자전거와 보행자를 배려한 도시공간을 목표로 한다. 또한 광역 인프라 정비 추진, 고속도로 소요시간 단축, 교통 편리성 향상 등의 정책목표를 세우고 있다.

다음 세대에 물려줄 도시를 위해 에너지 소비 감축 및 재생 에너지 개발, 도시재생을 추진하며, 100년 후 도쿄의 경제와 사회를 지지할 수 있도록 인프라를 새롭게 재정비하는 것을 목표로 삼고 있다.

인프라 10개년 유지·갱신계획

도쿄 도는 공공 인프라 시설의 기능 저하와 시민 안전문제를 예방하고 계획적인 유지·갱신을 위해 2009년 2월 '주요 시설 10개년 유지·갱신계획'을 수립했다. 2009년부터 2020년까지 10여 년간, 사업비 8,300억 엔 정도의 규모이다. 2009~2014년까지 총사업비의 약 60%에 해당하는 4,900억 엔을 투자하여 공공 인프라를 계획적으로 유지·갱신하는 계획을 수립했다.

이 계획은 안전·안심 확보, 환경 부하 저감, 장래 비용 축감, 편리성 확보, 도유 재산의 효율적·효과적 활용 등에 주안점을 두고 있으며, ① 건축 연도 35년 이상 연면적 3,000㎡ 이상, ② 건축 연도 10년 이상 연면적 10,000㎡ 이상, ③ 기타 유지·갱신이 특히 필요한 시설 등을 대상으로 한다. 계획기간은 제1기 2015년~2018년, 제2기 2019년~2022년, 제3기 2023년~2026년으로 구분하여 단계적으로 실행하며, 제1기 3,300억 엔, 제2기 1,900억 엔, 제3기 2,300억 엔 등 총 7,500억 엔의 사업비가 투자될 예정이다.

주요 시설 10개년 유지·갱신계획과 더불어 장수명화, 행정시책을 반영한 시설 정비, 시책 연동형 재산 활용 등을 추진하고 있으며, 효과적인 공유재산 활용을 위해 각종 시설의 복합화, 정기차지권의 설정, 행정재산 임대 등 도쿄 도의 시책과 연계하기 위해 노력하고 있다.

도쿄의 공공 인프라 재원조달

공공 인프라 시설의 갱신 시기가 도래하면서 공공이 갱신비용을 모두 부담하는 것은 불가능하기 때문에 민간 자금의 활용은 필수적이다. 특히 새로운 공공시설과 복지시설 등 새로운 시설을 설치하기 위해서는 막대한 공공 재원이 필요하다. 도쿄 도는 이러한 공공 인프라의 정비 및 새로운 공급을 위한 안정적인 재원을 마련하고자 민관 협력 인프라 펀드를 창설했다. 민관 협력 인프라 펀드는 사회자본 투자에서 장기적이고 안정적인 자금 순환 시스템을 구축하는 것으로, 도쿄 도가 선도하는 일본 최초의 민관 협력 인프라 펀드이다.

현재 도쿄 도가 운영하고 있는 민관 협력 인프라 펀드에는 재생가능 에너지 펀드와 복지공헌 인프라 펀드 등이 있다.[5] 민관 협력 재생가능 에너지 펀드는 도쿄 도의 안정적인 전력 공급과 재생가능 에너지 투자에 필요한 공공 인프라 펀드이다. 이를 위해서 도쿄 도는 30억 엔을 출자하여 300억 엔의 민간 자금 투자를 이끌어냈다. 펀드 운영 사업자는 민간공모방식을 통해 선정했다. 주요 투자 대상은 수도권을 중심으로 10~30만 kw급의 발전사업이며, 재생가능 에너지 사업과 수도권 이외의 사업도 그 대상이 된다. 또한 펀드 운영 사업자의 선정, 운용 감시 등을 위한 평가위원회를 설치하는 등 전문적인 관리운영방식을 마련했다.

또한 도쿄 도는 민관 협력 복지공헌 인프라 펀드도 운영하고 있다. 이 편

---

5   도쿄 도 회계관리국 민관협력사업 현황 자료, http://www.kaikeikanri.metro.tokyo.jp

드는 도쿄 도내 육아 지원시설과 고령자 시설을 포함하는 복지공헌형 건물의 정비 촉진, 복지 관련 분야에 새로운 자금 순환 시스템 구축, 기업의 사회적 책임 등 사회적 책임투자에 관한 민간의 인식 제고를 목적으로 한다. 민관 협력 복지공헌 인프라 펀드는 약 100억 엔(도쿄 도 출자총액 50억 엔) 규모의 투자사업 유한책임조합(또는 유한책임회사) 형태로, 도쿄 도내 육아 지원시설을 포함한 복지공헌건물의 정비사업을 대상으로 한다. 도쿄 도의 출자를 계기로 민간의 활력과 자금을 활용해서 도내 육아 지원시설과 고령자 시설의 정비 촉진을 도모하며, 향후 펀드매니저를 선정하고 투자사업 유한책임조합계약을 체결하여 운영할 예정이다.

일본 도쿄 사례의 시사점

저성장을 먼저 경험한 일본에서는 인구 감소와 맞물려 공공 인프라의 노후화와 유지·갱신비용의 증가 문제가 대두되었다. 공공 인프라의 노후화에 대한 일본의 대응책은 크게 두 가지로 나누어볼 수 있다.

첫 번째는 물리적 측면에서의 대응이다. 공공 인프라의 갱신 시기를 늦출 수 있는 방법을 모색한다는 점이다. 공공 인프라를 좀 더 오래 사용할 수 있는 장수명화를 위해 정기 점검과 모니터링 기술 개발 등에 집중하고 있다. 물리적으로 공공 인프라의 갱신 시기를 늦출 수 있다면 비용 절감 측면에서도 바람직한 방안이 될 것이다.

두 번째는 재정적 측면에서의 대응이다. 인구가 감소한다고는 하지만 신규 공공 인프라에 대한 수요는 여전히 존재한다. 기존의 생활 인프라와 달리 고령화에 따른 노인 복지 인프라나 육아 관련 인프라의 수요는 증가하고 있기 때문에 신규 인프라의 확충은 필요하다. 이를 위해 공공이 모든 비용을 부담하는 것은 무리가 따른다. 유지·갱신비용이 증가하면서 신규 인프라 건설에 투자할 수 있는 비용이 대폭 감소했기 때문이다. 이를 극복하기 위해 민간 자금을 도입하여 PFI 및 PPP를 활용하고 있으며, 도쿄 도는 인프라 펀드를 창설하기도 했다.

우리나라도 이제 저성장 기조에 접어들었다. 중앙정부 차원에서 공공 인프라 정책에 대한 새로운 방향을 제시하고, 관련 제도를 정비할 필요가 있다. 서울시 차원에서도 기존의 공공 인프라를 유지·관리 및 갱신하기 위해 체계적으로 대응할 필요가 있다. 새로운 복지 인프라 수요에 대해서는 더 적극적으로 민간 자금을 활용해야 한다. 이를 위해 중앙정부 및 민간과 협력하여 인프라의 유지·관리에 민간이 적극적으로 투자할 수 있는 여건을 조성해 나가야 할 것이다.

5 ı 저성장시대에 대응한 공공 인프라 정책 방향

100년을 내다보는 공공 인프라 마스터플랜을 세우자

고도성장기에는 도시 기능을 유지하고 경제활동을 지원하는 것이 당면 과제였기 때문에 도시 인프라 확충에 집중했지만, 시민의 생활수준이 향상되면서 공공 인프라에 대한 수요는 문화·복지시설 등 생활 인프라로 변화했다. 공공 인프라의 수급 불균형 문제는 저성장기 초입 단계에서 겪는 전환기적 문제라고 할 수 있다. 저성장으로 인해 공공재원의 확보가 점점 어려워지는 상황에서 복지·문화시설 등 생활 인프라에 대한 새로운 수요가 발생하고 노후화된 도시 인프라의 유지·관리비용이 증가하기 때문에 공공 인프라 정책의 새로운 접근이 요구되는 것이다.

시설 노후화는 시민의 안전과 직결되어 있으며, 인재 발생 시 수반되는 복구 및 재해보상 예산과 사회적 불안감의 증가는 시민 복지와도 연결되어 있다. 본격적인 저성장기에 접어들기에 앞서 공공 인프라를 안정화시키는 동시에, 신규 수요에 대응하기 위해 기존 인프라에 대한 재생 시스템을 구체화해야 한다. 앞으로 100년을 내다보는 지속가능한 도시 발전과 성숙한 시민사회를 준비하기 위해 저성장시대에 맞는 새로운 공급·유지·관리의 원칙과 방향을 정립하는 '(가칭) 서울 100년의 공공 인프라 마스터플랜'을 수립할 필요가 있다.

양적 신규 공급구조에서 질적 유지·관리체계로

앞에서 살펴본 바와 같이, 과거 고도성장기의 양적인 공공 인프라 공급정책은 단기간에 많은 성과를 거두었다. 그러나 기존에 공급된 인프라 시설의 내구연한이 가까워짐에 따라 공공 인프라의 노후화로 인한 성능 저하와 안전문제가 제기되고 있으며, 시설의 유지·관리를 위한 막대한 재원이 필요한 실정이다. 따라서 앞으로 공공 인프라 정책은 양적인 공급구조에서 질적인 유지·관리체계로 전환할 필요가 있다.

이를 위해 기존 공공 인프라에 대한 정확한 실태조사를 바탕으로, 향후 인구 감소 등 장래 수요 변화를 예측하여 공공 인프라 전체를 재설계할 필요가 있다. 특히 기존 인프라 시설의 노후화 문제는 시설별 접근에서 벗어나 종합적·선제적 대책 마련에 중점을 두고 추진해야 한다.

또한 변화하는 사회경제적 여건과 장래 수요에 부응하는 공공 인프라의 재구조화가 필요하다. 현재 서울시가 추진하고 있는 노후 학교시설 개선을 통한 학교시설 복합화 사업은 지역사회에 생활 인프라를 공급하고, 지역의 유대감을 강화하는 효과가 있다. 향후 기존 인프라의 업그레이드를 통해 도시의 안전성을 강화하고 장래 수요 변화에 대응할 필요가 있다.

'성장형 도시 인프라'에서 '성숙형 생활 인프라'로

공공 인프라의 시대별 수요는 그 도시의 경제성장과 사회적인 성숙도에 따라 달라진다. 서울 역시 고도성장기를 구가하던 1970~1980년대에는 도로, 상하수도 등 도시 인프라를 확충하는 데 집중했다. 1990년 후반에 접어들면서 시민의 생활수준이 향상되고 과거보다 여가시간과 문화활동이 늘어나면서 공공 인프라 역시 문화, 복지와 같은 생활 인프라의 공급에 중점을 두게 되었다. 특히 저성장기를 맞이하여 저출산·고령화가 진전되면서 서울 시민들의 생활 패턴은 변화하고 있으며, 삶의 질을 중시하는 이른바 '성숙형 시민사회'로 전환되고 있다.

따라서 공공 인프라 공급정책도 과거 '성장형 도시 인프라'에서 '성숙형 생활 인프라'로 전환할 필요가 있다. 과거 경제성장을 지원하고 효율성 제고에 초점을 맞춘 공공 인프라 정책은 향후 서울의 지속가능한 도시 발전을 담보하기가 어렵다. '성숙형 시민사회'로의 전환에 대응하여 시민사회를 지원하고 시민들의 생애주기와 생활 패턴을 고려한 공공 인프라 공급정책으로의 전환이 요구된다.

공공 주도의 공급방식에서 민관 역할 분담방식으로

고도성장기 서울은 우리나라의 경제발전을 이끌어나가는 견인차였다. 이에 따라 공공 인프라 확충은 중앙정부 차원에서 이루어졌다. 중앙정부의 공공 인프라 정책은 서울의 역할을 확대하고 지원하기 위해 전국의 교통 네트워크를 서울과 연결시키는 데 주안점을 두었다. 그러나 1990년대 지방자치제 실시를 계기로 중앙정부 주도의 공공 인프라 정책은 지방정부 중심으로 바뀌었다. 특히 IMF 외환위기 이후 우리나라의 공공재정이 약화되면서 공공이 주도하여 공급·관리하던 공공 인프라 정책은 더 이상 지속가능하지 않게 되었다.

최근 저성장 기조와 함께 나타난 고령화의 급속한 진전은 공공 인프라의 새로운 수요 변화를 가져오고 있다. 기존 공공 인프라의 노후화에 따른 성능 저하와 안전문제가 대두되고 있으며, 복지·문화 인프라에 대한 수요 증가가 공공재정의 수요 증가로 이어지고 있다. 경기 둔화로 인한 세수 감소로 공공 재정이 약화되고 있는 상황에서 공공이 주도하는 인프라 공급정책은 새로운 전환을 모색할 필요가 있다. 정부의 재정 상황이 시민의 안전과 복지를 모두 지탱할 수 없는 가운데, 민간 활력을 적극적으로 활용하는 방안을 고려해야 한다.

이런 측면에서 과거 공공 주도의 공공 인프라 공급정책에서 탈피하여 민 관이 역할을 분담하는 방안을 모색할 필요가 있다. 공공 인프라 중에서 수익 성을 낼 수 있는 시설에 대해서는 민간이 공급하고 운영할 필요가 있다. 또 한 유휴부지에 대한 복합개발 및 100여 개에 이르는 공공기관 이전 부지 활 용에 민간 투자를 적극적으로 유치하여 수요 증가에 부응하지 못하는 관광· 문화·산업·경제 분야의 시설을 확충할 필요가 있다. 그 대신 공공은 사회적 약자들을 위한 복지·문화시설과 공익성이 강한 시설을 공급하는 것이 필요 하다. 이를 위해서는 무엇보다 지방정부의 공공재정 확충이 필요하다. 외국 의 지방정부 차원에서 도시 인프라 확충을 위해 활용하고 있는 녹지세 등 특 별목적세의 도입도 검토할 필요가 있다.

미집행시설의 공공관리와 책임전가에서 민관협치와 공동책임으로

미집행 도시계획시설 문제는 수십 년 동안 공공이 책임을 회피해온 대표 적인 사례이다. 오랫동안 도시계획시설로 결정하고 그 제도를 유지해온 공공의 입장에서 재원 부담의 이유로 해제하는 것은 행정 서비스의 신뢰성을 잃어버리는 것이다. 더욱이 아무런 대책 없이 그대로 해제해버리는 것은 무책임한 행정이라는 비난을 피할 수 없다. 서울시나 중앙정부는 더 이상 서로에게 책임을 전가하면서 시간을 낭비할 때가 아니다. 서울시와 중앙정부가 서로 협력하여 미집행 도시계획시설의 실효 문제에 공동으로 대처해야 한다. 불합리하게 지정된 시설에 대해서는 해제를 검토하고, 장래 수요를 감안하여 필요한 시설에 대한 우선순위를 마련하는 등 단계적인 집행계획을 수립해야 한다.

공공은 적극적으로 공공재원을 확보하고, 최대한 보상하는 재정적 방안을 마련해야 한다. 중앙정부 또한 국고를 지원할 필요가 있다. 장기간 사유재산권을 제한당할 수밖에 없는 토지 소유자에 대해서는 재정적 보상 또는 그에 상응하는 권익(허용행위 범위 확대나 세금 면제 등)을 최대한 보장해주어야 한다.

미집행 문제 인식 증진을 위한 홍보 활동도 함께 이루어져야 한다. 미집행 도시계획시설 문제는 토지 소유주나 공공에게만 국한된 문제가 아니라 시민들의 인식에도 큰 영향을 미칠 것이다. 그러나 2014년 도시계획시설 실효에 대한 서울 시민 의식조사 결과에 따르면,[6] 2020년 장기 미집행 도시계획시설이 실효된다는 사실을 모르는 비율이 80% 이상에 달할 정도로 높게 나타났다. 이렇게 낮은 인지도를 감안할 때 미집행시설 문제를 풀어나가기 위해서는 정확한 정보 공유와 인식이 전제되어야 한다. 이를 통해 미집행시설의 문제 해결을 위한 사회적 공감대를 높여나가고, 공공·시민·소유자가 함께 참여하는 민관협치를 통해 다양한 대안을 모색할 필요가 있다. 공공은 제도 개

---

6   이 조사는 서울연구원이 주관하여 시행했으며, 서울에 거주하는 만 20세 이상 1,546명을 대상으로 온라인 방식으로 조사되었다(2014년 11월 21~27일 실시).

선, 관리조직 강화 등 적극적인 지원책을 마련해야 한다. 이제 미집행 도시계획시설의 실효 시점인 2020년까지는 시간이 얼마 남지 않았다. 미집행시설의 문제 해결을 위해서 모두의 지혜를 모을 때다.

New Paradigm for

Seoul's Urban Policy

in the Low Growth Era

제10장 저성장기 서울의 도시공간 변화와 과제

．

．

．

김상일 (서울연구원 도시계획모니터링센터장)

1 | 서울의 도시공간정책, 전환이 필요하다

서울은 한국 인구와 경제활동의 약 1/5, 국부의 약 1/3을 차지하는 수위도시이다. 범위를 수도권으로 줄인다면, 서울은 수도권 인구의 약 40%, 지역내총생산과 토지자산총액의 약 45~47%를 차지한다(〈표 10-1〉참조).

연대기적으로 볼 때, 지구상엔 수많은 도시가 나타나 흥성하고 사라졌다. 어떤 도시는 오랜 세월 동안 흥망과 부침을 반복하기도 했다. 그러나 한 세대를 살아가는 개인의 입장에서 볼 때, 현재 대한민국 서울이 마주한 저성장은 조만간 회복될 일시적 현상이 아닌 듯하다. 저성장의 원인이 되는 저출산·고령화 경향은 우리가 저성장을 포착하기 오래전에 나타났으며, 이러한 경향이 일시에 반전된다 할지라도 그 효과는 상당한 시간이 지나서야 나타날 것이기 때문이다.

되돌아보면, 1990년대 초반은 서울의 변화에서 중요한 변곡점이었다. 1기 신도시 입주가 시작되었으며, 서울의 인구가 증가에서 감소세로 돌아섰다. 제조업 비중이 감소하기 시작했고, 강남권의 사무실 연면적이 도심권을 능

표 10-1   서울 및 수도권의 인구, 지역내총생산, 토지자산총액

지역	인구*			지역내총생산**			토지자산총액***		
	명	%	%	백만 원	%	%	십억 원	%	%
대한민국	51,327,916	100.0%	-	1,484,541,954	100.0%	-	3,884,075	100.0%	-
수도권	25,363,671	49.4%	100.0%	725,424,466	48.9%	100.0%	2,509,228	64.6%	100.0%
서울	10,103,233	19.7%	39.8%	327,602,162	22.1%	45.2%	1,177,010	30.3%	46.9%
인천	2,902,608	5.7%	11.4%	68,373,633	4.6%	9.4%	217,034	5.6%	8.7%
경기	12,357,830	24.1%	48.7%	329,448,671	22.2%	45.4%	1,115,184	28.7%	44.4%

* 2014년 주민등록인구
** 2014년 당해년가격
*** 2012년 당해년말가격
자료: 통계청 국가통계포털, http://kosis.kr/

가했다. 이후 IMF 외환위기를 거치면서 저성장시대의 도래가 예견되었지만, 저성장시대에 무엇이 어떻게 바뀔 것인가를 충분히 살펴보기도 전에, 어떻게 대응할 것인가를 치밀하게 준비하기도 전에, 저성장은 우리 코앞까지 성큼 다가왔다. 아니, 우리는 이미 저성장시대에 접어들었는지도 모른다. 때늦은 감이 있지만, 이 글은 저성장과 도시 관리를 연관 짓고, 저성장에 대응하는 도시정책 방향을 모색하는 시도이다.

2절에서는 고도성장기 서울시의 공간 변화를 살펴본다. 유례없는 폭발적 성장 과정을 거치면서 서울은 확장하고 다핵화되었으며, 대도시권을 형성했음을 살핀다. 3절에서는 서울시가 경험한 고도성장의 동력과 메커니즘을 살펴보고, 이러한 성장이 앞으로도 가능한지를 묻는다. 서울시의 성장은 인구 증가의 결과이며, 도시성장은 개발이익에 의존해서 이루어졌다. 고령화사회에 접어든 서울에서 과거에 작동했던 도시관리 수단은 한계를 드러낼 것이다. 4절에서는 저성장을 공간적으로 해석한다. 더 많은 인구를 서울 대도시권에 집중시키는 방식에서 벗어나 새로운 환경에서 우리가 지향하는 도시의 미래를 논의한다. 끝으로 5절에서는 저성장기 서울시를 관리하기 위한 방안을 탐색한다.

2 ㅣ 고도성장기 서울의 변화 양상

폭발적 인구 증가와 시가지 확장

한국전쟁 이후 서울의 성장은 폭발적이라는 수식어로밖에는 표현할 길이 없다. 1960년 245만 명에 지나지 않았던 서울시 인구[1]는 1990년 1,060만 명을 넘을 때까지 30년 간 연평균 5.0% 증가했다. 가구 수 또한 같은 기간 44.7만 가구에서 281.5만 가구로 연평균 6.3% 증가했다. 서울의 행정구역 또한 몇 차례 늘어났으며, 인구밀도는 같은 기간 9,111명/km^{2}에서 17,532명/km^{2}로 높아졌다.

인구를 담는 그릇인 주택도 급격하게 늘었다. 통계청 주택총조사를 기준으로 할 때, 서울의 주택은 1960년 46만 1,892채에서 1990년 143만 981채로 약 3배가 늘었다. 1960년대 서울의 주택 공급은 토지구획정리사업을 통해 도로를 갖춘 필지를 구획하고, 개별 건축을 통해 단독주택이나 다세대주택을 공급하는 방식으로 이루어졌다. 서울에서 토지구획정리사업으로 조성된 시가지는 무려 140.2km^{2}로 전체 시가화 면적의 약 43%에 이른다(서울특별시, 2006). 그러나 대형 필지를 공급하는데 한계가 있는 토지구획정리사업[2] 방식만으로는 폭발적인 인구 증가를 수용하는 데 한계가 있었다. 1980년대에 접어들면서 계획당국[3]은 토지를 수용하여 택지를 조성한 후 주택건설업

---

1   총조사인구와 주민등록인구는 다소 차이를 보인다. 주민등록인구는 실제 거주 여부가 아니라 주민 등록을 기준으로 집계되며, 거주 불명자, 유학이나 취업 등으로 해외에 거주하는 내국인도 포함하므로, 서울의 경우 총조사인구보다 많다.
2   토지구획정리사업은 도로와 공원 등 기반시설을 마련하고, 필지를 재구획하여 기존 토지 소유자에게 감보한 토지를 되돌려주는 방식이므로, 재구획 후 필지의 면적이나 수가 재구획 전 토지 상태에 종속적일 수밖에 없다.
3   당시는 지방자치제 도입 전이었다. 서울시 도시계획에 대한 중앙정부의 역할이 컸으며, 서울시청의

표 10-2　시기별 도시개발사업 비교

구분		시행 시기	구역 면적(ha)	시가지 면적 대비 비율	주택 유형
신시가지 조성사업	토지구획 정리사업	1970년대 이전	14,022	43.0%	단독주택
		1970~1980년대			아파트
	택지개발사업	1980~1990년대	3,324	10.1%	아파트
구시가지 정비사업	주택재개발사업	1980년대 이후	1,463	4.5%	아파트
	주거환경개선사업	1990년대 이후	170	0.5%	다세대, 다가구
	주택재건축사업	1990년대 이후	365	1.1%	아파트

자료: 서울특별시(2006: 62).

체에 공급하고, 주택건설업체는 공동주택을 지어 분양하는 방식으로 주택을 공급했다. 목동, 상계 등지에서 대규모 택지개발사업을 통한 시가지 확장이 이루어졌으며, 그 결과 대단위 아파트 단지가 들어서게 되었다.

택지개발사업을 통한 시가지 확장과는 별도로, 기성시가지 내 노후불량 주택지를 헐어 토지를 규합하고 아파트를 공급하는 재개발사업이 병행되었다. 1976년 도시재개발법이 제정되고, 1983년 토지주와 건설사가 공동으로 재개발사업을 시행하는 합동재개발 방식이 도입되면서 1980~1990년대 재개발사업도 활발하게 추진되었다. 아울러 반포, 잠실 등에서는 초기에 공급된 저밀도 아파트가 재건축되었다. 2000년대에 들어 재개발사업을 더욱 큰 단위로 묶어 대규모 기반시설을 확충하는 뉴타운사업이 시행되었으며, 이러한 방식은 2005년 도시재정비촉진법으로 법제화되었다.

서울 인구와 가구의 폭발적인 성장 과정은 서울의 산업 지형을 크게 바꾸었다. 2015년 잠정치를 기준으로 볼 때, 서울의 지역내총생산(GRDP)은 314조 원에 이른다. 1990년 서울시 지역내총생산 증가율은 전년 대비 11.8%이며,

---

정책이 중앙정부와 독립적이라고 보기 어렵다. 서울시 또는 중앙정부를 특정하여 구분하기 어렵거나 구분이 무의미할 경우 계획당국으로 표현했다.

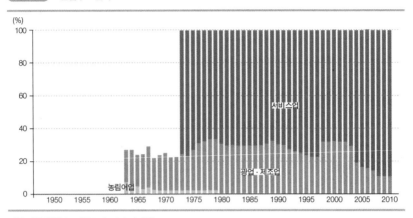

그림 10-1　산업구조 변화

그림 10-1　산업구조 변화

(%)

서비스업

광업·제조업

농림어업

1950　1955　1960　1965　1970　1975　1980　1985　1990　1995　2000　2005　2010

자료: 서울연구원, http://data.si.re.kr/node/341

1980년대까지 대체로 연평균 10%를 상회하는 증가율을 보였다. 서울의 산
업구조는 1970년대 제조업 중심으로 재편된 후 1990년대부터 서비스업으로
변모했다(〈그림 10-1〉 참조). 이 과정에서 서울에 자리 잡았던 제조업체는 좀
더 값싼 노동력을 확보하기 위해 경기도나 충청도로 이전했고, 중국 등 해외
로 이전하기도 했다. 제조업의 성장에 발맞춘 중앙정부 차원의 기반시설 확
충이나 국가공단 건설 등도 제조업 이출에 영향을 미쳤다. 제조업이 떠나고
남은 빈 땅에는 아파트 단지가 들어섰다.

강남의 성장과 다핵도시공간구조 형성

1990년대 서비스업 종사자의 비중이 늘어나면서 사무실에 대한 수요가
급격히 늘어났다. 옛 도시구조를 지닌 서울 성곽 내 구도심은 필지가 작고
차량 접근이 어려워서 현대적 토지이용을 수용하기에 적합하지 않았다.[4] 세

4　여의도나 강남에서 사무실 건물이 공급될 수 없었다면, 도심은 이미 고층건물로 가득 찼을지도

그림 10-2 도심, 여의도, 강남 사무실 연면적 비중 변화

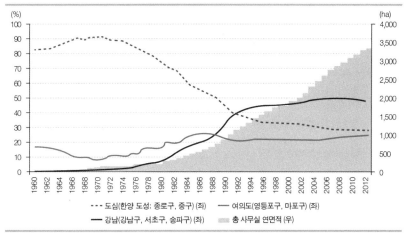

자료: 서울시, 재산세 과세자료(2013).

종대로와 종로를 중심으로 대규모 도심재개발사업이 이루어지면서 작고 부
정형한 토지를 규합한 자리에 대기업 본사를 비롯한 사무실 건물들이 지어
졌다.

도심재개발사업은 서울의 인구와 산업 성장으로 필요해진 사무실을 공급
하는 데 오랜 시간이 걸릴 뿐 아니라 비용도 많이 드는 방식이었다. 서울시
는 도심에서 대형 건축물을 짓기 위해 1970년대부터 147.2ha에 이르는 도심
재개발구역을 지정했으나 2009년 말까지 재개발사업을 마친 구역은 68.5ha
에 불과했으며, 구역 단위로 모든 재개발사업이 완료되어 구역 내 도로를 갖
춘 곳은 손에 꼽는다(서울특별시, 2010). 배후지에 비교적 자유롭게 입지할 수
있는 주택과 달리, 사무실은 기반시설이 갖추어진 중심지에 집적하는 경향
이 있기 때문에, 시장 메커니즘에 의한 중심지의 자발적 다핵화는 기대하기

모른다. 수백 년 역사에 걸쳐 형성된 서울 성곽 내 도심에서 일부 역사문화유산을 보전할 수 있게
된 것은 서울시의 나핵화 전략 덕분일 것이다.

어려웠다.

1980년대에 접어들면서 서울시는 다핵공간구조를 지향하게 된다.[5] 여의도와 테헤란로를 중심으로 사무실 건물이 공급되었으며, 1990년을 전후로 강남은 도심의 사무실 연면적을 추월하면서 지속적으로 성장했다.

먼저 개발된 여의도에 비해 강남이 더 빠르고 더 크게 성장하게 된 것은 토지구획정리사업을 통한 대규모 토지 공급 때문만은 아니었다. 제1기 지하철이 도심을 중심으로 한 방사환상형 도시공간구조를 형성하는 데 기여했다면, 제2기 지하철은 강남의 접근성을 크게 개선한 기반시설 투자라고 할 수 있다. 현재 강남 지역에는 9개 지하철 노선이 통과하며, 83개소의 지하철역이 자리 잡고 있다. 서울시 내 전체 역 311개소의 약 1/4이 집중되어 있는 셈이다. 분당 신도시 건설 이후 지속적으로 인구 중심이 도심에서 강남 쪽으로 이동했다는 점도 강남 성장의 배경이 되었다.

새롭게 여의도와 강남에서 공급된 토지는 반듯한 도로로 구획된 대형 필지였다. 기존의 도심에서와 달리 대형 사무실 건물과 아파트를 지을 수 있고, 자동차를 이용하여 통행할 수 있었다. 좀 더 현대적인 토지이용을 가능하게 하는 도시구조를 구현한 것이다. 도심에 집적한 중심 기능의 일부는 계획당국의 강력한 이전정책으로 여의도와 강남으로 옮겨져 주변 지역 개발을 촉진했다. 명문 고등학교 이전으로 교육 여건까지 갖춘 강남에서 아파트는 빠르게 공급되었다.

여의도와 강남은 도심에서 불과 7~8km 떨어져 있다. 새로운 중심지의 입

---

5 서울시의 도시기본계획은 최초 1966년에 수립되었으나, 급격한 인구 증가로 1972년에 부분 개정되었다. 1972년 시정종합계획(비법정)에서는 도심과 7부도심을 중심지로 계획했다. 1978년 수립된 도시기본계획은 수도권정비계획이 변경됨에 따라 백지화되었다. 다핵도시구조를 최초로 천명한 계획은 1980년 수립된 서울도시개발장기구상 및 중기계획이지만, 법정화되지는 않았다. 1984년 도시기본계획은 1주핵, 3부핵, 13부심, 50지구중심의 중심지 체계를 제안했으나 공청회 지연으로 법정화되지 않았다.

지는 수도권 내에서 자족적 생활권이 형성되기에는 지나치게 가깝고, 도심의 확장으로 보기에는 지나치게 먼 거리이다. 사실 이들 지역은 전체 수도권 차원보다는 서울의 행정구역 내에서 선택된 중심지이다. 도심, 여의도, 강남으로 나뉜 중심지는 각각 독립된 배후지를 형성하면서 자족적인 통근권을 형성하지 못했다. 가까운 중심지를 두고 먼 중심지로 출퇴근하는 이른바 교차통근이 생겨난 것이다. 당시 연구 결과에 따르면, 자동차 보급, 지하철 건설, 인구 증가 등으로 인해 통근 거리와 시간이 늘어났고, 교차통근도 증가했다.[6] 생활권을 넘어 서울 전역을 운행하는 지하철의 보급, 맞벌이 부부의 증가 등이 교차통근을 부추겼고, 이로 인한 통행비용은 공간구조의 확산과 다핵화에 따른 사회적 비용을 발생시켰다.

서울시의 시가지 확장이나 다핵화는 서울의 성장 과정에서 불가피한 선택이었다. 다만 새롭게 형성된 중심지가 서울 대도시권 차원에서 독자적인 생활권을 형성하면서 기존 중심지와 역할을 분담할 수 있는 입지였는가에 대해서는 논란이 있다.

서울 대도시권의 형성

1990년대에 접어들면서 서울시 외곽에 분당, 일산, 평촌, 산본, 중동 등 신도시 건설이 본격화했다. 약 50km^{2}의 면적에 약 117만 명을 수용하는 신도시를 조성하면서 주택 29만 호가 공급되었다. 신도시를 건설한 지 불과 5~7년 만인 1990년대 중반에 입주가 시작되었고, 간선도로와 광역철도의 건설로 서울 통근권은 이들 신도시를 포함한 경기도 일대까지 확대되었다.[7] 이로

---

6 장거리 통근이란 긴 거리 또는 시간을 이동하는 통근이며, 교차통근(cross commuting)이란 생활권 간에 이루어지는 통근을 말한다. 수도권 전체 통근 통행 중 시도 간 교차통근의 비율은 1980년 9.8%, 1990년 14.5%, 2000년 16.4%로 점차 증가했다(김선웅·정희윤, 2002).

표 10-3　수도권 1·2기 신도시 건설 현황

(단위: km², 천 명, 천 호)

시기	신도시	사업 면적	수용 인구	주택건설	개발 기간
	합계	189.1	2881	950.5	-
1기	계	50.1	1,168	292.0	-
	분당	19.6	390	97.6	1989~1996
	일산	15.7	276	69.0	1990~1995
	평촌	5.1	168	42.0	1989~1995
	산본	4.2	168	42.0	1989~1995
	중동	5.5	166	41.4	1990~1996
2기	계	139.0	1,713	658.5	-
	성남판교	8.9	88	29.3	2003~2016
	화성동탄 1	9.0	126	41.3	2001~2015
	화성동탄 2	24.0	286	115.6	2008~2016
	김포한강	11.7	167	61.3	2002~2016
	파주운정	16.6	215	87.1	2003~2017
	광교	11.3	78	31.1	2005~2016
	양주옥정·회천	11.2	163	59.0	2007~2018
	위례	6.8	110	44.8	2008~2017
	고덕국제화	13.4	141	56.7	2008~2020
	인천검단	11.2	184	74.7	2009~2015
	아산탕정·배방	8.8	86	33.1	-
	대전도안	6.1	69	24.5	-

자료: 국토교통부 홈페이지, http://molit.go.kr/

써 서울시 주변 경기도까지 포함하면 2,500만 명이 모여 사는 서울 대도시권이 형성된 것이다.

7　2002년 기준 서울 통근 비율이 10%를 넘는 수도권 내 시·군·구는 과천(63.1%), 의정부(55.0%), 광명(52.7%), 하남(46.5%), 고양(46.2%), 구리(44.4%), 성남(37.2%), 남양주(33.7%), 부천(30.0%), 안양(29.2%), 군포(28.9%), 의왕(22.4%) 등 18개소이다. 1980년 25개 시·군·구 중 11개소만이 서울 통근권이었던 것에 비해 통근권이 반경 40km까지 확대되었음을 알 수 있다(김강수·정경옥, 2004).

그림 10-3　수도권의 시가화

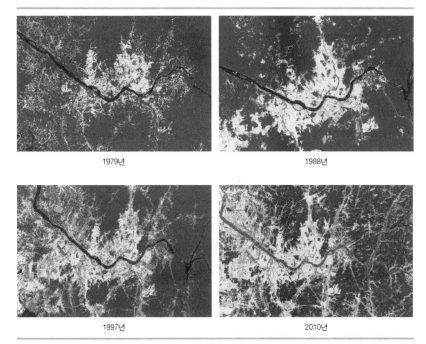

1979년

1988년

1997년

2010년

자료: 서울연구원(2013: 40~41).

　중앙정부는 1982년 수도권정비계획법을 제정하고, 1984년 수도권정비계획을 수립하여 인구와 경제활동의 수도권 집중을 억제하고자 했다. 서울시가 포함된 이전촉진권역에서는 공장, 학교, 업무용 건축물 등 인구집중 유발 시설을 권역 밖으로 이전하고, 전문대학 이상의 고등교육기관의 신·증설 및 학생 정원의 증원을 금지하는 등 집중적인 규제가 적용되었다. 지금까지 지속되고 있는 수도권 집중 억제에 대한 엇갈린 평가에도 불구하고, 서울을 둘러싼 대도시권의 형성은 현실이 되었다.

3 | 고도성장의 메커니즘과 그 지속가능성

도시로, 서울로: 도시화와 산업화

서울의 고도성장은 주로 인구 증가에 의해 이루어졌다. 1970년 서울을 비롯한 전국의 합계출산율은 4.53명에 이를 만큼 인구가 빠르게 늘고 있었다. 그러나 당시부터 시작된 서울의 인구 증가는, 자연 증가보다는 농촌에서 도시로, 지방에서 서울로 인구가 이동하는 사회적 증가에 의해 주도되었다. 1970년대 도시의 인구 증가율은 농촌에 비해 현저하게 높았으며, 서울의 인구 증가율은 전국 평균을 상회했다. 1970년 한 해 동안 29만 명이 서울로 순전입했다. 동과 읍에 거주하는 인구를 기준으로 산정한 한국의 도시화율은 1960년 37.0%에서 1970년 50.2%, 1980년 69.4%, 1990년 82.7%로 급증하여 최근에는 90%를 넘어섰다. 서울 인구의 사회적 증가는 서울이 다른 도시나 농촌에 비해 더 많은 교육, 취업, 자산 증식의 기회를 제공했기 때문이다.

국내총생산 가운데 제조업이 차지하는 비중은 1960년 13.8%에 지나지 않았지만, 2000년엔 29.4%까지 급증했고, 이후 2007년 27.9%로 감소했다. 서비스업은 제조업의 성장과 함께 1960년 40.0%에서 2000년 57.5%까지 지속적으로 증가했다(통계청, 2008: 10). 서울의 산업구조는 초기엔 제조업 중심으로, 이내 서비스업 중심으로 급격히 전환했다. 산업구조의 변화는 새로운 일자리를 창출하는 원동력이 되었다.

진학이나 취업을 위해 서울로 전입하는 청년들은 서울의 경제성장을 떠받치는 노동력을 제공했다. 늘어나는 주택수요를 수용하지 못해 토지와 주택의 가격은 빠르게 상승했고, 이는 부동산 소유자에게 자산 증식의 기회를 제공했다. 계획당국은 인구를 유발하는 공장과 대학이 더 이상 늘어나지 않도록 수도권 집중 억제 정책을 폈지만, 서울의 인구와 경제성장에 따른 집중을 막는 데는 한계가 있었다. 서울에 집중된 인구와 자본은 스스로 인구와 자본을 유입시키는 원동력이 되었다. 이렇게 서울의 성장 순환 고리가 형성되었다.

민간 의존적 도시 확장과 정비

고도성장기 서울의 시가지 확장은 주로 토지구획정리사업, 택지개발사업, 그리고 재개발사업으로 이루어졌다. 특히 토지주가 조합을 결정하여 추진하는 재개발사업은 공공이 토지를 매입할 필요가 없는 시장 주도적 방식으로서, 서울 전역에 광범위하게 적용된 바 있다.

토지구획정리사업은 도로나 공원을 설치하기 위한 토지와 대지조성비용을 조달하기 위한 체비지를 '감보'[8]를 통해 확보하고, 새롭게 구획된 필지를 토지주에게 돌려주는 정비 방식이다. 계획당국은 무상으로 공공시설 용지를 확보하고, 체비지 매각을 통해 대지조성 공사비를 조달할 수 있었으므로, 시가지를 정비하기 위한 재정적 부담을 줄일 수 있었다. 토지주는 사업 전후 감보로 인해 토지면적이 줄어들기는 했지만, 기반시설을 갖춘 반듯한 토지를 환지받을 수 있었다. 토지주는 환지받은 토지를 되팔거나 주택(건물)을 지어 개발이익을 취할 수 있었다. 결국 토지구획정리사업을 위한 비용은 체비지를 매입한 이들과 토지주가 지은 집을 매입한 이들이 대신 치르는 셈이 된다. 토지구획정리사업은 신규 전입자가 없다면 작동할 수 없는 구조이다.

재개발사업도 마찬가지이다. 토지주와 건물주는 조합을 결성하고 기존 단독주택을 헐고 아파트를 지어 매각함으로써 개발이익을 취할 수 있었다. 새 아파트가 오래된 단독주택에 비해 비쌌고 재개발 후 주택 호수나 면적도 늘

---

8 토지구획정리사업이 활발하게 시행될 당시 계획당국이 아파트 같은 공동주택이나 자가용 보급을 충분히 예측하기는 어려웠을 것이다. 공공은 가능한 한 감보율을 낮춰 더 넓은 토지를 환지하고자 했다. 이 때문에 토지구획정리사업으로 형성된 시가지는 필지가 작고 도로, 주차장이 부족한 편이다.

어났기 때문에, 여분의 아파트를 매각해 사업비용을 조달할 수 있었다. 공공은 재개발구역 진출입에 필요한 도로를 조합이 부담하여 확보하도록 함으로써, 기반시설 설치에 따른 재정적 부담을 조합에 전가했다. 토지구획정리사업과 마찬가지로, 재개발사업을 위한 비용은 여분의 아파트를 매입한 이들이 대신 치르게 된다. 이 또한 신규 전입자가 없다면 작동할 수 없는 구조이다.

결국 서울에서 작동한 토지구획정리사업과 재개발사업은 폭발적인 인구 증가에 따른 주택수요를 바탕으로, 시가지 조성비용을 신규 전입자에게 전가하는 방식으로 이루어졌다고 볼 수 있다. 당시에는 너무 이른 우려였지만 이러한 방식의 시가지 조성은 지속가능하지 않으며, 서울로의 전입이 줄어들 경우 더 이상 작동할 수 없는 방식이었다.

개발이익의 사유화

1980년대 말 법률체계에 토지공개념이 도입되면서 개발부담금을 징수하여 기존에 사유화되던 개발이익을 공공재원으로 환수하는 체계가 확립되었지만 그 성과는 충분치 않았다(정희남·김승종·박동일, 2003: 88). 개발부담금은 주로 신시가지 조성에 부과되었는데, 당시 서울은 신시가지 조성보다는 재개발이 한창이었기 때문이다. 일차적인 개발이익의 환수 수단인 재산세나 도시계획세[9] 또한 그 세율[10]이 높지 않아 막대한 개발이익을 환수하는 데에는 실효성이 높지 않았다.

---

9   도시계획세는 도시계획구역 내에서 시가지 조성이나 관리에 필요한 재정을 충당할 목적으로 징수하는 세금이다. 지방자치제 실시 이후 도시계획구역이 행정구역과 일치하게 되자 도시계획세와 재산세의 차별성은 사라졌다. 도시계획세는 2011년 1월 재산세에 통합되었다.

10 한국은 토지에 대해 0.2~0.5%, 주택에 대해 0.1~0.4%의 누진세율을 적용한 재산세를 징수하고 있다. 과세표준에 대해 토지는 70%, 주택은 60%의 과표적용률을 곱하여 적용하고 있다(남기업·성승현·조성찬, 2014: 16~20).

고도성장기 서울의 지하철은 시가지가 형성된 이후 주로 간선도로나 하천을 따라 건설되었다. 지하철 건설비용은 공공재정으로 부담했지만, 개발이익을 공공재원으로 환수하는 체계가 제 역할을 하지 못하는 상황에서 지하철 건설에 따른 주변 토지의 가치 상승은 고스란히 역 주변의 토지 소유자에게 사유화되었다. 지하철 운영사업이 만성적인 적자를 보이는 이유를 단지 저렴한 지하철 요금을 유지하는 요금정책 탓으로만 돌리기는 어렵다. 지하철 개통으로 가격이 급상승한 역 주변 토지에서 그 개발이익을 충분히 환수하여 지하철 설치비용을 충당하지 못했기 때문이기도 하다.[11]

서울의 경제는 고도로 성장하고 도시공간은 넓어졌지만, 개발이익을 공공재정으로 환수하지 못한 채 개발비용을 신규 전입자에게 전가하는 도시개발 방식은 현재에도 변함이 없다. 도시관리비용을 조달하기 위한 세수 또한 개발사업 시행에 의존하는 취·등록세의 비중이 크다. 이러한 방식은 신규 전입자가 끊기면 더 이상 제대로 작동하지 않게 된다. 서울이 고도성장의 순환 고리에서 벗어나게 된다면, 이전과는 다른 도시관리방식을 모색해야 하는 이유가 여기에 있다.

개발이익의 사유화는 단지 재정적인 지속가능성에 대한 논의뿐만 아니라, 부의 사회적 분배에서도 중요한 쟁점이 된다. 개발이익은 그 지역에서 거주하거나 영업해온 이들에게 골고루 사유화되지 않는다. 개발이익은 해당 지역의 토지나 건물을 소유한 재산권자와 수분양자에게 선별적으로 사유화된다. 그 지역에서 살고 일해온 시민은 소유자가 아니라는 이유만으로 손실을 보상받는 것 외에 개발이익의 분배에서 제도적으로 배제된다.

도시개발의 위험을 분담하지 않는 세입자가 수익의 분배에서 제외되는

---

11 역세권 개발사업은 철도사업자에게 역 주변 토지에 대한 도시개발사업을 시행할 수 있도록 권한을 부여하고 있다. 철도사업자는 개발이익을 철도 건설이나 운영 재원으로 활용할 수 있게 된다. 도쿄나 홍콩에서는 이러한 방식을 적용하여 철도 건설과 도시개발을 병행해오고 있다.

것은 자본주의 사회에서 당연한 일이다. 토지와 주택을 공급하여 도시 기능을 부여하고 주택가격을 안정시키는 도시개발이 당시에는 시급하고 정당한 사회적 선택이었다는 점에도 이견이 없다. 그러나 이와는 별개로 도시개발 과정에서 삶의 터전을 잃고 비자발적으로 타 지역으로 밀려나야 했던 세입 자에게 단지 '합법적' 보상이 아니라 '정당한' 보상, 즉 개발 이전과 동등한 삶을 영위할 수 있는 보상이 이루어졌는가는 되돌아볼 일이다.

더 이상 기대하기 어려운 고도성장

서울은 다른 도시에 비해 상대적으로 젊고, 생산가능인구의 비율이 높은 편이다. 하지만 서울의 인구는 1990년 1,061만 명을 정점으로 서서히 감소하고 있다. 인구의 사회적 감소가 자연 증가보다 많기 때문이다. 이는 수도권의 인구가 지속적으로 증가하고 있는 것과는 대조적이다. 통계청이 2014년을 기준 시점으로 추계한 장래인구에 따르면,[12] 수도권의 인구는 2029년에 2,618만 명에 이르렀다가 감소할 것으로 예상된다. 당시 서울의 인구는 959만 명으로 수도권 인구의 36.6%, 전국 인구의 18.4%를 차지하게 된다.

수도권 인구의 사회적 증감은 2011년 처음으로 순감소하기 시작했다. 즉, 수도권의 순전입은 2011~2015년 평균 약 -12,000명, 2015년에는 약 -33,000명으로 나타났다. 서울 인구의 사회적 증감은 그보다 앞서 1990년부터 순감소하기 시작했다. 서울의 순전입은 2011~2015년 평균 -108,468명, 2015년에는 -137,256명으로 감소폭이 지속적으로 커지고 있다.

장기적으로 서울의 인구 감소는 일정 기간 지속될 것으로 판단된다. 서울

---

12 2014년을 기준으로 추계한 장래인구는 다소 과대 예측되었을 가능성을 배제할 수 없다. 2000년대에 관측된 총조사인구는 예측치에 미치지 못한다. 인구 감소가 예측보다 빠르게 진행될 가능성이 있다.

표 10-4 **수도권의 전입 및 전출(2015)**

구분	전출지 \ 전입지			전국					수도권 외
					수도권				
						서울	인천	경기	
2015년	전국			2,551,424	1,265,319	459,902	158,601	646,816	1,286,105
		수도권		1,298,269	815,245	273,127	116,428	425,690	483,024
			서울	597,158	404,252	0	44,915	359,337	192,906
			인천	149,063	99,923	33,570	0	66,353	49,140
			경기	552,048	311,070	239,557	71,513	0	240,978
		수도권 외		1,253,155	450,074	186,775	42,173	221,126	803,081
2011~ 2015년 평균	전국			2,530,731	1,286,562	479,324	164,968	642,270	1,244,169
		수도권		1,300,333	825,040	285,699	121,966	417,375	475,292
			서울	588,495	399,532	0	47,366	352,166	188,963
			인천	145,584	98,447	33,238	0	65,209	47,137
			경기	566,254	327,061	252,461	74,600	0	239,193
		수도권 외		1,230,399	461,522	193,625	43,002	224,895	768,877

주: 시도 내 이동 제외
자료: 통계청, 국내인구이동통계자료(각 연도).

의 주택가격은 비슷한 주거환경을 제공하는 주변 신도시에 비해 높고, 신도시와 서울을 오가는 교통비는 정책적으로 낮게 유지되고 있다. 저성장으로 인해 가계의 주거비 부담 능력은 단기간에 획기적으로 개선되기 어렵다. 서울에서는 일자리가 크게 늘고 있지 않지만, 인천·경기 지역에서는 늘고 있다.

서울의 인구 변화는 양적 감소뿐만 아니라 질적인 변화에도 주목해야 한다. 서울과 수도권의 순전입을 연령대별로 나누어보면, 인천과 경기의 순전입은 전 연령대에 걸쳐 있다. 그러나 서울의 순전입은 주로 20대로 한정되어 있고, 30대는 가장 큰 순전출을 보이고 있다. 젊은이들이 대학 진학이나 취업을 위해 서울로 전입하는 반면, 결혼이나 출산을 계기로 좀 더 크고 저렴한 집과 더 나은 주거환경을 찾아 서울을 떠나는 30대가 많음을 뜻한다. 서울에서는 인구의 고령화와 함께 연령의 양극화도 우려해야 할 문제이다.

그림 10-4   서울시 연령대별 순전입(2015, 2011~2015)

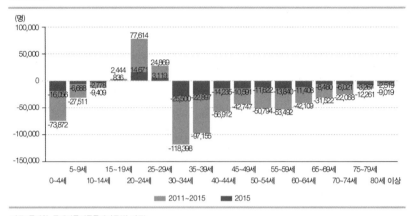

자료: 통계청, 국내인구이동통계자료(각 연도).

　　2000년대가 지나면서 저성장의 징후가 사회·경제 각 분야에서 나타나고 있다. 통계청에 따르면 합계출산율은 1985년부터 떨어졌다. 인구구조는 고령인구가 늘고 생산가능인구가 줄어들어 부양비, 즉 생산가능인구 1인이 부양해야 하는 고령인구의 비율이 급격하게 상승할 것으로 예상된다. 2014년 기준 장래인구추계에 따르면, 전국의 생산가능인구 비율은 2012년 73.1%, 수도권은 2012년 75.1%가 정점이었으며, 서울은 2011년, 인천은 2013년, 경기는 2016년에 각각 76.7%, 75.2%, 74.3%의 정점을 지나게 된다. 이후 생산가능인구는 감소할 것으로 예상된다.

　　서울의 지역내총생산(GRDP)이 지속적으로 증가해온 것은 사실이지만, 이러한 추세가 장래에도 지속될 것인지 낙관하기는 어렵다. 수도권 내에서 서울의 지역내총생산이 차지하는 비중은 지속적으로 감소하고 있으며, 최근에는 경기도의 지역내총생산이 서울을 추월했다. 2000~2011년 서울의 지역내총생산 증가율은 평균 2.8%로, 전국 4.4%, 수도권 4.6%에 비해 낮다. 서울의 1인당 지역내총생산(GRDP)은 2014년 3,312만 2,000원으로, 울산, 충청, 전남, 경북에 비해 낮다.

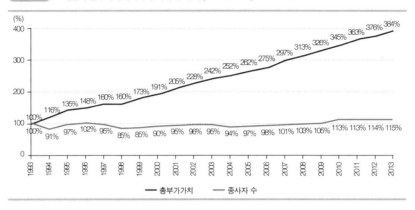

그림 10-5 서울시 총부가가치액과 종사자 수 변화(1993~2013)

더욱이 성장과 고용이 함께 늘지 않는 '고용 없는 성장' 추세도 뚜렷하다. 2013년 서울의 실질 총부가가치는 1993년에 비해 284%p 증가했지만 같은 기간, 종사자 수는 15%p밖에 증가하지 않았다. 이 같은 '고용 없는 성장' 추세는 노동생산성의 증가라고 해석할 수 있으나, 역으로 성장이 이루어진다 해도 일자리는 늘지 않을 수 있음을 의미한다. 일자리가 늘지 않을 경우, 노동시장을 통한 소득 재분배가 원활하지 않게 되며, 가계 부실이나 소득 양극화와 같은 문제를 야기하게 된다.

서울의 고도성장을 떠받쳐온 지속적인 인구 유입은 더 이상 기대하기 어려울뿐더러, 노동시장을 매개로 한 가계소득의 증가를 기대하기도 어렵다. 서울의 성장 메커니즘에서 핵심적인 동력이 고갈되어가고 있다는 뜻이다. 따라서 고도성장기에 도시를 관리해온 방식으로는 저성장기에 접어든 서울을 효과적으로 관리해낼 수 없을 것이다. 도시정비에 필요한 비용을 유입하는 신규 전입자에게 전가시킬 수 없으며, 누구도 흔쾌히 그 비용을 대신 치르려 하지 않을 것이기 때문이다. 역으로, 기존 메커니즘이 성공적으로 작동할수록 서울 대도시권 내 어디에선가 사람들이 빠져나가고, 쇠퇴하는 지역이 발생할 개연성이 크다.

2015년 서울연구원에서 지난 5년간 서울에서 인천·경기로 이주한 이들을 대상으로 실시한 설문조사에 따르면, 서울을 떠난 이유로 주거비를 1순위로 꼽은 이들의 비율이 48.2%에 이르며, 통근·통학을 위해 이주한 비율도 27.8%에 달했다.

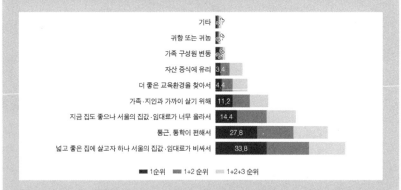

서울 전출자는 이주를 통해 주거의 질을 높였다. 서울 전출자의 아파트 거주 비율은 41.8%에서 69.1%로 증가했고, 자가 거주 비율도 37.7%에서 52.5%로 늘었다. 주택의 평균 면적도 79.9㎡에서 91.4㎡로 증가한 것으로 나타났다. 또한 이사 전후 주택 점유형태가 동일한 전출자의 경우 주택가격, 전세, 월세 등 주거비가 감소했음을 알 수 있다.

이들은 인천·경기의 부문별 주거 여건이 서울과 비슷하거나 서울보다 낮다고 평가했다. 서울이 우위를 보이는 부문은 교통 편리성, 여가·문화생활, 교육환경, 사회복지환경으로 나타났다. 전출자만을 대상으로 조사한 결과임을 감안하더라도, 서울의 인구 감소가 당분간 지속될 수 있음을 유추할 수 있다.

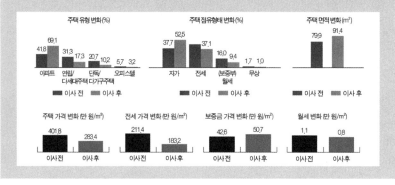

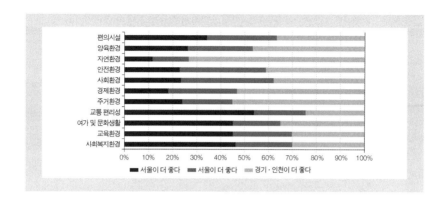

편의시설
양육환경
자연환경
안전환경
사회환경
경제환경
주거환경
교통 편리성
여가 및 문화생활
교육환경
사회복지환경

0% 10% 20% 30% 40% 50% 60% 70% 80% 90% 100%

■ 서울이 더 좋다   ■ 서울이 더 좋다   ▨ 경기·인천이 더 좋다

4 ı 서울시 도시공간의 변화 전망과 과제

다핵분산형 수도권

서울 인구의 사회적 감소는 서울시 주변의 신도시 개발과 대도시권의 공간구조 다핵화와 밀접하게 연관되어 있다. 서울 근교에 더 많은 사람들이 살수 있는 주택을 공급하고, 광역철도와 버스 노선을 증설함으로써 서울에 더많은 도시활동을 집적시킬 수 있었지만, 역설적으로 서울시 인구는 감소세로 돌아섰다. 신도시 건설에 따른 인구 분산효과가 나타난 것이다.

1990년대 이후 서울 주변에서는 새로운 업무 중심지가 출현해 성장하는 현상을 목격할 수 있다. 수원, 성남, 부천, 고양, 용인, 안양, 남동, 송도 등은 새롭게 부상하고 있는 신흥 중심지이다.

집적을 목표로 더 넓은 배후지에서 더 많은 사람을 중심 도시인 서울로 이동시키는 형태의 도시공간구조는 저성장시대의 유효한 해법이 될 수 없다. 배후지를 서울과 직접 연결하기보다는 다극화된 중심지 간 연결을 강화하는 방향으로 교통기반시설에 투자할 필요가 있다. 이를 통해 상대적으로 값싼

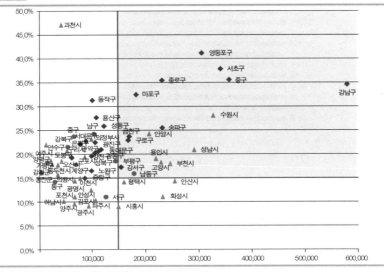

그림 10-6　총 종사자 15만 명 이상 사무직 종사자 비율 15% 이상인 수도권 내 시·군·구(2009)

자료: 통계청, 전국사업체조사자료(2009); 정희윤·김상일·이재수(2012: 85).

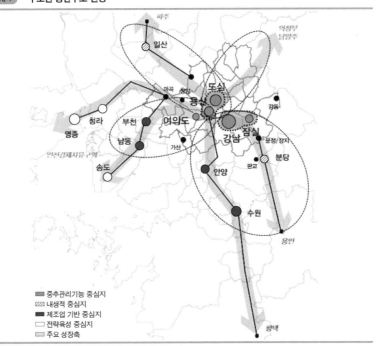

그림 10-7　수도권 공간구조 전망

자료: 정희윤·김상일·이재수(2012: 107).

토지를 최대한 활용할 수 있게 되고, 중심지 간 빠른 이동을 통해 집적의 이익을 크게 훼손하지 않고 분산된 형태의 공간구조를 만들어갈 수 있을 것이다. 이미 생활화된 모바일 환경은 직접적인 이동의 필요성을 일부 대체할 것이다.

주택 및 기반시설의 노후화와 공간적 양극화

서울시 내 시가지는 비슷한 시기에 형성되었다. 시대에 따라 형성된 시가지의 공간적 패턴은 다르지만, 비슷한 시기에 형성된 시가지에서 일시에 공급된 주택은 비슷한 시기에 수명을 다할 것이다. 서울의 주거지 노후화는 장래 어떤 시기에 급격히 진행될 가능성이 높다. 서울시는 노후한 주거지에 대한 재개발사업을 지속적으로 추진하고 있으나, 최근 그 실적은 저조하다.

주택 소유자가 자발적인 신축을 통해 노후한 주택을 스스로 교체해간다면, 일시에 넓은 면적의 주거지가 노후화하는 충격을 방지할 수 있을지도 모른다. 그러나 자발적인 주거지 갱신 또한 원활하지 않을 전망이다.

첫째, 주로 토지구획정리사업으로 조성된 시가지는 도로율이 상대적으로 낮고, 소규모 필지로 분할되어 있어서 개별적인 주택 신축이 어렵다. 토지가 작아 쓰임새 있는 면적의 주택을 짓기 어렵고, 자가용 승용차가 널리 보급된 상황에서 주차장을 확보하기 어려우며, 길이 좁아 노상 주차도 쉽지 않다. 둘째, 신축비용을 조달하기 어렵다. 기존 신축은 그것이 단독주택이든 아파트이든 연면적을 늘여 여분의 주택을 팔고 그 대금으로 신축 비용을 충당하는 방식으로 이루어졌다. 신축 비용을 새로운 전입자에게 전가하는 재원조달 메커니즘이 작동해왔다는 뜻이다. 그러나 서울의 인구가 감소하고 주택보급률이 100%에 육박하는 상황에서, 여분의 주택을 원만하게 분양하기는 어려울 것이다. 주택재개발사업에서 비례율은 낮아져 왔으며, 자기 부담금은 증가해왔다. 신축비용을 신규 전입자가 대신 부담하는 재원조달 메커니즘이 앞으로는 작동하지 않을 가능성이 높다.

재개발이든 자발적 갱신이든 제때에 주거환경 개선과 주거지 정비가 이루어지지 않으면, 주거지는 재난과 범죄에 취약하고 주거환경이 열악한 지역으로 빠르게 쇠퇴한다. 이미 서울 곳곳에 저소득층과 외국인이 우세한 노후주거지가 형성되고 있다. 계층 상승의 사다리가 원활하게 작동할 경우, 저렴한 주거지는 서울살이의 출발점이 될 수 있다. 그러나 노동시장을 통한 소득 재분배가 제대로 작동하지 않고, 교육이나 훈련을 통한 자기 계발의 기회가 막혀 있다면, 노후 불량화한 주택지는 저소득층의 출발점이 아니라 빠져나올 수 없는 감옥이 될 수 있다. 사회적·경제적 양극화가 공간적으로도 반영될 우려가 있는 것이다.

5 | 서울시 도시공간 변화와 대응 방향

역세권을 중심으로 한 토지이용과 생활 중심지 육성

경제협력개발기구(OECD) 통계에 의하면, 한국인의 노동시간은 세계 최장 수준이다. 통계청 생활시간조사에 따르더라도 서울 시민은 하루 평균 57분을 출퇴근에 쓴다. 바람직한 공간구조를 상정할 때, 하루에 출퇴근하는 모든 노동자들이 이동에 쓰는 시간을 줄이려는 노력은 서울 대도시권의 경쟁력 향상과 시민의 삶의 질 개선에 직접적인 영향을 미친다.

서울이 고도성장하는 과정에서 도시기본계획상의 중심지 체계는 용도지역제를 운용하거나 도심재개발사업을 적용하거나 간선도로를 정비하는 데 밑그림이 되어왔다. 1990년 도시기본계획은 서울의 중심지를 도심, 부도심,

지역중심, 지구중심 등으로 구분하고, 위계에 따라 용도지역을 차등 적용했으며, 도심재개발구역을 지정할 때 주요한 기준으로 활용했다. 도심을 중심으로 방사환상형 간선도로를 갖추는 데에도 영향을 미쳤다. 위계적 중심지 체계는 최근 개정한 2030 서울플랜(서울도시기본계획)에서 3도심, 광역중심, 지역중심, 지구중심으로 조정되었다. 중심지 체계는 특히 기반시설을 공급하는 데 주요한 밑그림이 된다. 중심지와 배후지 간, 그리고 중심지와 중심지 간 통행을 효과적으로 처리할 수 있는 노선을 신설하는 기준이 되기 때문이다.

저성장시대에 접어들면서 막대한 재정 투입이 필요한 도로나 지하철 노선을 추가로 신설하는 것은 쉽지 않다. 최근 9호선과 신분당선이 운행을 시작했고, 경전철 신설이 논의되고 있지만, 서울의 도시공간구조를 뒤바꾸는 획기적인 기반시설 투자를 기대하는 것은 가능하지 않아 보인다. 오히려 현재 공급된 기반시설을 최대한 활용할 수 있는 효과적인 도시공간구조를 실현해갈 필요가 있다.

1970년대부터 대중교통 결절점을 중심으로 토지이용을 효율화하는 대중교통 위주의 발전(Transit Oriented Development: TOD)과 성장관리는 세계적으로 보편화된 도시관리 철학이다. 밴쿠버는 SkyTrain 노선을 따라 개발회랑을 형성하는 정책을 펼치고 있다. 미국의 알링턴은 주요 역 반경 400~800m 이내에 고밀복합개발을 집중시키는 한편, 그 외곽에서는 개발밀도를 낮추어 규제하고 있다. 브라질의 쿠리티바 또한 친환경 대중교통축을 중심으로 고밀개발을 집중시키고 있다. 외국 도시의 TOD 경험을 도시의 규모나 밀도 면에서 서울과 단순 비교하기 어렵지만, 대중교통 결절에서 고도 토지이용을 유도하는 정책은 유효하다고 생각된다.

다핵화된 서울에서 혼잡과 장거리·교차통근을 억제하고 도시 기능을 집적시키기 위해서는 TOD가 필수적이다. 역세권을 효과적으로 활용하여 생활권 단위의 자족성을 높이고, 통행비용 및 통행시간을 절감하는 것은 탄소 배출 저감이라는 환경적 지속가능성을 높일 뿐만 아니라 시민이 더 많은 '시간'을 자신의 '일상'에 쓸 수 있도록 한다.

서울의 도시철도는 9개 노선 317km에 달하며, 중앙버스전용차로도 12개 축 119.3km에 이른다. 도시철도 1일 이용 인구는 도쿄, 모스크바에 이어 3위에 이를 만큼 대중교통 이용이 활발하다. 한편 단순하기는 하지만 역세권을 반경 250m의 동심원으로 간주한다면, 서울시 전체 사무실의 29.7%, 판매식음시설의 36.2%, 문화여가시설의 15.8%, 주택의 12.0%가 역세권에 입지하고 있다. 역세권 중심의 토지이용을 구현하는 데에 일정한 정책적 노력을 기울인다면, 서울의 대중교통 기반시설은 문제 해결의 열쇠가 될 수 있다.

현실적으로 볼 때, 서울의 중심지 체계와 역세권 토지이용은 상당한 괴리를 보이고 있다. 도심, 광역중심, 지역중심 등 중심지 위계를 따르지 않는 토지이용의 역전 현상이 곳곳에서 발견된다. 예를 들어 지역 거점인 잠실역은 그 어떤 광역중심보다 더 높은 용적률을 보이고 있다. 역세권의 토지이용이 기반시설 수준과 괴리를 보이는 경우도 허다하다. 또한 2개 지하철 노선이 교차하는 강남역 주변은 3개 노선이 교차하는 고속터미널역 주변보다 높은 용적률을 보인다. 역 주변지역을 역세권이라고 부르지만, 역세권의 상황은 천차만별이다. 역세권마다 고층 복합건물, 저층 상업가로, 저층 주택지 등 서로 다른 토지이용 특성을 보이고 있다. 역에서 멀어질수록 지가가 높고 용적률이 높으며 신축이 활발해서 토지이용이 역전된 역세권도 다수이다.

계획적 의지가 반영된 중심지 체계를 유지하되, 추가적인 기반시설 공급 없이 효율적으로 토지를 이용하기 위해서는 대중교통 네트워크를 기반으로 한 토지이용을 모색할 필요가 있다. 이를 위해 다음과 같은 역세권 관리 방향을 제안할 수 있을 것이다.

첫째, 대중교통 기반시설뿐만 아니라 지형, 경관, 도시조직, 토지이용, 상위 계획 등을 고려하여 역세권을 분류하고, 역세권 특성에 따라 다른 관리정 책을 도입할 필요가 있다. 둘째, 보행 가능성을 위주로 현실적으로 관리가능 한 역세권 범역을 정할 필요가 있다. 셋째, 역세권 내에서 민간의 도시개발 을 촉진하여 역세권의 고도 토지이용을 유도하고, 다양한 공공시설과 공공 공간을 확충함으로써 역세권이 명실상부한 생활의 중심지가 될 수 있도록 한다. 넷째, 하나의 역세권도 여러 토지이용 양태를 보이고 있으므로, 이러 한 상황을 반영하여 활용해야 한다.

개발이익에 의존하지 않는 기성시가지 정비방안 마련

고도성장기는 도시가 팽창하던 시기로서, 미개발된 저가의 토지자원이 쉽 게 공급될 수 있었다. 도시개발은 '개발하기 좋은' 토지에서 이루어졌다. 도 시관리계획 또한 새로운 토지를 관리하는 데 초점을 맞추어왔다. 그러나 저 성장기에 접어들면서 신규 토지 공급은 불가능해졌으며, 미개발된 저가의 토지자원은 고갈되었다. 상암, 마곡, 문정 등을 끝으로 서울에는 대규모 미 개발지가 남아 있지 않다. 인구와 생산의 증가라는 성장 동력이 받쳐주지 않 는 상황에서 역세권 중심 도시공간구조를 지향한다면, 그 방법은 역세권의 토지자원을 효율적으로 활용하는 것이다.

서울의 인구 감소와 저성장 기조가 지속된다면, 도시개발의 수요는 점진 적·지속적으로 감소할 것이다. 주택보급률이 100%를 넘어서면서 서울에서 도 아파트 미분양이 보고되고 있다. 주택담보대출로 인한 가계부채가 증가 하고 있으며, 가계의 주택 구입능력 또한 상당히 떨어진 상황이다. 중심지에 서도 사무실 공실이 발생하고 있으며 임대료 하락이나 할인이 나타나고 있 다. 서울의 제조업은 R&D 기능 위주로 재편되면서 평면적으로 확산하기보 다는 수직적으로 집적하고 있으며, 준공업지역 내 토지는 주거용도로 전환되고 있다. 인터넷과 모바일 쇼핑이 보편화하면서 판매식음 용도의 증가는 구매력 증가폭에 미치지 못하고 있다.

문제는 공간수요의 총량이 아니다. 기존 도시공간과 새로운 공간수요의 불일치를 조정하는 도시개발이 문제의 핵심이다. 1인 가구의 증가, 가계의 소득 감소 등으로 평형이나 입지 면에서 주택수요가 달라지고 있다. 청년층 1인 가구와 노년층 1인 가구는 서로 다른 입지 패턴을 보이지만, 이들의 수요를 고려한 주택정책적 대응은 미흡한 실정이다. 백화점이나 양판점을 제외하면 수직적으로 집적한 판매시설에서는 공실이 발생하고 있는 반면, 보행접근성과 접지성을 띤 일부 상가는 사람을 모으며 성업하고 있다.

이에 따라 도시개발의 목표를 총량적 확충에서 수요 변화에 대응한 조정으로 바꿀 필요가 있다. 공간수요와 공급의 불일치를 해소하면서 좀 더 대중교통 지향적으로 도시공간구조를 개편해가는 것이 새로운 공간정책의 목표가 되어야 한다. 과거 토지공급은 새로운 시가지를 조정하고 기반시설을 신설하는 방식으로 이루어졌고, 주택 공급 또한 새롭게 조성된 시가지나 노후·불량한 주택지를 재개발하는 방식으로 이루어져 왔다. 그러나 공간 수급의 불일치를 해소하기 위해서는 '필요한 곳'에서 토지를 확보해야 하는 어려움을 극복해야 한다. 기 공급된 기반시설을 최대한 활용하기 위해서는 역세권 내에서 토지를 마련하는 노력이 필요하다. 저이용 토지를 시가화하는 방식으로 토지를 마련하고 활용가능한 토지를 좇아 도시계획이 이루어지던 방식에서, 필요한 곳에서 토지를 마련하고, 토지를 활용할 수 있도록 도시를 계획해야 하는 시대가 된 것이다.

재개발사업은 기성시가지 내에서 신규 토지를 마련하는 작동가능한 유일한 방법이다. 세입자 보상대책을 현실화하면서 토지 등 소유자의 이해를 투명하고 민주적으로 조정할 수 있도록 하는 제도적 보완이 필요하다. 저성장 시대에 작동가능한 도시정비방식에 대한 좀 더 적극적인 고민도 필요해 보인다. 토지 등 소유자가 결성한 조합 대신 공공이 직접 시행하는 재개발 방식, 개발 전 선분양하지 않고 개발 후 임대하는 방식의 재개발 등 새로운 시가지 정비방식도 모색할 필요가 있다.

저성장기 도시 정비에서 중요한 점은, 민간에게 개발이익을 사유할 기회를 제공함으로써 공공의 역할을 민간에게 전가하고 재정 투입을 줄이는 방식만을 고집해서는 안 된다는 점이다. 이를 위해 도시 관리와 정비를 위한 재정적 기반을 확충할 필요가 있다. 취·등록세와 같은 거래 및 개발 관련 세율에 비해 지나치게 낮은 재산세율을 점진적으로 높여 현실화하고, 도시정비에서 공공의 재정 투입을 늘려야 한다.

서울 대도시권 차원의 협치체계 구축

세계 각지의 대도시권을 일일이 나열하지 않고 동북아시아로 시야를 좁힌다 해도, 도쿄 대도시권, 징진지(베이징·톈진·허베이) 등 인구나 경제 규모에서 서울 대도시권을 압도하는 대도시권이 존재한다. 특히 중국의 대도시권은 빠르게 성장하고 있다.

경제정책에 거의 아무런 권한도 갖고 있지 않은 지방정부 차원에서 저성장을 극복하는 대안을 제시하기는 어렵다. 더욱이 한정된 세수를 감안하면 대안을 추진하는 것 또한 쉽지 않다. 이런 조건하에서는 지방자치단체 간 영합 게임(zero-sum game)이 벌어질 가능성이 높다. 다른 도시의 성장 동력을 끌어들여 입지만 바꿀 뿐 한국 전체로 볼 때 새로운 성장 동력을 발굴하지 못하는 결과를 초래할 우려가 크다. 특히 서울 대도시권이 서울의 행정구역을 벗어나 일체화된 생활권이자 경제권을 형성하고 있는 상황에서 서울, 인천, 경기가 같은 목표를 두고 경쟁하면서 견제하는 상황은 바람직하지 않다.

서울 대도시권 내 공간구조는 서울과 주변 도시로 대별될 수 있지만, 최근 인천 송도와 수원 등에 도시 기능이 집적하면서 새로운 중심지가 형성되어 가고 있다. 서울의 위상을 유지하기 위해 서울 대도시권의 공간구조 다핵화와 자족적 생활권 형성을 희생시키는 것은 바람직하지 않다.

현명한 정책 판단을 위해서는 서울 대도시권 내 도시정책 당국 간의 긴밀한 협치가 필요해 보인다. 현재에도 광역버스 노선 선정이나 상수원 보호와 관련된 서울시·경기도 간 협의는 이루어지고 있다. 그러나 주택 공급의 공간적 배정, 자족적 생활권 형성을 위한 협력적 공간정책 등을 논의하기 위해서는 상시적인 광역계획기구를 통해 통합적으로 계획을 수립하고, 광역정책을 실현하기 위한 재원을 마련하는 등 긴밀한 협치체계가 필요하다. 실제로 도쿄와 파리 등에서는 주변지역과 협력적 정책을 수립하고 실행하기 위해 대도시권 단위의 협치체계를 만들어가고 있다.

도쿄 도는 성공적인 올림픽 개최와 지속가능한 발전을 정책목표로 삼아 환상 메갈로폴리스를 정비하고, 공간구조를 집약화하며, 지역 간 균형발전을 지향하는 '도쿄 도 장기 비전 2014'를 수립했다. 또한 2015년에 수립된 '도쿄 도 종합전략'에서는 ① 도쿄와 지방의 공존공영, ② 수도·국제도시로서 일본 경제를 활성화, ③ 소자화·고령화에 따른 인구 감소 사회에 대응하는 전략을 제시하고 있다.

프랑스는 2016년부터 지방행정체제를 혁신하는 메트로폴 정책을 적용하고 있다. 이는 프랑스의 미래 성장 동력인 수도권의 성장을 지향하는 '그랑파리'를 계승하여 전 프랑스에 적용하는 국토개혁정책이다. 메트로폴이란 프랑스 지방자치단체법 L5217-1조에 따라, 다수의 코뮌을 하나의 공간 내에 통합하여 지속가능한 개발을 지향하는 협력적 공시설법인(EPCI: etablissement public de cooperation intercommunale)이다. 경제적·생태적·교육적·문화적·사회적 프로젝트를 함께 만들어 운영하면서 상호 협력하고 경쟁력과 결속력을 유지한다(김은경, 2015: 1~6).

서울은 대도시권 단위의 협치를 통해 서울의 문제를 경기도와 함께 풀 수 있는 실마리를 마련해야 한다. 서울, 인천, 경기가 서로 견제하고 경쟁하는 불편한 관계를 대승적으로 풀어가야 하며, 이를 위한 중앙정부의 적극적 지원도 필수적이다.

New Paradigm for

Seoul's Urban Policy

in the Low Growth Era

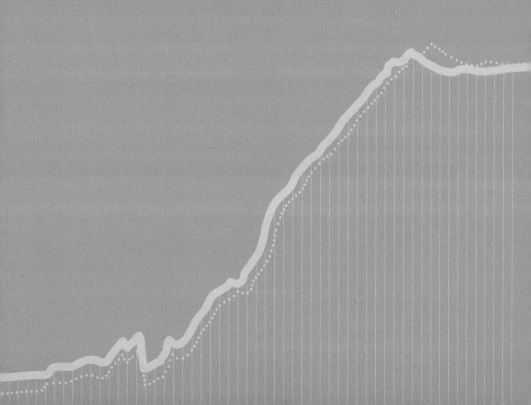

제 4 부

저성장을 넘어서

New Paradigm for
Seoul's Urban Policy
in the Low Growth Era

제11장 저성장기 서울의 도시공간정책 방향

양재섭 (서울연구원 도시공간연구실장)
김예성 (국회입법조사처 입법조사관)
성수연 (서울연구원 연구원)

1 | 저성장, 위기이자 기회다

저성장의 시대가 왔다. 고도성장에 익숙한 우리에게 '저성장'은 낯선 상황이다. 하지만 저성장의 징후는 이미 우리 사회 곳곳에서 감지되고 있다. 경제성장이 둔화되고 저출산·고령화는 빠르게 진행 중이다. 2015년 우리나라 1인당 국민소득은 2만 7,000달러[1]로, 경제성장의 둔화는 경제가 성장 단계를 지나 성숙 단계로 진입하면서 피할 수 없는 현상이다.

문제는 변화의 속도와 폭이다. 1990년대 8~9%대를 기록하던 우리나라 경제성장률은 2008년 글로벌 금융위기를 거치면서 3% 아래로 떨어졌고, 2020년 이후에는 1%대로 떨어질 전망이다. 저출산·고령화로 인한 인구구조의 변화도 다른 나라와 비교할 수 없이 빠른 속도로 진행되고 있다. 한국은 2016년을 정점으로 생산가능인구가 감소세로 돌아서고, 2017년이 되면 65세 이상

---

1   한국은행이 발표한 2015년 국민계정(잠정) 자료에 따르면, 2015년 우리나라 1인당 국민 총소득(GNI)은 2만 7,340달러이다.

인구 비율이 14%를 넘는 고령사회에 진입한다. 또 2026년이 되면 초고령사회(65세 이상 인구 비율 20%)가 될 전망이다. 미국의 경제 예측 전문가 해리 덴트는 45~49세의 핵심 소비층 인구가 급격하게 감소하는 2018년에 한국이 '인구 절벽'을 맞게 될 것이라고 경고한 바 있다. 이런 점에서 다가올 2017년과 2018년은 한국 경제와 인구구조의 변곡점이 될 것이다. 어쩌면 지금까지 한 번도 경험하지 못한 새로운 상황이 전개될 가능성이 크다.

최근 국내외 연구기관에서 내놓는 장래 전망은 암울하며, 언론에서도 저성장에 대한 어두운 기사를 쏟아내고 있다. '인구 절벽', '재정 절벽', '소비 절벽' 등 각종 '절벽론'이 등장하고, '하우스 푸어', '워킹 푸어', '자영업 푸어' 등 '푸어족'이 생겨나고 있으며, 젊은 세대는 수저 계급론, 헬조선, N포 세대 등 암울한 현실의 주인공이 되었다.

경기부양을 위한 규제 완화 정책들은 제대로 작동하지 않고 있으며, 사회적 양극화는 점차 고착화되고 있다. 가계부채는 증가하고, 국가 재정도 만성적인 적자 상태이다. 과거에는 일시적인 재정 적자가 발생했다가 경기가 회복되면 자연스럽게 재정 수지가 회복되었지만, 최근의 구조적 변화는 재정 적자의 만성화를 유발하고 있다.

하지만 저성장이 이 같은 위기적 상황과 잿빛 미래만을 가져오는 것은 아니다. 저성장은 '위기'이기도 하지만 다른 한편 '기회'이기도 하다. 한국 사회에서 저성장은 성장의 속도가 정상화되는 과정이다. 저성장으로 인해 사회 전반의 성장 속도는 둔화되지만, 과거 20~30년간 고도성장만을 경험해온 우리에겐 성장의 속도가 정상화되는 것이나 다름없다. 지칠 줄 모르고 치솟던 주택가격이 안정되고, 새로운 전입자의 비용 부담으로 시행되던 각종 (재)개발사업이 제자리를 찾아가는 과정이다. 성장 속도의 정상화는 개발 속도의 정상화를 의미한다. 과거 재개발·뉴타운사업과 같이 다수의 대상구역을 먼저 지정하고, 계획을 수립하면서 사업을 시행하는 방식은 더 이상 유효하지 않다. 저성장은 지역의 개발 여건과 주민 동의 여부를 파악하고, 모니터링 기능을 강화하는 등 개발 속도의 정상화에 기여한다.

저성장은 고도성장 과정에서 소외된 계층과 지역을 되돌아보는 기회를 제공한다. 성장 속도가 느려지면서 고도성장 과정에서 소외되었던 저소득층, 고령자, 장애인, 외국인 노동자 등 사회적 약자와 소외된 지역을 되돌아보게 한다. 사회적 안전망이 제대로 갖추어져 있지 않은 한국 사회에서 저성장으로 인한 소득 감소와 고용 불안은 이들에게 가장 먼저, 그리고 가장 심각하게 영향을 미칠 것이다. 이런 점에서 저성장은 계층 간 소득격차와 지역격차를 완화할 수 있도록 사회적 안전망과 공간적 복지망을 구축하는 기회를 제공한다.

또한 저성장은 새것보다 기존에 있던 것을 고쳐 쓰고, 신도시 개발보다 기성시가지의 유지·관리에 힘을 쏟게 한다. 고도성장시대에는 새것과 큰 것만 인정을 받았다. 새 집, 큰 아파트, 현대적 건물만 살아남을 수 있었고, 오래되고 작고 낡은 것은 사라져야 할 유물이었다. 하지만 저성장으로 인해 개발수요가 감소하고 구매력이 떨어지면서 새것에 대한 수요는 줄어들게 된다. 기존에 사용하던 건물을 갱신, 개량, 리모델링해서 계속 사용하는 것이 효율적이고 보편화된다. 저성장은 집단적인 개발보다 개별적인 갱신을 유도하며, 기존에 지어진 주택과 건물, 공공시설을 제대로 유지·관리해서 오래도록 사용하는 '장수명화'의 기회를 제공한다.

저성장은 유휴시설과 저이용된 토지를 새롭게 활용하는 기회를 제공한다. 저출산·고령화로 인한 인구 및 학령인구 감소는 학교, 동사무소(주민센터) 등 공공서비스 시설의 유휴화를 초래한다. 저성장은 지역 내 유휴시설을 재활용하는 기회를 제공하며, 미개발지가 남아 있지 않은 상황에서 저이용된 토지의 활용도를 높이는 계기가 된다. 이런 점에서 저성장은 사회 전반의 시스템이 성장형 사회에서 성숙형 사회로 전환하는 신호이며, 지속가능한 발전의 계기가 된다.

실제로 저성장에 대응하기 위한 새로운 움직임이 다양한 분야에서 시도되고 있다. 첫째, 청년층과 저소득층의 주거비 부담을 낮추기 위해 다양한 임대주택 공급이 시도되고 있다. 대표적인 예가 2015년에 도입된 '사회주택'이다. 사회주택은 주변 시세 80% 수준의 임대료를 유지하면서 최장 10년간 임대를 지속할 수 있는 주택이다. 소득 6분위 이하 계층을 대상으로 민관 공동출자 방식으로 공급되며, 시가 빌려준 토지에 사회적 경제 또는 비영리 사업자가 건설하는 방식으로 공급된다.

둘째, 대안적인 정비방식의 등장이다. 1970년대 이래 기성시가지 정비가 전면철거를 통한 재개발방식에 의존해왔다면, 최근에는 지역 특성을 반영한 소규모 정비방식이 시도되고 있다. 2012년 도시 및 주기환경정비법 개정을 통해 도입된 주거환경관리사업은 대규모 철거 없이 기존 저층 주거지의 도시 조직과 가로망을 유지하면서 주거환경을 개선하는 사업이다. 뉴타운사업의 대안적 정비방식으로 일부 지역에 적용되면서 시행착오를 거치고 있지만, 공공의 지원 등 사업 활성화를 위한 노력이 계속되고 있다.

셋째, 복지 인프라의 확대이다. 고도성장기 인프라 정책이 도로 등 물리적 시설을 공급하는 데 초점을 맞추었다면, 최근에는 고령가구, 저소득층 등 사회적 약자를 배려하는 복지 서비스와 생활 인프라 확충을 위해 노력하고 있다. 2015년에 서울시는 고령가구, 만성질환자, 휠체어 사용자 등 의료취약계층의 의료 서비스 접근성을 높이기 위해 '의료안심주택'을 공급한 바 있다. 의료안심주택은 맞춤형 건강, 복지, 주거 서비스를 함께 제공한다는 점에서 고령화 시대에 반드시 필요한 생활 인프라이다.

끝으로, 시민이 참여하는 상향식 계획이 시도되고 있다. 공공 주도의 하향식 행정체계에서 벗어나 주민참여형 상향식 행정체계로 전환되고 있다. 대표적으로 서울시 마을공동체사업과 주민참여형 생활권계획을 들 수 있다. 마을공동체사업은 주민 스스로 지역 문제를 해결하기 위해 2012년 시작된

표 11-1　저성장기 부문별 문제 양상과 새로운 움직임

부문	고도성장기	⇨	(문제 양상)	⇨	저성장기 새로운 움직임
주택	· 양적 공급 · 투자수요 상존 · 매매 중심		· 주택가격 정체 · 주거 불안정 · 주거비부담 심화		· 주거안정 · 기존 주택 및 임대 관리 · 새로운 주택 유형 · 주택금융 다양화
재개발	· 개발이익에 근거한 대규모 재개발·재건축사업		· 개발이익 감소에 따른 사업 정체, 갈등 심화		· 소규모 대안적 정비 시도
인프라· 생활 서비스	· 양적 공급 위주		· 사회적 약자 배제 · 사회적·공간적 격차 심화		· 복지수요에 대응한 시설 공급 · 복지 서비스의 질적 향상
거버넌스	· 공공 주도형 · 하향식		· 획일적인 계획 · 지역 특성 반영 미흡		· 마을공동체 활성화 · 주민참여형 상향식 계획 · 지역특화전략

것으로, 서울시는 교육 및 경영, 사업비, 공간임대보증금 등을 보조하여 사업 활성화를 지원하고 있다. 한편 지역생활권계획 수립 과정에서는 지역별로 주민참여단을 구성하고 워크숍을 통해 해당 지역의 문제점과 개선 과제, 발전 방향을 제시하는 상향식 계획을 지향하고 있다.

이처럼 저성장기 사회적·공간적 변화에 대응하기 위한 새로운 움직임이 나타나고 있지만, 아직까지 주목할 만한 성과는 없는 실정이다. 이제 막 첫걸음을 뗀 새로운 시도들이 지속되기 위해서는 다양한 아이템 발굴과 사업 구도를 다각화하는 노력이 필요하다. 공공에서는 이들을 육성하고 활성화하기 위해 다양한 지원방안을 마련해야 한다. 아직 미흡한 점이 많지만, 이러한 시도는 저성장기 서울이 주목해야 할 가치를 찾아가는 과정이며, 패러다임 전환을 알리는 출발점이 된다.

2 | 저성장에 대응한 외국의 경험과 교훈

저성장은 세계적인 현상이다. 몇몇 개발도상국을 제외하고는 영국, 독일

등 서구의 국가들은 이미 1970년대 산업구조 개편에 따라 저성장기로 진입했고, 일본 역시 1990년대 버블 붕괴 이후 저성장기에 들어섰다. 우리보다 앞서 저성장을 경험한 여러 국가들은 저성장을 극복하기 위해 각자 나름의 대응정책을 수립하여 추진해오고 있으며, 이들의 정책 경험의 성공과 실패가 우리에게 주는 교훈은 크다.

영국은 1970년대 말 세계 경제위기로 성장이 둔화되기 시작했으며, 몇 차례의 경제위기를 거치면서 1990년대 이후 2~3%대의 경제성장률을 유지하고 있다. 경제위기를 극복하기 위한 정책 기조는 집권당에 따라 다르지만, 이들의 전략은 안정적 성장을 지속하기 위한 노력과 시도라는 점에서 공통점이 있다. 하지만 런던은 안정적인 경제 상황과 인구 증가에도 불구하고, 소득 분포의 양극화로 인한 사회적 격차 문제가 심화되고 있다. 이러한 격차는 영국 전체적으로는 런던과 그 외 지역, 런던 내에서는 동·서 지역 간 격차로 나타난다. 이를 해결하기 위해 정책 당국은 사회적·공간적 격차 완화정책과 런던의 경쟁력을 강화하기 위한 지속가능한 발전정책을 활용하고 있다.

1997년에 집권한 블레어 정부는 사회복지정책과 공간정책을 결합한 뉴딜 커뮤니티(New Deal for Community) 정책을 추진했다. 이를 통해 사회적·경제적으로 침체된 커뮤니티의 역량을 강화하고, 빈곤, 사회적 배제, 복지, 고용 문제를 해결하고자 노력했다. 또한 런던은 세계 금융도시로서의 경쟁력을 강화하기 위해 지속가능한 도시 발전정책을 채택하고 있다. 2011년 런던 플랜(London Plan)의 목표는 도시 경쟁력 강화와 사회적 통합으로, 오픈 스페이스의 훼손 없는 런던의 지속적인 성장, 다양한 경제성장이 가능한 도시 만들기, 사회통합의 촉진과 빈곤·차별의 억제, 교통체계 개선을 통한 접근성 향상 등을 지향하고 있다.

일본은 1990년대 버블 붕괴로 인해 '잃어버린 20년'이라고 불릴 정도로 심각한 경제침체를 겪었다. 버블 붕괴 이후 일본과 도쿄에서는 지가가 버블기의 1/3 수준으로 하락하면서 기업이 보유하던 부동산이 불량채권화되어 기업과 금융기관이 도산하고 국제경쟁력이 약화되는 국가적인 경제위기에 봉착했다. 또한 소자고령화와 인구 감소 현상이 동시에 진행되고 있다.

이에 대응하여 중앙정부 차원에서는 도쿄권, 나고야권, 오사카권 등 대도시권(Super Mega Region)의 발전전략과 압축·연계도시(compact & network city) 전략을 통해 사람, 물자, 정보의 원활한 이동을 촉진하고 있다. 도쿄 도는 버블 붕괴 이후 사회적·경제적 여건과 도정(都政)의 변화에 따라 '도쿄 구상 2000', '도쿄 도 장기 비전'(2014), '도쿄 도 종합전략'(2015) 등을 수립하여 대응하고 있으며, 특히 2015년에 수립된 '도쿄 도 종합전략'은 다음 세 가지 측면에서 시사하는 바가 크다.

첫째, 도쿄와 지방의 공존공영을 도모하고 있다. 도쿄와 지방이 각자의 매력을 높이고 서로 협력하면서 함께 성장하여, 일본 전체의 지속적인 발전을 도모하고 있다. 둘째, 일본의 수도이자 국제도시로서 도쿄의 국제 경쟁력을 강화하고자 한다. 세계를 리드하면서 발전하는 국제도시를 목표로, 2020년 올림픽 개최에 대비하여 미흡한 인프라를 확충하고 국제도시로 변모하고자 노력하고 있다. 셋째, 소자고령화·인구 감소 사회에서 시민들이 안전·안심하게 살 수 있는 생활공간을 만들어가기 위해 노력하고 있다. 지방과 공존하면서 국제도시이자 생활도시를 지향하는 도쿄의 장래상은 서울에 시사하는 바가 크다.

독일은 제2차 세계대전 이후 '라인 강의 기적'으로 불리는 눈부신 경제성장을 이루어냈지만, 1970년대 들어서면서 산업구조 변화로 인해 성장이 둔화되었다. 이후 산업구조 재편과 새로운 성장 동력 발굴을 통해 경쟁력을 회복했지만, 1990년 통일 후 사회적·경제적 비용을 지불하면서 또 한 번의 경제 침체를 겪었다. 통일 비용을 마련하기 위해 세금 부담이 늘어나고, 가처분소득이 하락하면서 저성장이 고착화되었다.

통일 이후 독일의 도시정책은 지역 간 격차 해소에 중점을 두고 있다. 격차 해소를 위해 단순한 물리적 개선을 넘어 사회, 경제, 문화, 복지 등 전 부문에 걸친 사회통합적 개선에 주력하고 있다. 이를 위해 동·서독 간 균형발전을 위한 '사회통합도시 프로그램'과 낙후된 구 동독 지역의 도시 재건과 경쟁력 향상을 위한 '도시개조사업'을 시행하고 있다.

사회통합도시 프로그램은 물리적 환경 개선뿐 아니라 주거, 교육, 지역경제, 보건 등 다양한 분야의 통합적 접근을 통해 주민의 삶의 질을 향상시키는 것으로, 저소득층과 이민자가 밀집해 있고 실업률이 높은 지역에 적용된다. 도시개조사업은 구 동독 지역의 빈집 문제 해결과 물리적 슬럼화를 막기 위한 것으로, 초기엔 공가 철거 위주로 사업이 이루어졌지만, 최근에는 시가지 개선에 더 많은 예산이 투입되고 있다. 한편 베를린은 세계의 다른 대도시와 마찬가지로 성장과 상생을 비전으로 하는 '베를린 2030'을 수립하고, 대규모 개발 프로젝트를 추진하여 베를린의 경쟁력을 강화하고자 노력하고 있다.

런던, 도쿄, 베를린의 도시 상황과 여건은 저마다 다르지만, 저성장에 대응하는 전략에서 두 가지 공통점을 보인다. 하나는 낙후된 지역과 주민에 대한 지원을 통해 지역 간 격차를 해소하고 주민들의 삶의 질 향상을 위해 노력하는 것으로, 저성장에 대한 '적응전략'이라고 할 수 있다. 다른 하나는 지속가능한 발전을 지향하면서 대도시권 차원의 경쟁력을 강화하기 위해 노력하는 것으로, 저성장을 넘기 위한 '극복전략'이라고 할 수 있다.

저성장에 대응하기 위한 '적응전략'과 '극복전략'은 동전의 앞뒷면 같아서 어느 한쪽만 추구할 수는 없다. 두 전략이 상호 균형과 조화를 이루면서 진행될 때 더 큰 시너지 효과를 낼 수 있다. 저성장에 대응하기 위해서는, 한편으로 고도성장기에 만들어진 도시정책과 제도를 저성장기에 맞도록 연착륙시키는 적응전략이 필요하며, 다른 한편으로 저성장에 적극적으로 대응하면서 서울의 경쟁력을 강화해가는 극복전략이 필요하다.

3 | 도시관리의 패러다임을 전환하자

저성장기 도시공간정책의 목표는 양적 성장이 아니라 삶의 질 향상이 되어야 한다. 저성장의 악순환 고리를 끊고 선순환 구조를 갖추기 위한 도시관리 패러다임의 전환이 필요하다.

저성장에 잘 적응하고 극복하기 위해 서울은 어떤 도시를 지향해야 할까? 첫째, 저성장기에는 신도시 개발을 통한 도시의 외연적 확산과 팽창적 개발은 더 이상 불가능해지므로, 기성시가지 재생을 위한 다양한 수법들이 모색되어야 한다. 이런 점에서 저성장기 도시정책은 도시공간의 집약적 이용을 통해 사회·경제 활동의 효율성과 공공서비스의 접근성을 높이고, 주변 지역과의 연계를 강화하는 콤팩트·네트워크 도시(compact & network city)를 지향할 필요가 있다. 콤팩트·네트워크 도시는 콤팩트한 거점 개발과 이를 연결하는 네트워크 조성을 통해 사람과 물자의 흐름을 원활하게 하고, 이를 통해 도시 거점 간 연계를 강화하는 도시를 의미한다.

둘째, 사회적 안전망이 충분하게 갖추어지지 않은 한국 사회에서의 저성장은 사회적·공간적 양극화와 격차를 심화시킬 우려가 있다. 특히 도시개발 과정에서 토지 소유자의 절대적 권한이 보장되고 개발이익이 사유화되는 구조하에서는 더욱 그러하다. 저성장기에는 저소득층, 장애인, 세입자, 외국인 노동자 등 사회적으로 차별받는 약자에 초점을 맞추어 이들의 주거권과 도시권을 보장함으로써 사회적 통합을 이룰 필요가 있다. 이런 점에서 저성장기 도시정책은 사회적 약자에 대한 차별과 배제를 극복하는 포용도시(inclusive city)를 지향해야 한다.

셋째, 사회적 통합을 이루기 위해 공동체의 역할을 강조할 필요가 있다. 이런 점에서 저성장기 도시정책은 사회적 연계를 통해 자원을 공유할 수 있는 지역 기반 네트워크에 기초한 공유도시(sharing city)를 지향해야 한다. 공

표 11-2 저성장시대 도시정책의 패러다임 전환

구분	고도성장시대	저성장시대	새로운 도시 패러다임
도시 공간	· 양적인 공급 확대 · 도시의 외연적 확산	· 질적 수준 제고 · 기성시가지 재생	콤팩트·네트워크 도시 (compact & network city)
이해 관계자	· 토지 소유자의 절대적 권리 · 개발이익 사유화	· 세입자, 저소득층, 사회적 약자 배려 · 공동의 이익 추구	포용도시 (inclusive city)
지향점	· 경제 가치 중심 · 도시의 외형적 성장 · 장소의 번영	· 공동체 중시 · 사회적 연계 · 사람의 번영	공유도시 (sharing city)
정책 대상	· 공급자 중심	· 수요자 중심	생활도시 (livable city)

유도시는 함께 나누고 함께 쓰고자 하는 시민의 참여를 통해서만 활성화될 수 있다. 그 결과는 신뢰를 바탕으로 한 사회적 자본의 창출과 시민들의 행복 증진이 될 것이며, 이는 다시 시민참여를 활성화하여 사회변화를 이끌어 가는 원동력이 될 것이다.

끝으로, 저성장기 도시정책은 공급자 중심에서 수요자 특성에 맞게 이루어져야 한다. 수요자인 시민(생활자)의 관점에서 도시문제를 파악하고, 도시기능이 시민들의 일상생활을 지원하는 생활도시(livable city)를 지향할 필요가 있다. 생활도시는 시민의 삶의 질을 가장 중시하여 생활하기 편리하고 활기찬 도시를 목표로 한다. 도시정책 측면에서는 저출산·고령화에 대응하고, 과밀 해소, 혼잡 완화, 직주근접을 실현하는 데 중점을 둘 필요가 있다.

저성장기에는 시민들의 일상적인 생활에 초점을 맞춘다는 점에서 콤팩트·네트워크 도시, 포용도시, 공유도시, 생활도시로의 패러다임 전환이 필요하다.

4 | 저성장기에 적응하기 위한 도시공간정책 방향

그렇다면 저성장기에 적응하기 위한 서울의 도시공간정책 방향은 무엇일까? 저성장기에는 도시공간을 둘러싼 사회적·경제적 상황이 변화하면서 기존의 개발 메커니즘이 더 이상 작동하지 않게 된다. 저성장에 따른 사회 전반의 변화에 적응하고, 고도성장기에 맞춰진 기존 제도와 시스템을 연착륙시키기 위해서는 주택, 재개발, 인프라, 공간구조 등 부문별 도시정책의 방향 전환이 필요하다.

소득과 세대를 아우르는 주거지원과 재고주택의 관리

고도성장기에는 대규모 개발을 통한 지속적인 주택 공급에도 불구하고 주택가격이 꾸준히 상승했다. 오랫동안 서울 시민에게 '주택'은 거주공간이자 재산 증식의 수단이었다. 이에 반해 저성장기 주택시장은 고도성장기와 다른 양상을 보일 것이며, 과거 활황기로 돌아가는 것은 현실적으로 어려울 것이다. 전세보다 월세 위주의 임대시장이 형성되면서 임차가구의 주거비 부담은 더욱 늘어날 것이다. 주택 거래가 줄어들면서 예전에 비해 재고주택의 효용성이 떨어지는 문제도 예상된다. 저성장이라는 새로운 환경에 효과적으로 대응하기 위해서는 주택정책의 새로운 방향 설정이 필요하다.

먼저 임대시장의 확대, 월세 위주로의 시장 변화에 대응해서 주거지원 정책 대상에 사각지대가 없는지 재검토가 필요하다. 지금까지는 소득을 기준으로 주거지원이 이루어졌지만, 저성장기에는 소득계층과 세대를 함께 고려한 지원체계를 마련해야 한다. 특히 고용 불안과 맞물려 주거 불안이 예상되는 청년층에 대한 주거지원이 필요하며, 부담가능한 주택의 공급 주체를 공공뿐 아니라 비영리 민간 조직 등으로 다원화할 필요가 있다.

저성장기의 또 다른 문제는 제한된 주택수요가 신규주택에 집중하면서 재고주택의 거래가 부진해지고, 주택을 개·보수하려는 투자도 줄어든다는 점이다. 대규모 신규주택 공급이 더 이상 필요하지 않은 상황에서, 지역별 수요 특성을 파악하고 빠르게 노후화하는 재고주택에 대한 관리체계를 마련하는 것이 필요하다. 이런 점에서 최저주거기준 미달주택 등 열악한 거처와 노후 재고주택 개선을 위한 '점(點)'적인 접근과 더불어, 노후주거지의 관리와 지원을 위한 '면(面)'적인 접근도 병행되어야 한다. 빈집 리모델링, 소규모 공공임대주택과 사회주택의 공급, 고용 및 복지 서비스 등을 연계한 통합 지원 및 관리체계를 마련하여 주거환경을 개선해나갈 필요가 있다.

소단위 정비모델의 개발과 저층 주거지 관리체계 마련

고도성장기 재개발정책은 공공이 별도의 재원을 들이지 않고 단기간에 노후·불량주택을 정비하는 효과적 수단이었다. 재개발을 통한 개발이익은 재개발이 가져오는 다양한 갈등과 사회적 비용에도 불구하고, 사업 추진을 가능하게 하는 원동력이었다. 개발이익을 극대화하기 위해 재개발사업은 더 큰 규모로 더 빠르게 이루어졌고, 개발비용의 대부분은 신규 전입자에게 전가되었다.

저성장기에는 개발수요가 점진적·지속적으로 감소하기 때문에 기존 재개발 메커니즘을 통해 개발이익을 담보하기 어렵게 된다. 특히 노후한 저층 주거지는 개선이 필요한 지역임에도 불구하고 정비사업을 추진하기가 힘들어진다. 전면철거형 정비는 반드시 필요한 지역에서 선별적으로 이루어질 필요가 있으며, 공공이 직접 재개발을 시행하거나 재개발 후 임대하는 방식 등 새로운 시가지 정비방식을 모색해야 한다.

궁극적으로 저층 주거지의 주거환경을 점진적으로 개선해가면서 관리하는 '지속가능한 관리체계'로의 전환이 필요하다. 지역별 특성과 수요에 맞는 정비방식을 활용할 수 있도록 다양한 '소단위 정비 모델'을 마련해야 한다. 특히 저층 주거지를 대상으로 한 단독 혹은 소규모 공동개발 모델을 발굴할 필요가 있으며, 이를 지원하는 관련 제도의 개선이 필요하다.

'공공 인프라 100년 계획' 수립과 성숙형 생활 인프라의 공급

산업화와 도시화가 빠르게 이루어지던 1970~1980년대 고도성장기에는 도시 기능과 경제성장을 지원하기 위해 도로, 상하수도 등을 공급하는 것이 공공 인프라 정책의 최우선 과제였다. 하지만 최근에는 고도성장기에 공급된 시설의 내구연한이 가까워지면서 성능 저하와 안전문제 등이 중요한 이슈가 되고 있다.

저성장기에는 공공 인프라의 노후화에 따른 안전문제가 더욱 심각해질 것으로 예상된다. 따라서 양적인 공급정책에서 벗어나 질적인 유지·관리체계로의 전환이 요구된다. 개별 시설 차원의 단기적 대책만으로는 이러한 요구에 효과적으로 대응하기 어렵다. 좀 더 장기적인 관점에서 종합적·선제적으로 대응할 수 있도록 '(가칭) 서울 100년의 공공 인프라 종합 계획'을 수립하고, 새로운 공공 인프라 정책 방향을 모색해야 한다.

저성장기 공공 인프라 공급정책은 '성장형 도시 인프라'에서 '성숙형 생활 인프라' 중심으로 전환할 필요가 있다. 인구구조가 변화하고 시민 삶의 질 향상에 대한 요구가 증가하면서 공공 인프라에 대한 수요가 문화·복지·의료·요양시설 등으로 변화하기 때문이다. 시민들의 생애주기와 생활 패턴을 고려한 맞춤형 공공 인프라 공급정책을 통해 성숙한 시민사회를 지원해야 할 것이다.

역세권 중심의 토지이용과 서울 대도시권 차원의 협치 모델 구축

더 넓은 배후지에서 더 많은 사람을 서울로 이동시키는 고도성장기의 도시 공간구조는 저성장기에는 유효하지 않다. 오히려 다극화된 중심지의 집적 이익을 유지하고, 중심지 간의 연결을 강화할 수 있도록 교통 인프라에 대한 투자를 모색해야 한다. 서울 내에서 대규모 가용지를 확보하기 어려운 저성 장기에는 기성시가지 내 인프라를 효율적으로 활용하는 공간구조와 토지이 용이 필요하다.

기반시설이 잘 갖추어져 있고 대중교통 접근성이 양호한 역세권 중심으로 토지이용을 효율화할 필요가 있다. 역세권의 범위를 도보권 중심으로 재설정하고, 역세권이 시민생활을 실질적으로 지원할 수 있도록 다양한 공공서비스 시설과 상업·업무·주거 기능을 집적시킬 필요가 있다. 노후화되거나 저이용되고 있는 역세권에 대해서는 적절한 정비 수법을 적용하거나 민간 활력을 적극적으로 유도하는 것이 필요하다.

한편 서울 대도시권 차원의 공간구조는 서울의 경쟁력 제고와 시민 삶의 질 향상에도 영향을 미친다. 저성장과 관련된 도시문제에 대해서는 서울뿐만 아니라 서울 대도시권 차원의 대응이 필요하다. 이미 서울 대도시권이 광역적 생활권과 경제권을 형성하는 상황에서 산업, 교통, 공공서비스, 주택, 환경문제 등에 효과적으로 대응하기 위해서는 서울 대도시권 차원에서 공동으로 대응해야 할 의제를 발굴하고, 긴밀한 협치 모델을 마련하는 것이 필요하다.

저성장기에 들어선 지금 우리는 성장사회가 아니라 성숙사회를 지향한다. 성숙사회에서는 도시정책의 지향점을 기존의 공급자 중심에서 수요자 중심으로 전환해야 한다. 도시공간을 향유하는 시민의 관점에서 도시문제를 파악하고, 시민생활을 지원하는 '생활도시'를 지향할 필요가 있다. 또한 시민들의 참여와 협력을 통해 정책을 결정하고 사업을 추진할 수 있도록 관련 제도를 개선하는 것이 필요하다.

5 | 저성장을 넘어서기 위한 몇 가지 제언

저성장은 계층 간, 지역 간 차별화를 심화시키면서 사회적·공간적 불균형과 양극화를 초래한다. 하지만 앞서 살펴본 것처럼 저성장에 어두운 측면만 있는 것은 아니다. 저성장은 또 다른 기회이기도 하다. 저성장이라는 새로운 상황에 처한 서울이 저성장에 적응하는 전략도 필요하지만, 이를 넘어서기 위한 극복전략 또한 필요하다. 여기서는 저성장을 넘어서기 위해 다음과 같은 원칙과 과제를 제안한다.

서울 대도시권 차원의 발전전략을 수립하자

서울은 대한민국의 수도이기도 하지만 도쿄, 베이징, 상하이, 싱가포르 등 동북아 도시들과 경쟁하는 세계도시이기도 하다. 서울의 경쟁력은 한국의 경쟁력을 대표한다고 해도 과언이 아니다. 고도성장기 서울로의 인구와 산업 집중은 서울·수도권의 일극 집중 문제를 낳았고, 이로 인해 수도권 규제가 강화되었다. 그러나 현재 서울의 인구는 점점 감소하고 있고, 수위 도시로서의 위상도 약해지고 있다.

저성장기에 대응하여 런던, 도쿄, 베를린은 대도시권 차원의 공간발전전략과 인프라 확충을 통해 세계도시로서의 경쟁력을 강화하고 있다. 런던은 지속가능한 도시발전을 위해 공공 인프라 확충과 지역 특성에 따른 재생전략을 추진하고 있으며, 도쿄는 수도권 차원의 환상 메갈로폴리스 구상을 토대로 기반시설을 정비하고, 주변지역과의 거점 기능을 배분하여 공간구조를 재편해가고 있다.

서울이 저성장에 대응하고 세계도시와 경쟁하기 위해서는 대도시권 차원의 대응이 필요하다. 서울, 인천, 경기가 동일한 목표를 두고 경쟁하는 것이 아니라, 통합적인 미래 비전을 담은 발전전략을 수립해야 한다. 과거 수립한 수도권 정비계획과 수도권 광역 도시계획은 진전한 의미에서의 대도시권 발전계획이 아니다.

서울 대도시권의 경제성장을 견인할 수 있는 R & D 등 전략산업의 육성·배치, 효율적인 공간구조를 위한 거점 기능 배분과 연계, 대도시권 차원의 수요를 고려한 주택 및 생활 서비스 공급, 시민의 일상생활을 지원하기 위한 자족적인 생활권 형성 등의 내용을 담은 서울 대도시권 차원의 발전전략이 필요하다.

'늙어가는 서울'에 적극적으로 대비하자

서울은 늙어가고 있다. 저성장과 함께 인구의 고령화가 빠른 속도로 진행되고 있으며, 1970~1980년대 공급된 주택, 인프라, 공공시설 등 물리적 환경도 노후화되고 있다. 2040년이 되면 건축된 지 30년 이상 되는 노후주택이 전체의 절반 이상을 차지하고, 특히 현재 아파트의 89%가 재건축 대상이 될 것으로 예상된다(맹다미, 2016: 47). 각종 도시 인프라도 노후화되고 있다. 낡은 상하수도관과 오래된 도로, 고가, 교량, 지하철 등 노후 인프라에 대한 종합적인 유지관리와 갱신 대책을 마련해야 하는 시점이다.

런던은 2050년을 목표로 하는 '런던 인프라 플랜(London Infrastructure Plan 2050)'을 2014년에 수립하여 연간 60조 원의 투자를 계획하는 등 노후한 인프라의 유지·관리에 선제적으로 대응하고 있다. 도쿄도 노후 인프라의 정비,

내진화, 장수명화 등에 힘쓰고 있다. 지진 등 대규모 재해에도 안전·안심할 수 있는 도시를 만들고, 2020년 도쿄 올림픽을 성공적으로 개최하기 위해 신규 인프라를 확충하거나 기존 인프라를 개선해나가고 있다(이복남, 2016: 77).

저성장기로 진입하는 서울도 인구의 고령화, 주택·인프라의 노후화 등 '늙어가는 서울' 문제에 보다 적극적으로 대응할 필요가 있다. 노후한 주택과 저층 주거지, 인프라의 누적은 시민들의 건강과 안전을 위협할 뿐 아니라, 사회적 양극화 문제를 심화시키기 때문이다. 저성장기 노후한 주택과 커뮤니티, 인프라를 통합적으로 관리하고 정비해가는 대응체계를 마련할 필요가 있다.

사회적 약자를 포용하는 공간복지정책을 추진하자

저성장기에 진입한 지금, 우리는 고도성장기 급속한 경제성장과 과도한 개발이익 추구에 따른 부작용을 겪고 있다. 사회적 약자를 적절한 방법으로 포용하지 못할 경우 사회적·공간적 배제가 심화될 수 있다. 성장 편익을 일부 계층과 지역에 국한시키는 성장 편익의 봉쇄효과가 나타나는 것이다(김용창, 2011).

경제적 불평등은 저소득층, 장애인, 세입자, 외국인 노동자 등 취약계층에 대한 사회적 배제와 밀접하게 연관된다. 특히 사회적 안전망이 충분하게 갖추어지지 않은 한국 사회에서의 저성장은 사회적·공간적 양극화와 격차를 심화시킬 우려가 있다. 저성장기 서울은 사회적 약자를 포함한 모든 시민에게 기회가 공평하게 주어지고, 성장의 혜택이 고루 분배되는 '포용적 공간정책'을 지향할 필요가 있다.

저성장기에는 사회적으로 차별받는 약자를 지원하고 저소득층의 사회안전망을 확보할 수 있는 사회통합이 우선되어야 한다. 이를 위해서는 복지 분야에 대한 재원 투입이 지속되어야 하지만, 세수 감소 등과 맞물리면서 공공 재정은 더욱 악화될 우려가 있다. 한정된 자원을 효율적으로 활용하기 위한 중장기 계획과 더불어 사회적 형평성과 분배를 위한 지속적인 노력이 강조된다.

도시공간정책 측면에서는 다양한 임대주택 공급을 지속하여 저소득층, 고령자 등 사회적 약자의 주거 안정을 도모하고, 지역 수요에 맞는 인프라를 공급하여 지역별 특성에 맞는 복지 서비스가 적절히 공급될 수 있도록 해야 한다. 특히 저성장기에는 복지 인프라에 대한 공공의 재정 부담이 커지게 되므로, 공공과 민간의 협력을 통한 적절한 역할 분담이 요구된다.

새로운 공공의 역할이 필요하다

개발이익에 근거해서 사업을 추진하는 민간 부문에서는 개발이익이 감소하면서 리스크 관리가 중요한 이슈로 부각되고 있다. 민간은 점점 사업 추진에 신중을 기할 수밖에 없고, 필요한 지역에서 사업이 추진되지 않을 가능성이 높아진다. 이 같은 상황에서 고도성장기와 같이 민간이 사업 비용을 모두 부담하는 개발방식은 더 이상 작동하지 않을 것이기 때문에, 공공의 역할을 새롭게 설정할 필요가 있다.

우선 공공의 사업 추진 대상과 목적에 대한 명확한 기준이 필요하다. 고도성장기에는 서울시 전역을 대상으로 동시다발적인 개발사업이 이루어졌다. 그러나 저성장기에는 선택과 집중이 필요하다. 사업성이 높아 민간의 사업 추진이 가능한 지역에서 공공은 사업 추진을 지원하는 역할을 수행하고, 공공이 직접 수행하는 지역에 대해서는 '공공 디벨로퍼'로서의 역할이 필요하다. 저층주거지 정비와 같이 공공성이 요구되는 사업에 대해서는 공공이 사업을 보증하거나, 사업 자금의 조달을 지원하는 역할이 요구된다.

주거지 정비나 재생에서는 계획 수립 및 추진 과정을 컨설팅하고 모니터링하는 역할을 강화해야 한다. 정비사업의 규모가 작아지고 다양해져 골목 단위, 마을 단위의 정비가 확대될 경우 이 같은 공공의 역할은 더욱 중요하다. 공공의 행·재정적 지원이 완료된 후에도 지역 활성화를 위한 재생사업은 계속되므로, 지속적인 모니터링을 통해 후속 사업의 방향을 컨설팅하는 공공의 역할이 필요하다.

저성장은 피할 수 없는 현실이자 예견된 미래이다. 한국 사회에서의 저성장은 고령화, 노후화, 양극화와 함께 빠른 속도로 진행되고 있다. 고도성장에 익숙해져 있는 우리에게 저성장은 위기이지만, 또 다른 측면에서 기회이기도 하다. 우리보다 먼저 저성장을 겪었던 런던, 도쿄, 베를린 등 외국 대도시들은 두 가지 차원의 대응전략을 구사했다. 하나는 지역격차를 완화하면서 시민 생활의 질 향상에 힘썼고, 다른 하나는 대도시권 차원에서 경쟁력을 강화한 것이다. 전자가 저성장에 적응하는 전략이라면, 후자는 저성장을 극복하기 위한 전략이라고 할 수 있다. 우리에게 남은 과제는 고도성장기에 만들어진 우리의 도시정책과 제도를 저성장기에 맞게 연착륙시키면서 다양한 극복전략을 마련하는 것이다.

참 고 문 헌

제1장 저성장이란 무엇인가?

강두용. 2009. 「한국경제의 성장 둔화와 경제성숙화 요인: 인구학적 변화와 취업구조 변화의 성장둔화 효과」. ≪국제경제연구≫, 15권 3호, 93~132쪽.

계봉오. 2015. 「인구고령화, 사회경제적 발전, 사회불평등의 관계」. ≪경제와 사회≫, 통권 106호, 41~72쪽.

국회예산정책처. 2012. 「2012~2060년 장기 재정전망 및 분석」.

기획재정부. 2015. 「2016 경제전망」.

김선기 외. 2012. 「고령화·저성장시대의 지역발전 투자전략」. 한국지방행정연구원.

김선태. 2015. 「국내외 경제의 장기침체 논란 및 시사점」. KB 금융지주경영연구소(2015.1.19).

≪매일경제≫. 2015.2.22. "최경환 부총리, '고성장시대 영원히 안 온다, 불편한 진실 인정해야'".

박원암 외. 2012. 「선진국의 사례를 통한 잠재성장력 제고방안」, 경제·인문사회연구회 미래사회 협동연구총서. 한국국제경제학회.

보건복지부. 2014.1.28. "2013~2060 사회보장 재정추계 실시"(보도자료).

서울연구원. 2016. 「저성장기 서울의 도시정책에 대한 시민 의견 조사 결과」.

이삼식. 2013. 「한·중·일 인구동향과 인구전략」. 한국보건사회연구원.

전국경제인연합회. 2015. 「한국경제 3% 성장, 위기 징후」. ≪ISSUE PAPER≫, 통권 213호.

전국경제인연합회. 2015.3.6. "경제전문가 64.7%, '지금의 경제상황은 위기': 현 경제상황에 대한 전문가 인식조사 결과"(보도자료).

정성태·신민영. 2015. 「제도 개선 없이 장기지속 성장 어렵다」. ≪LGERI 리포트≫. LG경제연구원.

조동철 외. 2014. 「우리 경제의 역동성: 일본과의 비교를 중심으로」. 한국개발연구원.

조명래·김수현·강현수 외. 2011. 『저성장 시대의 도시정책』. 한울.

조영태. 2014. 「아동인구 변화에 따른 사회적 파급효과 연구」. 보건복지부.

최병두. 2015. 「자본의 과잉축적과 도시의 위기」. 서울연구원 특강자료.

통계청. 2014. 「장래인구추계 시도편: 2013~2040」.

통계청. 2016. 「2015 한국의 사회지표」.

피케티, 토마(Thomas Piketty). 2014. 『21세기 자본』. 장경덕 외 옮김. 글항아리.

한국개발연구원. 2016. 「KDI 경제전망, 2016 상반기」.

한국경제연구원. 2015. 「KERI 경제전망과 정책과제」, Vol.25-4(2015년 4분기).

한국은행. 2016. 「경제전망보고서」(2016.1).

현대경제연구원. 2016. 「2016년 한국 경제 수정 전망: 3% 성장의 실패와 교훈」. ≪경제주평≫, 16-15
(통권 688호, 2016.4).

LG경제연구원. 2016. 「2016년 경제전망, 국내외 경제, 성장률 지난해보다 하락」. ≪LGERI 리포트≫,
2016.4.

IMF. 2016.4. *World Economic Outlook: Too Slow for Too Long*.

OECD. 2014. *OECD Economic Outlook*, No.95(May).

OECD. 2015. *OECD Economic Outlook*, No.98(2015.11).

OECD. 2016. "Poverty rates and gaps." *OECD Factbook 2015-2016*.

Rostow, W. W. 1960. *The Stages of Economic Growth*. Cambridge University Press.

United States Census Bureau. 2016. *An Aging World: 2015*.

제2장 한국의 저성장 징후와 양상

국회예산정책처. 2012. 「2012~2060년 장기 재정전망 및 분석」.

≪뉴데일리경제≫. 2016.5.5. "건설, 채권단 주도 상시 구조조정으로".

덴트, 해리(Harry S. Dent). 2015. 『2018 인구 절벽이 온다』. 권성희 옮김. 청림출판.

박해식·임진. 2013. 「베이비붐 세대의 고용·소득·자산구조와 시사점」. ≪금융VIP시리즈≫, 2013-06,
한국금융연구원.

서울시. 2004. 「2010 서울시 도시·주거환경정비 기본계획」.

서울시. 2010. 「2020 서울시 도시·주거환경정비 기본계획」.

서울시. 2015. 「2025 서울시 도시·주거환경정비 기본계획」.

서울시. 2015.4.22. "뉴타운·재개발 관리대책" 발표자료.

서울시. 2016. 「서울특별시 자치구별 장래인구추계」.

손은경. 2013. 「주요국의 주택가격 비교와 시사점」. ≪KB 경영정보리포트≫, 2013-11, KB 금융지주
경영연구소.

신석하·황수경·이준상·김성태. 2013. 「한국의 장기 거시경제변수 전망」. 한국개발연구원.

≪연합뉴스≫. 1998.3.2. "IMF 이후 3개월간, 건설업계 부도 4배로 급증".

≪연합뉴스≫. 2014.4.7. "韓 가계자산 중 부동산 비중 세계 최고 수준".

이상영. 2015. 「저성장시대 서울의 도시공간전략」. 서울연구원 내부 특강자료.

이현석. 2013. 「주택산업의 미래 비전」. 주택산업연구원 세미나 발표자료.

임태준. 2015. 「우리나라 가계부채 및 해지환급금 지급 현황과 시사점」. ≪KIRI Weekly≫, 365호.

장인성. 2010. 「고령화가 생산성 및 경제성장에 미치는 영향」. ≪경제현안분석≫, 60호, 국회예산정책처.

장하성. 2015. 『왜 분노해야 하는가』. 헤이북스.

진미윤·최지웅. 2013. 「중장기(2013~2030) 주택수요 전망 연구: 세대특성별 주택수요 변화를 중심으
로」. 토지주택연구원.

통계청. 2014. 「장래인구추계 시도편: 2013~2040」.

한국보건사회연구원. 2015. 「2015 빈곤통계연보」.

한상완·김동열. 2015. 「한일 재정구조의 비교와 시사점」. 현대경제연구원.

IMF. 2009. *Fiscal Implications of the Global Economic and Financial Crisis.*

Kinsella, Kevin and Wan He. 2009. "An Aging World: 2008." U.S. Census Bureau, International Population Reports, P95/09-1, U.S. Government Printing Office, Washington, DC.

OECD. 2014. *OECD Economic Outlook*, No. 95 (May).

OECD. 2016. "Poverty rates and gaps." *OECD Factbook 2015-2016.*

United Nations. 2013. "World Population Prospects: The 2012 Revision, Highlights and Advance Tables." Working Paper No. ESA/P/WP228, Department of Economic and Social Affairs, Population Division, United Nations, New York.

World Bank Group. 2015. *Adjusting to a Changing World.*

제3장 저성장기 서울의 도시 이슈와 정책 과제

권혁진. 2015. 「중장기 주택정책 방향」. ≪국토≫, 410호, 국토연구원.

김광중. 2002. 「20세기 서울의 성장과 변화」. 서울시정개발연구원. 『서울 20세기 공간변천사』.

김완중 외. 2013. 「장기 저성장 대응 시리즈(3): 민간소비 부진 개선 가능한가」. ≪하나금융정보≫.

김창배. 2015. 「OECD 국가들과 비교한 한국의 저성장 현황과 경제적 영향」. ≪KERI Brief≫, 15-18, 한국경제연구원.

김태섭·강민욱. 2013. 「도시정비사업 정책 변화와 대응방안 연구」. 주택산업연구원.

덴트, 해리(Harry S. Dent). 2015. 『2018 인구 절벽이 온다』. 권성희 옮김. 청림출판.

≪매일경제≫. 2015.3.7. "비어가는 교실 … 한국 최고(最古) 서울 교동초의 운명은?".

≪매일경제≫. 2015.12.9. "택지개발촉진법이 뭐기에".

박인권. 2015. 「도시의 공공성: 포용도시 개념과 한국의 경험」. ≪공간과 사회≫, 51권, 95~139쪽.

서울시. 2010. 「2020 서울시 도시·주거환경정비 기본계획」.

서울시. 2011. 「2020 서울주택종합계획 보고서」.

서울시. 2015a. 「2025 서울시 도시·주거환경정비 기본계획」.

서울시. 2015b. 「서울 도시기본계획 모니터링 리포트: 서울 도시변화 진단」.

서울시. 2015.4.22. "뉴타운·재개발 관리대책" 발표자료.

서울시정개발연구원. 2002. 『서울 20세기 공간변천사』.

서울연구원. 2013. 『통계로 본 서울주거』.

손경환 외. 2006. 「부동산정책의 효과분석체계 구축 연구」. 국토연구원.

이원보. 2005. 「경제성장 신화와 빈곤 그리고 불평등」. ≪내일을 여는 역사≫, 22권(2005년 겨울 호), 49~62쪽.

이재준 외. 2011. 「국제금융위기 이후 우리 경제의 잠재성장률 평가」. ≪KDI 경제전망≫, 2011 상반기, 37~48쪽.

이창무. 2015. 「인구구조 변화와 장래 주택 수요 및 공급 전망」. ≪국토≫, 410호, 국토연구원.

≪이투데이≫. 2016.2.17. "[기획도시를 가다] 일산신도시, 잠에서 깬 '베드타운' … 인프라 多 갖춘 '굿타운' 변신 중".

이현석. 2013. 「주택산업의 미래 비전」. 주택산업연구원 세미나 발표자료.

이희연 외. 2015. 「저소득층 노인 밀집지구의 시·공간 분포와 근린환경 특성」. ≪서울도시연구≫, 16권 2호, 1~18쪽.

장남종·김진. 2011. 「서울시 민간공원제도의 합리적 운영방안 연구」. 서울시정개발연구원.

장인성. 2010. 「고령화가 생산성 및 경제성장에 미치는 영향」. ≪경제현안분석≫, 60호, 국회예산정책처.

조명래. 2014. 「박원순 서울시정의 거버넌스」. ≪대구경북연구≫, 13권 2호, 1~19쪽.

조명래·김수현·강현수 외. 2011. 『저성장 시대의 도시정책』. 한울.

조영태. 2014. 「아동인구 변화에 따른 사회적 파급효과 연구」. 보건복지부.

OECD. 2014. *OECD Economic Outlook*, No.95(May).

제4장 저성장에 대응한 런던의 도시정책 경험과 교훈

≪국민일보≫. 2015.2.1. "런던 세입자들 '비싼 월세' 항의 시위 잇따라 … 英 정부, 총선 앞두고 비상".

김순양. 2008. 「사회적 기업의 활성화를 위한 정책방안: 영국의 사회적 기업 지원정책 사례분석 및 시사점」. ≪한국행정연구≫, 17권 3호, 207~247쪽.

김정식. 2012. 「양극화 없는 지속적 성장을 위하여」. ≪한국경제포럼≫, 4권 4호, 141~145쪽.

김정식. 2014. 「세계경제 장기정체론의 배경과 한국의 정책대응 방향」. 한국경제연구원·아시아금융학회 공동 심포지엄(2014.11.17).

민주정책연구원. 2014. 「서울시 청년가구의 주거실태와 정책연구」.

서울연구원. 2013. ≪세계도시동향≫, 322호.

양도식. 2008. 「런던플랜의 수립과정과 정책적 시사점」. ≪국토≫, 112~121쪽.

양도식. 2013. 『영국의 도시재생정책의 실체』. 국토연구원.

양도식·양재섭. 2008. 「영국 도시재생의 유형별 성공사례 분석」. 서울연구원.

양재혁. 2008. 「지속가능한 주거지의 모범, 그리니치 밀레니엄 빌리지」. ≪한국주거학회지≫, 3권 2호, 53~57쪽.

오도영·박준·김혜승. 2015. 「영국 주거복지 정책의 변화: 2010년 이후 심화된 신자유주의적 변화를 중심으로」. ≪공간과 사회≫, 25권 2호, 227~266쪽.

이영아. 2009. 「영국의 사회경제적 도시재생정책의 현황과 평가」. ≪한국사진지리학회지≫, 19권 3호, 99~114쪽.

이희연·한수경. 2014. 『길 잃은 축소도시 어디로 가야 하나』. 국토연구원.

조명래·김수현·강현수 외. 2011. 『저성장 시대의 도시정책』. 한울.

≪한겨레≫. 2015.8.19. "영국은 무슬림의 나라? 신생아 최다 이름이 '무함마드'". ·

Centre for Economics and Business Research. 2014. "London set for rapid growth in 2014." http://www.cebr.com/reports/london-set-for-rapid-growth-in-2014/

DCLG(Department for Communities and Local Government). 2015. *New Deal for Communities national evaluation phase 2: Technical report.*

Department for Culture, Media and Sport. 2008. *Before, during and after making the most of the London 2012 Games.*

Department for Culture, Media and Sport. 2012. *Beyond 2012.*

Department of the Environment, Transport and the Regions. 1999. *Towards an Urban Renaissance: final report of the Urban Task Force.* London, DETR.

GLA(Greater London Authority). 2004. *The London Plan: Spatial Development Strategy for Greater London.*

GLA(Greater London Authority). 2014. *Housing in London 2014.*

GLA(Greater London Authority). 2015. *The London Plan.*

GLA Economics. 2015. *London's Economy Today.*

HM Government. 2012. *Unlocking growth in cities: city deals – wave 1.*

HM Government. 2013. *Inspired by 2012: The legacy from the London 2012 Olympic and Paralympic Games.*

IFF. 2005. *A Survey of Social Enterprise across the UK.*

IOC. 2016. *Olympic Summer Games Villages from Paris 1924 to Rio 2016.*

LSE. 2011. "Poverty and inequality in London: anticipating the effects of tax and benefit reforms." *London Briefing*, Autumn 2011.

Lupton, L. et al. 2013. *Prosperity, Poverty and Inequality in London, 2000/01-2010/11.*

New Policy Institute. 2015. *London Poverty Profile 2015.*

OECD. 2012. *OECD Urban Policy Reviews*, Korea 2012.

RENAISI. 2010. *Evaluation EC1.*

Social Enterprise Coalition. 2003. *There's More to Business Than You Think: A Guide to Social Enterprise.* London: Social Enterprise Coalition.

The Equality Trust. 2014. *A Divided Britain?: Inequality Within and Between the Regions.*

UK government and Mayor of London. 2013. *Inspired by 2012: The legacy from the London 2012 Olympic and Paralympic Games.*

Urban Task Force. 1999. *Toward an Urban Renaissance: executive summary.*

http://can-online.org.uk (CAN Mezzaine 홈페이지)
http://webarchive.nationalarchives.gov.uk
https://www.gov.uk/government/news/new-photo-gallery-marks-london-2012-achievement
https://www.ons.gov.uk (영국 통계청 홈페이지)

곽영훈. 2013. 「한일의 저성장 비교」. ≪하나금융정보≫, 86호, 하나금융경영연구소.

김윤기 외. 2016. 「일본의 장기침체기 특성과 정책대응에 관한 연구」. ≪경제현안분석≫, 90호, 국회 예산정책처.

남원석. 2016. 「버블 붕괴 이후 도쿄도 주택시장의 변화특성과 정책적 시사점」. ≪서울연구원 정책리 포트≫, 212호, 서울연구원.

민승현. 2016. 「일본 도시재생 전략 및 정책에 관한 시사점」. 서울연구원.

세타후미히코 외. 2006. 「인구저성장시대의 도시권 공간구조의 변화와 정책대응방향: 일본을 중심으 로」. 국토연구원.

이상대. 2011. 『저출산 고령사회 진입에 대응한 도시정책 전환방향 연구』. 경기개발연구원.

이왕건 외. 2005. 『인구저성장시대의 도시관리정책 방향 연구』. 국토연구원.

KB 경영연구소. 2012. 「선진국 경제의 일본화」, 12(82).

Gabor, Dennis. 1972. *Mature Society*. Martin Secker & Warburg Ltd.

Shinsei Bank. 2015.6. *Market Monthly Report*.

合木純治. 2014. 『東京都区部の当初指定に着目した容積制と都市空間の関係』. 首都大学東京修士.

宇都正哲. 2001. 『都市型社会にふさわしい土地利用制度の確立に向けて』. 地域経営ニュースレター.

厚生労働省. 2012. 『労働経済の分析－分厚い中間層の復活に向けた課題－』.

国土交通省. 2007. 『都市問題の変遷と市街地整備施策のこれまでの取組』.

国土交通省. 2008a. 『国土形成計画』.

国土交通省. 2008b. 『市街地整備手法・制度の充実に向けて』.

国土交通省. 2013a. 『国民意識調査』.

国土交通省. 2013b. 『国土交通白書 2013』.

国土交通省. 2014. 『国土のグランドデザイン2050』.

国土交通省. 2016. 『都市機能立地支援事業, 都市再構築戦略事業(都市再生整備計画事業の活用)』.

小山直則. 2014. 「少子高齢化と経済 成長－イノベーション政策としての自由貿易－」. ≪問題と研究≫, 43(3), pp.1~22.

内閣府. 2015. 『少子化の状況及び少子化への対処施策の概況』.

白川浩道, 太田聰一, 加藤久和, 宮澤健介. 2009. 「高齢化は脅威か？－鍵握る向こう10年の生産性向上－」. NIRA 研究報告書.

首相官邸. 2013. 『日本再興戦略－JAPAN is BACK－』.

鈴木克洋. 2012. 『経済 政策論議において留意すべき概 念の整理』. 経済のプリズム.

成熟社会総合フォーラム. 2011. 「成熟社会の捉え方に関する資料等」. 北海道.

松田茂樹. 2013. 『少子化論』. 勁草書房.

水鳥川和夫. 1997. 「再び来るオフィス不足時代とその対応」. ≪日本不動産学会≫, 12(1), pp.43~50.

東京都. 1997. 『生活都市東京構想』.

東京都. 2000. 『東京構想 2000』.

東京都. 2001. 『首都圏メガロポリス構造』.

東京都. 2006. 『10年後の東京』.

東京都. 2009a. 『東京の都市づくりビジョン(改定)』.

東京都. 2009b. 『東京のマンション 2009』.

東京都. 2011a. 『2020年の東京』.

東京都. 2011b. 『2011~2020 東京都住宅マスタープラン』.

東京都. 2014a. 『東京発グローバル・イノベーション特区』.

東京都. 2014b. 『東京都長期ビジョン』.

東京都. 2015. 『東京都総合戦略』(説明資料).

전국경제인연합회, http://www.fki.or.kr/

Yendo Associations, http://www.yendo.co.jp/

京都政策企画局, http://www.seisakukikaku.metro.tokyo.jp/

国土交通省, http://www.mlit.go.jp/

内閣府, http://www.cao.go.jp/

参議院, http://www.sangiin.go.jp/

首相官邸, http://www.kantei.go.jp

東京都, http://www.metro.tokyo.jp/

제6장 저성장에 대응한 베를린의 도시정책 경험과 교훈

김인희. 2012. 「독일 베를린의 마을 만들기: 사회통합적 도시재생 프로그램 활용한 문화재생」. 도시재
생사업단 엮음. 『역사와 문화를 활용한 도시재생 이야기』. 한울.

ABB(Amt fur Statistik Berlin-Brandenburg). 2014. *Statistisches Jahrbuch.*

BBSR(Bundesinstitut für Bau-, Stadt- und Raumforschung). 2010. *Staedtebaufoerderungsdatenbank des BBSR.* Bonn.

BBSR. 2012. *Raumordnungsbericht 2011.* Bonn.

BfUNBR(Bundesministerium fuer Umwelt, Naturschutz, Bau und Reaktorsicherheit). 2014. *10 Jahre Stadtumbau West – Programmprofil und Praxis.*

BfVBS(Bundesministerium fuer Verkehr, Bau und Stadtentwicklung). 2006. *Stadtumbau West.*

BfVBS. 2009. *Modellvorhaben der Sozialen Stadt.*

BfVBS. 2012. *10 Jahre Stadtumbau Ost – Berichte aus der Praxis.*

BfVBW(Bundesministerium fuer Verkehr-, Bau- und Wohnungswesen). 2005. *Oeffentliche Daseinsvorsorge und demographischer Wandel.*

BMVBS. 2006. *Stadtumbau West.*

BMVBS. 2008. *Statusbericht zum 2008 Programm Soziale Stadt.* Berlin.

BMVBS. 2009a. *Jubilaeumskongress 10Jahre Soziale Stadt*.

BMVBS. 2009b. *Modellvorhaben der Sozialen Stadt*.

BMWi(Bundesministerium für Wirtschaft und Energie). 2014a. *Lange Reihen ab 1970*.

BMWi. 2014b. *Wachstum und Demografie im internationalen Vergleich*.

Deutscher Bundestag. 1994. *Raumordnungsbericht 1993*. Drucksache 126921.

SenStadt(Senatsverwaltung fuer Stadtentwicklung). 2011. *Stadtumbau in Berlin - Monitoringsbericht 2010*.

SenStadtUm(Senatsverwaltung fuer Stadtentwicklung und Umwelt). 2014. *Stadtumbau in Berlin - Monitoringsbericht 2012*.

Statistisches Bundesamt. 2010. *20 Jahre Deutsche Einheit*.

VV Staedtebaufoerderung, 2004, 2005, 2006, 2007, 2008, 2009, 2010.

제7장 저성장기 주택시장의 변화와 서울의 정책 과제

국토교통부. 2012. 「2012년 주거실태조사 통계보고서」.

국토교통부. 2013. 「제2차 장기('13~'22) 주택종합계획」.

남원석·박은철 외. 2015. 「서울시 주택시장의 변화특성과 정책과제」. 서울연구원.

남원석·봉인식 외. 2014. 「월세시장 확대에 따른 경기도 주택정책 방향」. 경기연구원.

박은철 외. 2014. 「서울시민의 주거실태와 정책수요에 관한 연구」. 서울특별시.

봉인식·장윤배·남원석 외. 2014. 「마을단위 주거복지, 노후주거지 재개발의 대안」. 《이슈 & 진단》, 160호, 경기연구원.

산업연구원. 2015. 「한국경제의 일본형 장기부진 가능성 검토」. 《산업경제정보》, 610호.

주택산업연구원. 2015. "유효한 적정 주택공급량은 연간 33만호 정도"(보도자료).

카이스트 미래전략대학원. 2015. 『대한민국 국가전략 2016』. 이콘출판.

통계청 통계개발원. 2011. 「인구/가구 구조와 주거 특성 변화(1985~2010)」.

국가통계포털, www.kosis.kr

국민은행, www.kbstar.com

국토교통통계누리, www.stat.molit.go.kr

서울부동산정보광장, land.seoul.go.kr

영국 HIA 네트워크, www.foundations.uk.com

일본 국토교통성, www.mlit.go.jp

일본 도쿄도청, www.metro.tokyo.jp

한국감정원, www.kab.co.kr

≪뉴시스≫. 2016.2.24. "서울 고분양가 단지, 미분양 속출".

맹다미·장남종. 2015. 「서울시 주거환경관리사업의 추진실태와 개선방안」. 서울연구원.

맹다미·장남종·임희지. 2014. 「주거지정비사업의 합리적인 공공성 확보방안 연구」. 서울연구원.

배웅규·김지엽·정종대·김소라. 2011. 「저층주거지 특성에 따른 관리방향 및 검토과제 도출연구」. ≪한국도시설계학회지≫, 12권 3호, 137~152쪽.

변창흠. 2011. 「사람 중심의 도시개발이 가능하다」. 조명래·김수현·강현수 외. 『저성장 시대의 도시정책』. 한울.

서울시정개발연구원. 2001. 『서울 20세기 공간변천사』. 서울시정개발연구원.

서울특별시. 2007. 「뉴타운사업에 따른 원주민 재정착률 제고방안」.

서울특별시. 2011. 「뉴타운사업의 원주민 재정착률 문제점과 개선방안에 관한 연구」.

서울특별시. 2012. 「신주거재생 정책방향 정립 및 제도개선방안 연구」.

서울특별시. 2012.1.30. "서울시 뉴타운재개발 사회적 약자 보호형 전환"(보도자료).

서울특별시. 2015. 「2025 서울특별시 도시·주거환경정비 기본계획: 주거환경정비사업 부문」.

서울특별시. 2015.4.22. "뉴타운재개발 관리대책"(보도자료).

손세관. 2002. 「서울 20세기 주거환경의 변천」. 서울시정개발연구원 엮음. 『서울 20세기 공간변천사』. 서울시정개발연구원.

유영수·김세훈. 2015. 「저층 주거지 내 도시형 생활주택의 개발특성과 도시설계적 시사점」. ≪한국도시설계학회지≫, 16권 5호, 59~76쪽.

이용건. 2012. 「서울시 도시재생사업의 바람직한 방안」. 한국감정평가학회 주최 도시재생사업의 바람직한 방안에 대한 정책토론회 발제문.

장남종·신상영. 2011. 「정비구역내 소형·저렴주택 공급확대 방안 연구」. 서울시정개발연구원.

장남종·양재섭. 2008. 「서울시 뉴타운사업의 추진실태와 개선과제」. 서울시정개발연구원.

조명래. 2012. 「서울시 신주거재생 정책의 방향 및 과제」. 신주거재생 정책방향 정립 및 제도개선방안 연구(위탁연구보고서). 서울특별시.

조명래·김수현·강현수 외. 2011. 『저성장 시대의 도시정책』. 한울.

≪한국경제≫. 2016.2.29. "뉴타운해제구역, 난개발 비상 … 전세난 타고 빌라·원룸 신축붐".

서울특별시 주택·도시계획·부동산 홈페이지, http://citybuild.seoul.go.kr/

제9장 서울의 공공 인프라 수급 변화 전망과 대응 과제

≪매일경제≫. 2016.1.4. "도로면적 34% 노후화 … 서울서 운전하기 무섭다".

서울시. 2012. 「서울시 미집행 도시계획시설 재정비계획」.

서울시. 2016. 「도시자연공원 실효에 대비한 종합적 관리방안 연구」.

서울연구원. 2010. 『지표로 본 서울 변천』.

서울연구원. 2013. 『지도로 본 서울』.

≪연합뉴스≫. 2016.1.16. "〈지하철이 불안하다〉 화재·추돌·폭음·방화·오작동 … 매월 1건꼴".
차미숙. 2016. 「인프라의 노후화와 현명한 이용」. 국토정책 Brief 548호, 국토연구원.
한국건설산업연구원. 2014. 「서울시 인프라 투자정책에 대한 평가와 과제」.
한국건설산업연구원. 2015. 「서울시 인프라 시설의 안전 및 성능 개선 정책방향 연구」.

경향신문, http://www.khan.co.kr/
매일경제, http://www.mk.co.kr/
메트로뉴스, http://www.metroseoul.co.kr/
서울시, http://www.seoul.go.kr/
서울시 교육통계연보, http://statistics.sen.go.kr/
서울시 통계, http://stat.seoul.go.kr/
서울연구원 연구데이터 서비스, http://data.si.re.kr/
연합뉴스, http://www.yonhapnews.co.kr/
정보공개센터, http://www.opengirok.or.kr/
통계청, http://kosis.kr/
행정자치부, http://www.moi.go.kr/
헤럴드경제, http://biz.heraldcorp.com/

国土交通省. 2015a. 『国土交通白書 2015』.
国土交通省. 2015b. 『第4次社会資本整備重点計画』.
財務省主計局. 2014. 「社会資本整備を巡る現状と課題」.
知的資産創造. 2009. 「人口減少時代におけるインフラ整備の問題と対応策」. 野村総合研究所.
知的資産創造. 2010. 「人口減少時代のインフラファイナンス」. 野村総合研究所.
東京都 財務局. 2015. 『第二次 主要施設10か年維持更新計画』.
環境省. 2014. 「2020年オリンピック・パラリンピック東京大会を契機とした環境配慮の推進について」.

国土交通省, http://www.mlit.go.jp/
東京都 財務局, http://www.zaimu.metro.tokyo.jp/
東京都 会計管理局, http://www.kaikeikanri.metro.tokyo.jp/

제10장 저성장기 서울의 도시공간 변화와 과제

김강수·정경옥. 2004. 「인구주택총조사 자료를 이용한 대도시 통근·통학 특성 분석」. 교통개발연구원.
김선웅·정희윤. 2002. 「서울시 장거리 및 교차 통근의 실태분석에 관한 기초연구」. 서울시정개발연구원.
김은경. 2015. 「프랑스 국토개혁정책의 시사점」. ≪이슈&진단≫, 211호, 경기연구원.
남기업·성승현·조성찬. 2014. 「주요국의 부동산 세제 비교 연구」. 토지+자유연구소(2014.2).
마스다 히로야(増田寛也). 2014. 『지방소멸: 인구감소로 연쇄붕괴하는 도시와 지방의 생존전략』. 김정환 옮김. 와이즈베리.

서울연구원. 2013. 『지도로 본 서울』.

서울특별시. 1997. 「서울의 도시계획 1934~2011」.

서울특별시. 2006. 「2010 서울특별시 도시·주거환경정비 기본계획: 주택재건축사업 부문」.

서울특별시. 2010. 「2020 서울특별시 도시·주거환경정비 기본계획: 도시환경정비사업 부문」.

이상대 외. 2013. 『수도권 메가트렌드 2030』. 경기개발연구원.

정희남·김승종·박동일. 2003. 「토지에 대한 개발이익환수제도의 개편방안」. 국토연구원.

정희윤·김상일·이재수. 2012. 「미래 서울 2030: 도시공간의 진화」. 서울연구원.

최수 외. 2014. 「포스트 개발시대의 택지공급체계 정립방안 연구」. 국토연구원.

통계청. 2008. "통계로 본 대한민국 60년의 경제·사회상 변화"(보도자료).

OECD. 2009. "Society at a Glance 2009, Life Satisfaction."

OECD. 2011. "Factbook Economic, Environmental and Social Statistics."

제11장 저성장기 서울의 도시공간정책 방향

김용창. 2011. 「새로운 도시발전 패러다임 특징과 성장편익 공유형 도시발전 전략의 구성」. ≪공간과 사회≫, 21권 1호.

맹다미. 2016. 「서울의 늙어가는 주거지, 어떻게 할 것인가?」. 『서울의 미래, 서울의 선택』, 서울연구원 개원 20주년 기념 세미나 자료집(2016.9.27).

이복남. 2016. 「수술대 앞에서 선 서울의 인프라, 어떻게 혁신할 것인가?」. 『서울의 미래, 서울의 선택』, 서울연구원 개원 20주년 기념 세미나 자료집(2016.9.27).

| 엮은이 |

서울연구원

서울연구원(The Seoul Institute)은 서울시가 출연한 연구기관으로 1992년 10월 서울시정개발연구원으로 설립되었으며, 2012년 8월 서울연구원으로 명칭이 변경되었다. 서울시가 당면한 다양한 도시문제를 연구하고, 미래 서울을 기획하는 도시정책종합연구원으로 서울시의 싱크탱크 역할을 수행하고 있다.

이 책을 기획한 도시공간연구실은 시민이 살기 좋은 지속가능한 도시공간을 창출하기 위해 서울의 도시계획, 도시재생, 도시설계, 주택정책 등의 분야를 연구하고 있다.

| 지은이 | (수록순)

양재섭(총괄책임)

서울시립대학교 도시공학과에서 박사 학위를 취득하고, 일본 요코하마국립대학 공학연구원에서 객원연구원을 지낸 바 있으며, 현재 서울연구원 도시공간연구실장으로 재직하고 있다. 주요 연구로는 「서울시 생활권계획 수립과정 모니터링」, 「도시재생특별법 제정에 따른 서울의 대응과제와 방향」, 「서울의 마을단위계획 운영실태와 자치구 역할 개선방안」, 「세계 대도시의 도시기본계획 운영방식 비교 연구」, 「선도적 도시관리를 위한 서울형 도시계획체계 구축방향」(공저) 등이 있다. 저서로는 『도시재생』(공저), 『역사와 문화를 활용한 도시재생 이야기』(공저)가 있다.

김예성(총괄진행)

서울대학교에서 도시계획학 박사 학위를 취득하고, 서울연구원 초빙부연구위원을 지냈으며, 현재 국회입법조사처 국토해양팀 입법조사관으로 재직하고 있다. 주요 연구로는 「영국 커뮤니티 중심의 도시재생정책 연구」, 「시민참여형 도시기본계획 수립 현황과 공무원 인식: 경기도 31개 시군을 중심으로」, 「통일 후 북한주민의 부동산자산 배분을 위한 한국의 토지·주택제도 적용에 관한 연구」, 「영국 도시재생의 국가정책 의제화 과정과 요인」, 「30~40대 아파트 거주가구의 라이프스타일과 주거 선호」 등이 있다.

성수연(총괄진행)

서울시립대학교 도시공학과에서 석사 학위를 취득하고 박사과정에 재학 중이며, 현재 서울연구원 도시공간연구실 연구원으로 재직하고 있다. 주요 연구로 「미래 서울 2030: 도시공간의 진화」, 『통계로 본 서울주거』, 「서울시 도시형 생활주택 실태분석과 정책대안 연구」, 「서울시 비주거용 건물의 체계적인 관리를 위한 모니터링 방안」 등에 참여했다.

이영아

영국 브리스틀대학교에서 사회정책학 박사 학위를 취득하고, 현재 대구대학교 지리교육과 교수로 재직하고 있다. 주요 연구로는 「공공공간에서 노숙청소년의 대인관계와 일상생활에 관한 연구」, 「한국의 빈곤층 밀집 지역 분포 및 형성 과정 고찰」, 「주민의 인식과 태도로 본 도시 공동체의 현황과 과제」, 「도시재생사업에서 주민의 참여와 배제」, 「시민참여형 도시정비를 위한 시민역량강화 방안 연구」 등이 있다. 저서로는 『도시재생과 가난한 사람들』(공저), 번역서로는 『사람을 위한 도시』가 있다.

남 진

일본 요코하마국립대학에서 도시계획 전공으로 공학 박사 학위를 받고, 현재 서울시립대학교 도시공학과 교수로 재직하고 있다. 주요 저서로는 『도시재생』(공저), 『세계의 도시를 가다 2』(공저), 『세계의 도시디자인』(공저) 등이 있으며, 주요 논문으로는 「도시재생사업의 사회·경제적 파급효과 분석」, 「젠트리피케이션의 부작용 방지를 위한 지역공동체 역할에 관한 연구」, 「도시성장단계를 통한 도시재생의 타당성 분석」, "Built Environment Impacts on Individual Mode Choice: An Empirical Study of the Houston-Galveston Metropolitan Area" 등 50여 편이 있다.

김인희

독일 베를린 공과대학교에서 도시 및 지역계획학 석·박사 학위를 취득하고, 현재 서울연구원 연구조정실장으로 재직하고 있다. 주요 연구로는 「2030 서울플랜(도시기본계획)」, 「서울시 상업지역의 밀도 및 용도의 차등 관리방안」, 「시민참여형 2030 서울플랜 경험과 과제」, 「2020 서울시 도시관리계획 재정비」, 「창동·상계지역 전략적 개발구상안」, 「마포 석유비축기지 활용방안 및 마스터플랜 수립용역」 등이 있다. 저서로는 『역사와 문화를 활용한 도시재생 이야기』(공저)가 있다.

남원석
서울대학교 환경대학원에서 도시계획학 박사 학위를 취득하고, 현재 서울연구원 도시공간연구
실 연구위원으로 있다. 주요 연구로는 「서울시 주택시장의 변화특성과 정책과제」, 「월세시장 확
대에 따른 경기도 주택정책 방향」, 「경기도 주거취약계층 실태 및 지원방안」 등이 있다. 저서로
는 『주거복지의 새로운 패러다임』(공저), 『한국사회의 신빈곤』(공저)이 있고, 번역서로는 『정
든 마을에서 늙어가기』(공역), 『가난한 사람들을 위한 부동산 개발』(공역) 등이 있다.

박은철
서울시립대학교에서 행정학 박사 학위를 취득하고, 현재 서울연구원 도시공간연구실 연구위원
으로 재직하고 있다. 주요 연구로는 「서울시 공공임대주택 최적 관리방안」, 「노숙 진입서 탈출
까지 경로 분석과 정책과제」, 「서울시민의 주거실태와 정책수요」, 「하우스푸어와 렌트푸어 이
슈에 따른 서울시 대응방안」, 「공동주택 장기수선제도 개선 및 장기수선충당금 기금화방안」, 「서
울형 주거복지 프로그램 운영 개선방안」 등이 있다.

맹다미
미국 일리노이대학교에서 도시 및 지역계획학 박사 학위를 취득하고, 현재 서울연구원 도시공간
연구실 연구위원으로 재직하고 있다. 주요 연구로는 「서울시 주거환경관리사업의 추진실태와
개선방안」, 「주거지정비사업의 합리적인 공공성 확보방안 연구」, 「서울시 지속가능한 커뮤니티
재생을 위한 지역종합진단지표의 구축 및 활용방안」, 「중심지체계 실현성 강화를 위한 용도
지역 관리 개선방안 연구」 등이 있다. 저서로는 *Creative Urban Regions: Harnessing Urban
Technologies to Support Knowledge City Initiatives*(공저)가 있다.

장남종

서울시립대학교에서 도시공학 박사 학위를 취득하고, 일본 도쿄대 방문학자를 지낸 바 있으며, 현재 서울연구원 도시공간연구실 도시재생연구센터장으로 재직하고 있다. 주요 연구로는 「세계 대도시의 도시여건과 기반시설 국제비교 연구」, 「미집행 도시계획시설 재정비계획수립」, 「서울 시 주거재생 지원모델의 실행 방안 연구」, 「서울시 뉴타운·재개발 해제지역의 실태조사 분석 연구」, 「서울시 민간공원제도의 합리적 운영방안 연구」, 「도시계획체계 유연화 방안 연구」 등이 있다. 저서로는 『역사와 문화를 활용한 도시재생 이야기』(공저)가 있다.

김상일

서울대학교 대학원에서 공학 박사를 취득하고, 현재 서울연구원 도시공간연구실 도시계획모니 터링센터장으로 재직하고 있다. 주요 연구로는 「서울시 업무공간 수요예측 및 공급가능성 진단 연구」, 「용도지역 변경에 따른 계획이득 추정에 관한 연구」, 「도시개발에 따른 개발이익 환수실 태 및 제도개선 방향 연구」, 「서울시 도시공간변화 진단체계 연구」, 「미래 서울 2030: 도시공간 의 진화」(공저), 「지도로 본 서울 2013」, 「사전협상제도를 통한 도시개발의 공공성 증진방안」 등이 있다.

한울아카데미 1942

저성장시대 서울의 도시정책을 말하다

ⓒ 서울연구원, 2016

엮은이 ┃ 서울연구원
지은이 ┃ 양재섭·김예성·성수연·이영아·남 진·김인희·남원석·박은철·맹다미·장남종·김상일
펴낸이 ┃ 김종수
펴낸곳 ┃ 한울엠플러스(주)
편 집 ┃ 이수동

초판 1쇄 인쇄 ┃ 2016년 12월 15일
초판 1쇄 발행 ┃ 2016년 12월 30일

주소 ┃ 10881 경기도 파주시 광인사길 153 한울시소빌딩 3층
전화 ┃ 031-955-0655
팩스 ┃ 031-955-0656
홈페이지 ┃ www.hanulmplus.kr
등록번호 ┃ 제406-2015-000143호

Printed in Korea.
ISBN 978-89-460-5942-9 93300 (양장)
     978-89-460-6255-9 93300 (학생판)

* 책값은 겉표지에 표시되어 있습니다.
* 이 책은 강의를 위한 학생판 교재를 따로 준비했습니다.
  강의 교재로 사용하실 때에는 본사로 연락해주십시오.